第三帝国的兴亡

纳粹德国史

The Rise and Fall of the Third Reich

第4卷

[美国] 威廉·夏伊勒——著 董乐山 等——译

译林出版社

第四卷目录

第五编　末日的开始

第五编

末日的开始

第二十七章

新秩序

新秩序虽然从来没有画出过全面详尽的蓝图，但从缴获的文件和实际发生的情况中可以清楚看出，希特勒自己很明白他所要的是怎样的一种新秩序：一个由纳粹统治的欧洲，它的资源供德国利用，它的人民作为德意志主宰民族的奴隶，“不受欢迎的分子”必须灭绝——首先是犹太人，其次是东方的许多斯拉夫族，特别是他们之中的知识分子。

犹太人和斯拉夫人是Untermenschen——劣等民族。在希特勒看来，这些人根本无权活在世上。只有斯拉夫人中的一部分人，给德国主子做奴隶、耕耕地、开开矿，也许还有点用处。东方几个大城市：莫斯科、列宁格勒和华沙，必须永远从地球上消灭掉，* 而且俄国人、波兰人和其他斯拉夫人的文化也必须毁灭干净，也不许这些国家的人民得到正常的教育。他们的发达的工业设备要加以拆除，运到德国。这些国家的人民只许从事农业，以便生产粮食供应德国，而给他们自己留下的粮食，只够勉强维持生命。纳粹首领们认为，欧洲本身必须成为“无犹太人”的欧洲。

“一个俄国人或捷克人的遭遇如何，丝毫不能使我感兴趣。”1943年10

* 早在1941年9月18日，希特勒便明确指示，要把列宁格勒“从地图上消除掉”。在包围了列宁格勒以后，要用炸弹和炮弹把这座城市“夷为平地”，全市人民（300万）也要随之消灭。见本书原文第853—854页。

月4日，海因里希·希姆莱在波森对他的党卫军军官发表一篇机密讲话时这样说。希姆莱这时是党卫军和第三帝国整个警察系统的领导人，其地位仅次于希特勒。他不仅对8 000万德国人，而且还对两倍于此数的被征服人民掌握着生杀予夺的大权。

> 如果这些民族在改进我们的血脉方面有些优点可以利用［希姆莱
> 又说］，则利用之，必要时还可以把他们的儿童掳掠到德国来，由我们
> 937 抚养成人。这些民族是生活得富裕还是像牲畜一样饿死，我全都不感
> 兴趣；只有在我们需要他们为我们的文化做奴隶的时候，我才对他们
> 感兴趣。
>
> 我之所以关心10 000名俄国妇女在挖反坦克壕沟时是否累死，不是为了别的，只不过是想知道她们为德国建筑的反坦克壕沟完成了没有……[1]

1943年希姆莱在波森发表的这次讲话，下文还要谈到，因为它涉及新秩序的其他方面的情况。在他发表这次讲话以前很久，纳粹领导人对于如何奴役东方人民的问题，就已提出一套主张，并拟订了计划。

1940年10月15日，希特勒已经就捷克人——被他征服的第一个斯拉夫民族——的前途问题做出了决定。他们之中的半数将被“同化”，其主要办法是把他们送到德国去做奴隶劳工。另一半人，“特别是”知识分子，则干脆“消灭掉”，有一份秘密报告在谈到这个问题时，就是用的“消灭掉”这个字眼。[2]

两个星期以前，10月2日，元首对将要征服的第二个斯拉夫民族波兰人的命运，也已明确了思想。他的忠实秘书马丁·鲍曼遗下一份载有纳粹计划的长篇备忘录。希特勒曾把这个计划的要点给波兰残存部分的总督汉斯·弗兰克以及其他官员做了概括。[3]

> 波兰人生来就该专门干下贱的劳动［希特勒强调说］……对于他们谈不上什么改善生活。波兰人的生活必须保持在最低的水平，不得

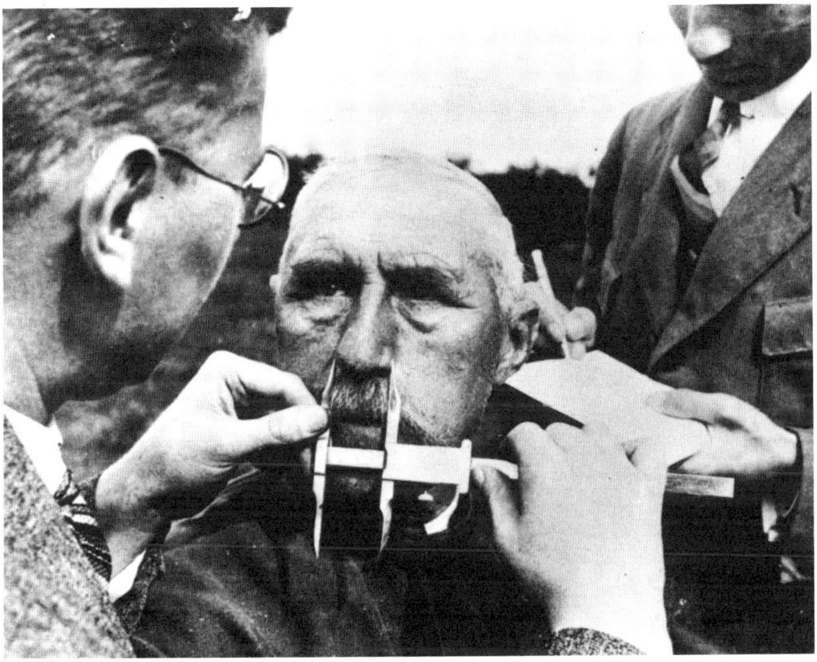

雅利安种族的测定。

有所提高……波兰人很懒，必须强迫他们从事劳动……［波兰的］总督辖区只是我们获得非熟练劳动力的来源……德国每年需要的劳工可以从那里获得。

至于波兰的教士：

他们应按照我们的要求传教。若有教士不按我们的要求行事，就除掉他。教士的任务在于使波兰人安分守己、愚昧无知。

还有另外两个阶层的波兰人需要对付，这个纳粹独裁者也没有忘记谈起他们。

必须记住，不能让波兰绅士阶层生存下去；哪里有这种人，就必须把他们消灭掉，不论听起来多么残忍……

> 波兰人只应该有一个主人，就是德国人。同时存在两个主人，是不可能，也是绝不允许的。因此，必须把波兰的知识分子的一切代表
> 938 人物都灭绝。这听起来虽然残忍，但生活的法则就是如此。

德国人把自己当作主宰民族，而斯拉夫民族必须做他们的奴隶，这一套痴心妄想，在对待俄国人方面表现得尤其狠毒。德国驻乌克兰专员、残暴不仁的埃里希·科赫于1943年3月5日在基辅所做的演说中把这种狠毒用心暴露无遗。

> 我们是“主宰民族”，我们必须严厉而公正地进行统治……我要取走这个国家的一切财富。我到这儿来不是降福布祥的……这里的居民必须劳动、劳动、再劳动……我们来到这里绝不是给他们散发灵粮神食。我们来到这里为的是给胜利打基础。
>
> 我们是一个主宰民族，我们必须记住，即使最下贱的德国工人，从人种上和生物学的方面看，也比这里的居民高贵千倍。[4]

不到一年之前，1942年7月23日，当德军逼近俄国的伏尔加河和高加索油田时，希特勒的党务秘书和当时已成了他的得力助手的马丁·鲍曼给罗森贝格写了一封长信，重申希特勒关于这个问题的观点。罗森贝格的德国东方占领区事务部有一个官员把这封信的要点概述如下：

> 斯拉夫人该为我们劳动。一旦我们用不着他们了，可以让他们死去。因此，强迫他们打预防针以及由德国为他们提供医药是多余的。斯拉夫人的繁殖是不需要的。他们可以避孕或人工流产——越多采用越好。让他们受教育是危险的。计数能数到100就够了……每多一个受教育的人就多一个未来的敌人。我们把宗教给他们留下来，作为他们消愁解闷的一种方法。至于粮食，除了绝对必要的数量之外，一点也不能多给。我们是主人，先得顾我们自己。[5]

德国军队进入俄国之初，在许多地方曾被那些长期受到斯大林暴政压

位于捷克斯洛伐克的特雷津集中营入口，上面的标语是“劳动创造自由”。

迫和恐怖统治的人作为解放者来欢迎。战争初期，俄国军队还发生过成批开小差的事。特别是在被俄国占领不久的波罗的海地区，以及在独立运动始终未被完全扑灭的乌克兰，许多人由于能从苏联的统治下获得自由——哪怕解放他们的是德国人——而感到欢欣鼓舞。

当时在柏林曾有少数人相信，如果希特勒注意策略，采取怀柔政策，答应把俄国人民从布尔什维克的虐政下解救出来（给他们宗教自由、经济自由，把集体农庄改为真正的合作社），最后建立一个自治政府，是能够把俄国人民争取过来的。当时不仅占领区的俄国人可能与德国人合作，而且非占领区的俄国人也会从斯大林的暴政下争取解放。抱有这种看法的人还说，如果做到这一点的话，布尔什维克政权将会崩溃，红军将会瓦解，正如1917年沙皇军队的瓦解一样。

但是，纳粹占领下的野蛮统治和德国征服者常常公开宣布的露骨意图很快就破坏了出现这种前途的一切可能。德国征服者的意图就是：掠夺俄国土地，奴役俄国人民，并把德国人移民到东方来。 939

有一个德国人奥托·勃劳蒂加姆博士对于这种灾难性的政策以及它所破坏的一切良机，做了再透彻不过的说明。勃劳蒂加姆是职业外交家，又是罗森贝格新建立的东方占领区事务部的政治司副司长。他在1942年10月25日写给上级的一份颇有意见的绝密报告中，大胆指出了纳粹在俄国所犯的错误。

> 我们刚到俄国的时候就看出当地居民对布尔什维主义有厌恶情绪，他们急切地期待着一些能为他们的未来生活提出较好前景的新口号。德国人有责任提出这样的口号，但是这些口号却至今未提出来。当地人民把我们当作解放者，欢欣鼓舞地欢迎我们，他们是愿意为我们效劳的。

事实上，口号倒是提过一个，但是一下子就给俄国人识破是什么货色了。

> 未开化的人由于东方民族的天生本能立刻发现［勃劳蒂加姆继续说］，“从布尔什维主义下解放出来”的口号，只不过是德国人用来按照他们自己的方式奴役东方民族的幌子……工人、农民很快便看出，德国并没有把他们当作具有平等权利的伙伴，而只是把他们看作实现他们政治、经济目标的对象……我们自以为是，毫不客气，把一切政治经验都置诸脑后……以“二等白人”的待遇对待东方占领区的民族，认为上帝赋予他们的任务只是替德国人当奴隶……

勃劳蒂加姆说，使俄国人反对德国人的还有另外两件事情：虐待俄国战俘和强征俄国男子和妇女做奴隶劳工。

> 几十万俄国战俘在我们的战俘营里饿死、冻死，这对我们的朋友和敌人来说都已不是什么秘密……现在我们又看到这样一种奇怪的现象：在战俘像苍蝇一样饿死之后，却又不得不从东方占领区招募几百万劳工到德国来……
>
> 我们到处肆无忌惮地糟蹋斯拉夫人，我们所使用的“招募”办法也许只能从最黑暗的贩卖奴隶时代找到渊源。经常抓丁的事情已经发

生了，不论健康与否或年龄大小，一批批的劳工被运到德国……* 940

这位官员在报告中总结说，德国在俄国的政策和措施已经“遭到东方民族的极大反抗”。

> 我们的政策已迫使布尔什维主义者和俄罗斯民族主义者结成了反对我们的联合阵线。俄国人今天之所以以无比英勇和自我牺牲精神进行战斗，正是为了争取使他们做人的尊严得到承认。

勃劳蒂加姆博士在结束他的长达13页的备忘录时，以肯定的语气要求彻底改变现行政策。他说："我们必须向俄国人具体说明他们的未来命运。"[6]但是这种呼声在纳粹德国是无人理睬的。我们在前边已经谈过，希特勒早在进攻俄国以前，就对如何对待俄国和俄国人的问题发过指示。†他这个人一经做出决定，所有德国人是谁也不能劝他改动分毫的。

1941年7月16日，希特勒召集戈林、凯特尔、罗森贝格、鲍曼和拉默斯（帝国总理府长官）到他的东普鲁士大本营开会，再次说明他对新征服区的计划。当时，德国对俄国发动进攻还不到一个月，但从德国的初期胜利中已明显看出，很大一块俄国领土即将沦入德国人手中。他在《我的奋斗》中曾清楚表明德国要从俄国取得广大的“生存空间”，现在这个目标终于实现在望了。从鲍曼起草的有关这次会议的秘密备忘录（已在纽伦堡披露）[7]中可以清楚看出，希特勒要求他的这几个得力副手都能清楚了解他在这方面的意图。他还告诫说，他的意图不得“外传”。

> ［希特勒说］外传是没有必要的，问题主要在于我们自己必须弄清我们所要求的是什么……不应该使任何人能够认识到，这是最后解决的开始。我们也不要因此而不采取一切必要的措施——枪杀、易地移

---

* 大批消灭俄国战俘和征用俄国奴隶劳工的事，对克里姆林宫已不是什么秘密。早在1941年11月，莫洛托夫就曾发出照会，对“消灭”俄国战俘正式提出外交抗议。1942年4月，他又对德国奴隶劳工计划提出抗议。

† 见本书原文第830—834页。

乌克兰人欢迎德国士兵。

殖等等——我们是要采取这些措施的。

希特勒接下去谈到，在原则上，

> 我们现在必须面对这样的任务，即按照我们的需要来切开这块蛋糕，以便能够：
>
> 第一，统治它；
>
> 第二，管理它；
>
> 第三，榨取它。

他说，他并不在乎俄国人已经下令在德国战线的后方进行游击战：“他们进行游击战，我们就可以消灭任何反对我们的人了。”

希特勒解释说，总而言之，德国要统治远至乌拉尔为止的俄国领土。941
在这一大片土地上，除了德国人以外，任何人不得携带武器。接着，希特勒又逐个地谈到如何处置俄国每一片蛋糕的问题。

> 整个波罗的海地区必须与德国合并……克里米亚将成为德国领土，外国人必须全部从那里撤走，只留德国人在那里安家立业……科拉半岛将由德国占领，因为该地有大片镍矿。必须谨慎地进行准备工作，以便把芬兰归并到德国，使之成为联邦中的一个邦……元首将把列宁格勒夷为平地，然后交给芬兰人。

希特勒命令，要使巴库油田成为“德国的租借地”，把伏尔加河一带的日耳曼人聚居区归并过来。在讨论到将由哪些纳粹领导人管理这些新领土时，一场剧烈的争吵发生了。

> 罗森贝格表示，他想起用冯·彼得斯多夫上尉，因为他有特殊功绩；大家听了莫不惊讶，人人都表示反对。元首和帝国元帅［戈林］都着重指出，冯·彼得斯多夫肯定是个疯子。

在怎样最有效地统治被征服的俄国人的方法上，也有过一番争论。希特勒建议德国警察应配备装甲车。戈林认为没有必要。他说，他的飞机可以“在发生骚乱时投掷炸弹”。

［戈林又说］自然，必须尽快绥靖这一片广大地区。最好的解决办法是将一切不敢正眼看你的人统统枪毙。[*]

戈林是四年计划的负责人，又担任开发俄国经济的领导工作。[†] 其实说“掠夺”更恰当一些。1942年8月6日，他向派往占领区的纳粹官员讲话时就是那样说的。他说：“这过去常常称为掠夺。不过今天情况已变得人道多了，尽管如此，我还是要掠夺，彻底地掠夺。”[8] 至少在这一点上，戈林是言出必行的。他不仅在俄国，而且在整个欧洲的纳粹占领区恣意进行掠夺。
942 这可以说是新秩序的全部内容。

纳粹对欧洲的掠夺

纳粹掠夺的财富总数有多少，永远是个谜；要把它精确计算出来，没有人有这种能力。但有些数字是可以找到的，其中不少还是德国人自己统计出来的。这些数字表明，戈林发给他的部下的指示，是如何按照德国人办事彻底的作风贯彻执行的。

你一发现有什么东西可能是德国人民所需要的，就必须像警犬一样追逐。一定要把它弄到手……送到德国。[9]

弄到手的东西可真不少，不仅有货物、劳役，还有钞票和黄金。希特

---

* 读者当还记得，一年以前，戈林曾对齐亚诺说过，“今年俄国将会饿死两三千万人”，还说“情况如果真的如此，也许倒是件好事”。他说，俄国战俘已经开始“人吃人”了。见本书原文第854页注。

† 戈林的东方经济工作处于1941年5月23日颁布一项指令，命令破坏俄国的工业区，对这些地区的工人及其家属，听任他们挨饿而不必理会。指令说，禁止“任何人企图从［俄国］黑土地带运入余粮以把工业区居民从饥饿中拯救出来”。见本书原文第833页。

勒每占领一个国家，他的财政人员马上便夺取这个国家的国家银行中的黄金和外国证券、外汇等。这还不过是头一步。接着便征收数字惊人的“占领费”。据纳粹财政部长什未林·冯·克罗西克伯爵计算，到1944年2月底，这种占领费共达480亿马克左右（约合120亿美元），法国比其他被征服国家遭受更大压榨，担负了其中的大部分。到战争快结束时，征收的占领费估计约为600亿马克（约合150亿美元）。

在这笔费用中，法国被迫支付350亿马克，平均每年负担70亿马克，约相当于第一次世界大战后德国按照道威斯计划和扬计划每年所付赔偿费的四倍以上。而当初要德国付出这笔赔偿费，希特勒曾认为是滔天大罪。此外，法兰西银行还被迫给德国“贷款”45亿马克，法国政府还被迫支付“罚金”5亿马克。据纽伦堡国际军事法庭估计，德国以占领费和“贷款”的名目向比利时榨取的钱约相当于比利时国民收入的三分之二，向荷兰榨取的钱也占该国国民收入同样的比例。据美国战略轰炸调查处的统计，德国向各被占领国家总共榨取了贡金1 040亿马克（约合260亿美元）。[*]

但是德国甚至连形式上的付款手续都不办而掠夺走的货物，则根本无法统计。纽伦堡国际法庭不断收到从各方面送来的数字，多到无法对付；但是据我所知，没有一个专家能把这笔账整理出来，计算出总数。例如，估计德国人从法国运走（以“征收实物”名义）900万吨谷物，以及全国所生产的燕麦的75%、油的80%、钢的74%等等，总值1 845亿法郎。

备受兵燹和德国野蛮统治的蹂躏的俄国，却不是那么容易榨取。在纳 943
粹文件中有着许许多多关于苏联“交货”的报告。例如，德国人在1943年的“交货”清单中，就列有900万吨谷物、200万吨饲料、300万吨马铃薯、66.2万吨肉类。此外，苏联调查委员会还有一笔账，在占领期间，德国从苏联运走900万头牛、1 200万口猪、1 300万只羊，这还是仅举少数几项。但是俄国的“交货”还远不够理想，德国人计算这些“交货”总值才不过

* 按官价兑换率（2.5德国马克合1美元）约合400亿美元。但我是按照黑市兑换率4个德国马克换1美元计算的。按购买力说，这样换算比较精确。

40亿马克（约合10亿美元）。*

贪得无厌的德国征服者对波兰的压榨可说是无所不用其极。德国驻波兰总督弗兰克博士说："只要这一地区还有什么东西能压榨，我就要不遗余力地压榨出来。"这番话是在1942年底说的，他不断吹嘘，在占领波兰的三年中已榨取了大量物资，特别是为德国的饥饿的人民榨取到了粮食。他还警告说："如果在1943年执行了新的粮食计划，光是华沙城内及郊区就会有50万人无粮食可吃。"[10]

在波兰的新秩序的性质，是在这个国家被征服之初就确定下来的。1939年10月3日，弗兰克向陆军传达了希特勒的指示。

> 我们对波兰的统治，只能采用下列手段来利用这个国家的资源人力：进行无情的剥削；运走对德国战时经济至关重要的全部粮食、原料、机器、工厂设备等等；迫使所有波兰工人到德国去劳动；把波兰经济削减到仅够维持当地居民生存需要的最低限度；关闭一切教育机构，特别是技术学校和高等学校，以防止波兰新知识分子的成长。必须把波兰当作殖民地对待。波兰人应该是大德意志帝国的奴隶。[11]

纳粹副领袖鲁道夫·赫斯也说，希特勒决定"不再重建华沙，元首也不想在总督辖区恢复或重建任何工业"。[12]

弗兰克博士曾经发出公告：在波兰的一切财产，不论其为犹太人所有或为波兰人所有，一律无偿没收。纳粹从波兰人手中抢走了无数农场，交由德国移民接收。在并入德国的四个波兰地区（西普鲁士、波森、泽希瑙、西里西亚），到1943年5月31日为止，计"查封"了70万处地产，共合1 500万英亩土地，并"没收"了9 500个庄园，共合650万英亩土地。在德国"中央地产局"的精密表格中，[13]并没有解释"查封"与"没收"的区
944 别何在，这对被剥夺了财产的波兰人来说，根本没有什么区别。

甚至占领区中的贵重文物也遭到掠夺。后来从缴获的纳粹文件可以看

---

* 亚历山大·达林对德国在俄国的统治情况曾做过详细研究，他认为，德国人如果通过正常贸易，从俄国取得的物资反而会比这更多（见达林：《德国在俄国的统治》[*German Rule in Russia*]）。

出，这是在希特勒和戈林的明确指示下进行的。希特勒和戈林依靠这种掠夺，大大扩充他们的“私人”收藏。据肥胖的帝国元帅自己估计，他的藏品价值达5 000万德国马克。在掠夺艺术品这一特殊领域中，戈林是名副其实的策动者。征服波兰以后，他便立即下令掠夺波兰的文物。受他委派执行这项命令的专员，在半年之内就能做出这样报告：“这个国家的几乎全部文物”已被接收了。[14]

但是，欧洲的伟大的艺术珍品多半收藏在法国。这个国家被纳粹征服后不久，希特勒和戈林便下令进行劫夺。希特勒委派罗森贝格执行这项特别的劫夺任务。罗森贝格设立了一个称作“罗森贝格特别工作处”的机构，他不仅得到戈林而且还得到凯特尔将军的协助。凯特尔确曾向德国驻法陆军部队下过一道命令，说明罗森贝格“有权将他认为有价值的文物运到德国进行保护。至于这些文物的用途，将由元首亲自决定”。[15]

1940年11月5日，戈林为了分配巴黎卢浮宫所收藏的艺术品，特别发布了一道密令。这个命令道出了希特勒决定“这些文物的用途”的一套想法。这些艺术品将“按下列几类分别处理”：

1. 元首对其用途保留决定权者。
2. 对充实帝国元帅［即戈林］的收藏……有用者……
3. 适合于送交德国各博物馆者……[16]

法国政府抗议掠夺该国的文物，指出这种行为违背《海牙公约》。当罗森贝格手下的一个名叫本耶斯先生的德国艺术专家大胆提请戈林注意这个问题时，肥胖的艺术专家戈林回答说：

“亲爱的本耶斯，让我来操这份心吧。我是全国最高法律权威。我的命令就是决定，你遵照执行就是了。”

从缴获的文件来看，本耶斯在第三帝国历史中只在这里出现过一次。据他的报告说：

球艺厅中收藏的、准备归元首所有的文物，以及帝国元帅指定归己的文物，将用两个车厢装运，挂在帝国元帅的专车之后……送到柏林。[17]

1945年5月，一名美军士兵在检查一座黄金雕像，这些是赫尔曼·戈林的私人藏品的一部分。

以后还有更多的车厢装运文物。德国官方的一份秘密报告表明，到1944年7月为止，从西欧运到德国的文物共装了137节车皮，计有4 174箱，
945 21 903件，其中绘画10 890幅。[18]这些绘画中有伦勃朗、鲁本斯、哈尔斯、维米尔、委拉斯开兹、牟利罗、戈雅、韦基奥、华托、弗拉戈纳尔、雷诺兹、庚斯博罗的作品。罗森贝格早在1941年1月估计光从法国掳掠的文物就值10亿马克。[19]

德国人掠夺原料、制成品、粮食，尽管把占领区人民搞得山穷水尽，食不果腹，甚至造成饥荒，并且在战争行为方面违反了《海牙公约》，但是德国人总还可以借口全面战争的迫切需要来为自己开脱，即使这不是什么正当的理由。但是盗窃文物对希特勒的战争机器并没有什么帮助。这种事情之所以发生完全是由于贪欲，由于希特勒和戈林个人的贪得无厌所致。

被征服各国人民对以上种种掠夺还能忍受得了。因为战争和敌人的占领总不免要带来贫困，但这只不过是新秩序的一个方面，而且是最温和的一个方面。在幸而短命的新秩序中，最令人难忘的，并不是德国对物质财

富的掠夺，而是对人的生命的掠夺。纳粹在这方面的道德堕落是人世间亘古少见的。千百万正直、善良的男女被强迫从事劳动；千百万的人在集中营里遭到严刑拷打；还有千百万的人，其中犹太人便有450万，遭到血腥屠杀或被活活饿死，死者的遗体被付诸一炬，为的是焚尸灭迹。

这些惊人的恐怖事件，如果不是有充分的文件作证和有凶手亲自供述的话，的确是令人难以置信的。下文所述是根据确凿的证据，其中有一些是根据少数生还者的亲身经历作为旁证写成的。这些记述只是一个概要，由于篇幅所限，无数骇人听闻的详细情节只得略而不谈了。

新秩序下的奴隶劳动

截至1944年9月底，为第三帝国做苦工的外国平民共约750万人。这些人几乎都是用武力逮捕来的。他们被装在铁篷货车上运到德国，途中常常吃不上，喝不上，连拉屎撒尿的地方也没有。到了德国以后，就被派到工厂、田间、矿山从事劳动。不仅被强迫劳动，而且还遭到侮辱、殴打和挨饿，常常因为缺衣、缺食、没有住所以致冻馁而死。

此外，在这些外国劳动力之外还有200万战俘，其中至少有50万人被分配到兵工厂和军火厂劳动。这种做法是公然违反《海牙公约》和《日内瓦公约》的，这两个公约都规定了不能用战俘从事这些劳动。* 这个数字还不包括被强迫建筑工事、向前线运送军火，甚至被派去操纵高射炮的几十万战俘。德国人强迫战俘干这些工作，是对德国签过字的各种国际条约的又一违反。† 946

德国人把大批劳工运来，害得许多人家妻离子散，一家人流落在德国，天各一方。少年儿童中年岁稍大能做点工的，也逃不掉这个命运。甚至德国高级陆军将领也参与劫夺儿童的工作，把他们运回国来从事奴隶劳动。

---

* 德国军备和战时生产部部长阿尔伯特·施佩尔在纽伦堡供称，1944年有40%的战俘在兵工厂和军火厂以及附属工厂中从事劳动。[20]

† 据缴获到的一份记录所载，德国空军米尔希元帅于1943年要求再增加5万俄国战俘到原来已有3万战俘的高射炮部队服役。“俄国人必须开炮［打俄国人］，”米尔希大笑道，“确是一件怪有趣的事情。”[21]

罗森贝格的文件档案中有一份写于1944年6月12日的备忘录，透露了在俄国占领区劫夺儿童的情况。

> 中央集团军打算抓四五万10岁到14岁的少年……运到德国。这个方案原来是第九军团提出的……其目的在于将这批少年主要分配到德国各种行业当徒工……德国企业部门是十分欢迎这个办法的，因为它是解决徒工不足的重要措施。
>
> 这种办法不仅可以阻止敌人的兵力得到直接的增援，而且还可以削弱敌方人口增长的潜力。

劫夺少年的行动计划有一个代号:“干草行动”。这份备忘录还说，莫德尔陆军元帅率领的乌克兰-北方集团军也在执行这一计划。[22]

德国人抓劳工的办法最初还比较温和，后来却越来越恐怖。人们走出教堂或影院就被一把抓走了。特别在西欧，党卫军往往干脆把城市里的一段地区封锁起来，把身强力壮的男女全部抓走。为了同一目的，在乡村采用了包围全村进行搜捕的办法。在东欧，如果发生抗拒强迫劳动的命令的事情，就干脆烧掉整个村庄，把居民全都运走。在罗森贝格的被缴获的文件中，就充满了**德国方面的**载有这类事件的报告。在波兰，至少有一个德国官员认为事情做得有点过火了。

> [他在给总督弗兰克的报告中说道] 在城乡各处，在街道、广场、车站，甚至在教堂，夜晚到住户家中，残酷地滥抓人，使得居民惶恐
> 947 不安，达于极点。人人都处在危险中，不知何时何地会遭到警察突如其来的逮捕，被送到集中营，他们的家属谁都不知道他们的下落。[23]

但是，把奴隶劳工抓来还不过是第一步。* 把劳工送到德国去的运输条

* 负责执行全部奴隶劳工计划的是弗里茨·绍克尔，给他的名义是劳动分配全权总代表。他是纳粹的二流人物，曾任图林根党组织领袖和邦长。此人身材矮小，长得獐头鼠目，性格粗鲁凶暴。戈培尔在日记中形容他是“最笨的笨蛋”。本书作者看他站在纽伦堡被告席上，得到的印象是：一个其貌不扬的人物，活像在小市镇的肉市上当过屠夫的那一类德国人。他（转下页）

件是够恶劣的。1942年9月30日，某个古特凯尔希博士在给罗森贝格的东方占领区事务部的一份报告中叙述两列火车相遇时的情景：一列火车上满载着体力已经耗尽而遣送回国的东方劳工，在布列斯特-立托夫斯克附近遇到了岔道上另一列上面满载着“新招募来的”俄国工人的火车。他写道：

> 由于回国的劳工乘坐的车厢里的死尸，很可能惹出一场大祸来……在这列火车里，有些妇女生了孩子，孩子在半路上就被扔到窗口外面去了。有肺病和性病的人与大家坐在同一节车厢里。快要死的人躺在连稻草也没有铺的货车里。有一个死人被扔在铁路路基上。在其他开回去的火车上想必也发生过同样的情况。[25]

对东方劳工来说，这不是进入第三帝国的一个令人感到光明的前奏，但它至少使他们对即将面临的苦难的历程有所准备。等待着他们的是饥饿、鞭打、疾病、挨冻，住的是没有炉子的房子，穿的是单薄而破烂的衣服。等待着他们的是成日成夜的劳动，什么时候身子撑持不住了，什么时候劳动才算完。

德国制造枪炮、坦克、弹药的规模巨大的克虏伯工厂是使用奴隶劳工的典型场所。克虏伯用了大批奴隶劳工，其中也包括俄国战俘。战时有一个时期，布痕瓦尔德集中营中有600名犹太妇女被送到克虏伯工厂做工，她们“住在”被炸得一塌糊涂的劳动营里。原来收容在这所劳动营里的是意大利战俘，他们已经迁走了。克虏伯工厂中为奴隶劳工看病的“高级医生”威廉·耶格博士，在纽伦堡所写的一份供词中叙述了他接任这项职务时所看到的情况。

> 我头一次出诊时，看到这些妇女身上害着大块大块的脓疮和别的疾病。在我去以前她们至少已有两星期没有看到医生了……没有药品

（接上页）所发布的第一批指令中有一项规定，对外国工人“应按这样的方式对待：进行最大限度的剥削，而只花最低限度的费用”。[24]他在纽伦堡供认，到德国来的几百万外国劳工中，“自愿来的甚至连20万人还不到”。但是他在法庭上拒不承认虐待劳工的全部罪责。他被判有罪，处死刑，于1946年10月15日夜间在纽伦堡监狱中被绞决。

供应……她们没有鞋穿，光着脚走来走去。每人穿的仅有的一身衣服是麻袋缝成的，麻袋上开了几个口，让头和手臂伸出来。她们的头发都给剃了。营房四周围上铁丝网，由党卫军的警卫人员严密把守着。

劳动营中食物供应的数量很少，质量极坏。到营房走过一趟，没有不挨跳蚤咬的……我的两只手臂和别的地方就被咬起几块大疮……

耶格博士把这种情况报告克虏伯的董事们，甚至报告厂主古斯塔夫·克虏伯·冯·波伦-哈尔巴赫的私人医生，但是毫无效果。他所写的几份关于克虏伯工厂其他劳动营的报告，也没有能使情况得到丝毫改善。他在供词中提到，有几份报告，叙述的是住有俄国和波兰劳工的8个营房的情况：住的地方拥挤不堪，因而疾病丛生，而且缺少足以维持一个人活命的食物，缺少用水，缺少厕所。

东方工人的衣服也十分缺乏。他们不论劳动时或睡觉时穿的都是从东方来的时候穿的那一身衣服。他们几乎全都没有大衣，只得用毛毯当大衣御寒和挡雨。由于没有鞋穿，许多工人只得光着脚上工，甚至冬天也是如此……

卫生条件恶劣到了极点。在克拉默广场，1 200个人使用的厕所，是原来只供10个儿童用的……厕所的地面上到处是大小便……鞑靼人和吉尔吉斯人受的罪最大；由于居住条件太坏，食物粗劣，不能吃饱，加上劳动过度，得不到足够的休息，他们像苍蝇一样死去。

许多工人还害着斑疹伤寒。传染这种病的虱子以及无数的跳蚤、臭虫等害虫，折磨着住在这些营房中的人……营房中的供水时常中断，一断就是8天到14天……

一般地说，西方劳工比东方劳工生活得略好一筹——后者在德国人眼中不过是人类的渣滓。但是这种区别也只是相对的。耶格博士在克虏伯工厂设在埃森市诺格拉特街收容法国战俘的一个劳动营中的所见，可作例证。

他们在狗窝、小便池和原来的面包房里住了将近半年。狗窝高3

英尺，长9英尺，宽6英尺，每间住上5个人。战俘必须四肢着地才能爬进去……劳动营里没有水。*[26]

949

被分配到德国农场劳动的奴隶劳工大约有250万人。其中绝大部分是斯拉夫人和意大利人。尽管由于环境不同，他们的生活比在城市工厂中劳动的人要好一些，但远不是理想的，甚至也谈不上是人道的。从缴获的一项关于“波兰籍的外国农场工人的待遇问题”的指令中，可以看到他们所受待遇的一斑。这项指令虽然适用于波兰人——签发的日期是1941年3月6日，那时还没有能用上俄国人——但后来被用作对待其他国籍的人的通则。

波兰籍的农场工人不再有申诉的权利，因此，任何官方机构均不得接其申诉……严禁到教堂去……严禁到剧院、电影院或其他文化娱乐场所……

严禁与妇女和姑娘性交。

波兰籍的农场工人如与德国妇女性交，按照希姆莱于1942年颁发的布告，将被处以死刑。†

---

* 克虏伯公司不仅为它在德国的工厂找到无数奴隶劳工，其中有平民也有战俘，而且还在奥斯维辛的灭绝营里建造了一个大型雷管工厂。犹太人在这个工厂里劳动到筋疲力尽以后，就被毒气处死。

古斯塔夫·克虏伯·冯·波伦-哈尔巴赫男爵是克虏伯公司董事长。他在纽伦堡国际军事法庭上与戈林等人一起被控为主要战争罪犯。但由于“身体和精神状况”（得过中风，年老昏聩），未受审讯。他死于1950年1月16日。检察官曾尽力想让他的儿子阿尔弗雷德替他受审，但是法庭没有同意。阿尔弗雷德是在1943年单独继承公司产权的。

阿尔弗雷德·克虏伯·冯·波伦-哈尔巴赫后来终于在“美国控告阿尔弗雷德·克虏伯等人”一案中受到纽伦堡军事法庭（清一色是美国法官）的审判，同案受审的还有该公司的9名董事。1948年7月31日，他被判12年徒刑，财产全部没收。由于美国高级专员约翰·J.麦克洛伊颁布的大赦令，他于1951年2月4日从兰茨贝格监狱（希特勒曾于1924年在这个监狱服过刑）中被释放出来。没收他的公司财产的命令取消了，而且还把没收他的大约1 000万美元私人财产退还给了他。盟国政府曾下过命令，要使庞大的克虏伯帝国解体。但是阿尔弗雷德·克虏伯从监狱中被释放出来后，实际掌握了公司的管理大权，规避了盟国政府的命令，并于本书撰稿时（1959年）在波恩政府的同意下公然宣布该公司不仅不会解体，而且还要增添新企业。

† 希姆莱于1942年2月20日颁布的这项指令是专门针对俄国奴隶劳工的。为了对付“严重违反纪律，包括拒绝劳动或怠工”，指令还规定有“特别处置办法”。如有上述情事，

必须予以特别处置。特别处置指绞死。绞刑不必在劳动营近侧执行。［但是］（转下页）

从事奴隶劳动的农场工人不得乘坐“火车、公共汽车或其他公共交通工具”。颁布这项指令显然为的是防止农场工人逃出他们不得离开的农场。

> ［指令规定］严禁任意调换工作。农场工人须按雇主要求长期劳
> 950 动。每天劳动时间的长短，不加限制。
>
> 雇主均有权对农场工人进行体罚……如果条件许可，可将农场工人从居处迁到马厩等处居住。在采取这样的措施时不能心善手软。[28]

甚至被抓到德国来做家务劳动的斯拉夫妇女，也被当作奴隶一般对待。早在1942年，希特勒便命令绍克尔找50万斯拉夫妇女到德国来，“以便减轻德国家庭妇女的负担”。这个奴隶劳工专员对她们在德国家庭中劳动的条件做了如下规定：

> 不许提出工余时间的要求。从东方来从事家庭劳动的妇女，只有为了办家务事才可离家上街……她们不得去饭馆、电影院、剧院，不得去其他类似的场所。也不得到教堂去……[29]

在纳粹的奴隶劳工计划中，妇女和男子显然是同样需要的。在德国人抓来劳动的300万左右俄国平民中，有半数以上是妇女。大部分妇女被分配在农场从事重劳动或在工厂做工。

奴役征服区的几百万男女，使他们为第三帝国干最低贱的劳动，并不只是战时的权宜措施。上面引述的希特勒、戈林、希姆莱等人的言论只不过是他们言论的很少一部分，但是也可以清楚看出，如果纳粹德国长久维持下去，新秩序将意味着德意志主宰民族统辖一个西起大西洋、东至乌拉尔山脉的庞大的奴隶帝国。在这个帝国中，东方的斯拉夫人受到的待遇肯定是最坏的。

（接上页）必须让一定人数的工人到场观看。[27]

“特别处置”一词，是战争时期希姆莱所写的文件中和纳粹党人口头上常用的字眼。它的含义就是希姆莱在上述指示中所说的那个含义。

1941年7月，当时希特勒进攻苏联还不到一个月，他便着重指出，他的占领苏联计划是“一种最后解决办法”。一年以后，征服俄国的战事进入高潮时，他教训部下说：

> 我们对于亿万愚蠢可笑的斯拉夫人，要采取这样的办法：把他们之中的最优秀的按照我们的要求加以改造，而把其余的人隔离在他们自己的猪圈里；谁要是妄谈什么该对当地居民慈悲为怀，该让他们得到教化，马上把他送进集中营！[30]

战　俘

尽管德国人严重违反了《海牙公约》和《日内瓦公约》，把战俘送到兵工厂或从事与前线作战有关的各种劳动，但是对于那些被第三帝国俘获的几百万战俘来说，这种规模庞大的劳动还不是他们最发愁的事情。

他们最关心的还是熬过战争，保全一命。如果他们是俄国人，那么熬过战争保全性命的希望最少。苏联战俘的人数比其他各国战俘合在一 951
起的总数还要多，大约有575万人。1945年盟军解放战俘营中的被俘人员时，生还的苏联战俘只有近100万人。在战争时期被德国人释放的或被批准到德军建立的伪军中服役的人大约也有100万。饿死、冻死、病死的俄国战俘达200万。其余的100多万人没有做出交代，纽伦堡国际军事法庭上证实这100多万人中的大部分，或者因上述原因而死亡，或者被党卫军保安处处死。据德国方面文件记载，处死的有67 000人，这肯定只是一部分数字。[31]

大部分俄国战俘，约380万人，是在德国发动侵俄战争的第一阶段，即从1941年6月21日到12月6日期间对俄国进行的几次大包围中被俘的。显然，在战事正在进行和迅速向前进军时，要求任何军队能很好地照顾这么一大批战俘是有困难的。但是问题在于德国人根本未做任何努力。我们从前面引述的纳粹文件中看到，德国人对苏联战俘确实是故意不给饭吃；在1941年漫天风雪的冬天，气温降到零下时，不给他们安身的地方，许多人因此活活饿死冻死了。

据罗森贝格这样有权威地位的人说，许多纳粹官员的态度是：“这些战俘死得越多，对我们越好。”

愚蠢不堪的东方占领区事务部部长无论如何也算不上是个讲人道的纳粹分子，特别是对俄国人。而我们知道，他是在俄国人那里长大的。但是，即使连他这样的人，也曾心有不忍。1942年2月28日，他在致最高统帅部长官凯特尔元帅的一封长信中，曾对俄国战俘所受到的待遇提出抗议。他写这封信，正是那年冬天苏联军队在莫斯科和罗斯托夫击退德军，反攻之势有如破竹的时候；德国人这时已经看出，他们想一举消灭俄国的一场赌博已经输定了，说不定要一输到底了；他们也已看出，在美国已经参加到俄国和英国一边而与德国为敌的今天，德国人很可能在这一场战争中被打败。情况如果真的如此，胜利方面是要追究他们的战争罪行的。

> ［罗森贝格在致凯特尔的信中说］在德国的苏联战俘，遭到极为悲惨的命运。360万战俘中，全劳动力只有几十万人。许多人不是饿死，就是由于气候的折磨而死。

罗森贝格继续说道，这种情况本来是可以避免的。俄国有足够的粮食供他们食用。

> 但是在多数情况下，战俘营长官都不许把这些粮食供战俘食用，
> 952 而宁可让他们饿死。甚至在战俘被押送到战俘营的途中，也不许老百姓给他们东西吃。许多战俘在途中由于饥饿劳累，跟不上队伍，就被枪决。枪杀战俘是当着饱受惊吓的老百姓的面进行的，尸体就弃在原地。许多战俘营根本没有住的房子。下雨下雪，战俘也睡在露天里……
>
> 最后还得提一下枪决战俘的事情。他们这样做……根本不从政治上考虑问题。例如各集中营里都把“亚洲人”一概枪决……[32]

岂止亚洲人。俄国战役开始后不久，最高统帅部和党卫军保安处便达成一项协议，由保安处“甄别”俄国战俘。保安处的大刽子手奥托·奥仑

多夫在一份供词中透露了“甄别”的意图何在。奥仑多夫与希姆莱手下许多人一样，是个不务本业的知识分子，他曾得过两个大学学位（法学和经济学），并曾在应用经济科学学院当过教授。

[奥仑多夫说] 所有犹太人和共产党干部都要调出战俘营，处以死刑。据我所知，在对俄国作战的整个期间，一直采用这种办法。[33]

但是这样做也不无困难。俄国战俘的身体往往衰弱得连上刑场都走不了。为此，秘密警察头子海因里希·米勒提出了抗议，此人短小精悍，也是个杀人不眨眼的刽子手。* 他说：

集中营长官不满地说，预定要被处决的苏联人在到达集中营时，已有5%到10%的人死亡或濒于死亡……特别值得注意的是，在前往集中营的途中，譬如从火车站走向集中营的途中，就有相当多的战俘由于疲惫不堪倒在路上，有死了的，也有半死的，因此护送时后边还得跟上一辆卡车装运这些人。要想不让德国人看到这种场面是不可能的。

秘密警察对俄国战俘饿死累死丝毫也不在乎，他们遗憾的只是每死一个战俘就使刽子手们少一个行刑的对象。但是他们不愿意德国人民看到倒毙于途的惨象，因此“秘密警察米勒”——他在德国以此著称——下令：

自即日起 [1941年11月9日]，俄国战俘凡显然无活命希望因而连短途旅程也不能走动者，以后无须运到集中营处死。[34] 953

死了的战俘不能劳动自不必说，甚至饿坏累坏的战俘也都失去劳动能力了。到了1942年，德国人已清楚地意识到战争将长期拖下去，比他们原

---

* 战后米勒一直没有被缉捕归案。1945年4月29日，有人在柏林希特勒的地下避弹室还看到他，此后便不见了。他的有些幸免于死的同事认为，他现在在为苏联秘密警察效劳。他非常崇拜苏联的秘密警察。

1942年，希姆莱视察苏军战俘营。

先设想的时间要长得多；同时也已看出，他们的后备劳动力十分缺乏，被俘苏军已成为德国后备劳动力的重要组成部分。因此纳粹放弃了屠杀战俘的政策，而采取利用他们从事劳动的办法。1943年，希姆莱在波森对党卫军人员做了一次讲话，解释了改变这项政策的原因。

> 当时［1941年］我们对这么一大批人没有像今天这样，把他们当作原料和工人。战俘饿死累死几万几十万，从几个世代那样长远的意义上看，是没有什么可遗憾的；但是在目前，由于丧失了劳动力，这种情况却是可惜的。[35]

现在必须让战俘们吃得足以使他们有力气干活了。到1944年12月，已有75万战俘在兵工厂、矿山（分配了20万人）和农场劳动，其中包括不少军官。他们的待遇是苛刻的，但是总算可以活命。甚至凯特尔元帅建议在战俘身上打烙印的办法也废除了。*

德国人对待西方战俘，特别是英美战俘，比对待俄国人相对地来说好一些。虽然屠杀英美战俘的事也偶然发生过，但一般都是由于个别战俘营长官个人的极端残暴和虐待狂所致。1944年12月17日比利时凸出地带战役中，在马尔梅迪附近的田野中血腥屠杀71名美国战俘，便是一个例子。

希特勒也曾亲自下令杀害西方战俘。例如他曾下令屠杀50名英国飞行员，这些人于1944年春被俘，后来在萨冈的一个集中营逃跑未成。戈林在纽伦堡说，他“认为这是整个战争时期最严重的一次事件”，约德尔将军则称之为“不折不扣的谋杀”。

1943年英美对德国加紧轰炸以后，德国便有意鼓励杀害盟军在德国跳伞降落而被俘的飞行人员，上述事件实际上似乎是他们这个政策的一部分。德国鼓励一般平民在抓到跳伞降落的盟军飞行员后，立即私刑处死。战争结束以后，不少犯有这种罪行的德国人受到审判。（1944年英美轰炸德国达
到高潮时，里宾特洛甫主张对被击落的英美空军人员立即处死，但希特勒 954
则采取比较温和的态度。）1944年5月21日，他在与戈林会商以后，只是发布这样一项命令：英美飞行人员凡曾扫射过客车、平民以及紧急着陆的德国飞机者，可不经军法审判即予枪决。

被俘的空军人员有时则被直接交由党卫军保安处进行“特别处置”。1944年9月，约有47名美英和荷兰的飞行人员（全都是军官）在毛特豪森集中营惨遭杀害。集中营中有一个法国战俘莫里斯·兰珀是目击者之一，他在纽伦堡叙述这次屠杀的情况时说：

> 47名军官光着脚，被带到石坑里……坑的最下一层阶梯上，警卫人员把石头放到这些可怜的人们背上，要他们扛到上边去。头一趟扛的石头约60磅重，一面扛着一面挨打……第二趟扛的更重，什么时候

---

* 1942年7月20日，凯特尔起草了这个命令：

1. 苏联战俘得打上特殊的、永久性的烙印。

2. 烙印由一个45°左右的锐角组成，两边边长1厘米，角尖向下，打在左臀上离肛门约一掌宽的地方。[36]

毛特豪森集中营死难者纪念碑。

被石头压垮了，就遭到脚踢棒打……到了晚上，路上已倒下21具尸体。另外26个人在第二天早晨也死了。[37]

这是毛特豪森集中营里常用的“处决”方式，也是杀害无数俄国战俘的若干方式之一。

从1942年起，亦即战争的趋势开始对希特勒不利以后，他便下令杀害被俘的盟军突击队员，特别是在西线被俘的人员。（被俘的苏联游击队员被立即枪决，自不必说。）元首在1942年10月18日发布的“突击队绝密命令”，是被缴获的纳粹文件之一。

> 自即日起，在欧洲或非洲执行所谓突击任务的敌人一俟被德军发现，不论是否携带武器，也不论是在战斗中还是在逃跑中，应全部处死，即使他们身着军服也不赦免。[38]

同一天，希特勒又发布一项补充指示，将他之所以发布这个绝密指令的理由对司令官们做了解释。他说，由于盟军突击队获得成功，

> 我不得不严令消灭敌人从事破坏工作的部队，并宣布对不服从这些命令者予以严惩……必须晓谕敌人：从事破坏工作的突击队员将毫无例外地被全部消灭。
>
> 这就是说，他们要想死里逃生是绝对没有希望的……［他们］绝不要妄想会得到《日内瓦公约》规定的待遇……如果由于审问上的需
> 955 要而留下一个两个暂时不杀，审问过后也得立即枪决。[39]

这种特殊罪行是严格保密的。约德尔将军在希特勒指令上又添加了补充说明，下边还打上重点：**“这项指令只供司令官阅读，切勿落入敌人手**

中。”他们还得到指示，在及时记下内容后，全部文件即悉数销毁。

文件的内容想必已铭记在各级司令官的心中，因为他们都已贯彻执行了。有两个例子可以谈一下，当然事例还多得很。

1944年3月22日夜间，美国陆军第二六七特别侦察营的2名军官和13名士兵，乘一艘军舰在意大利境内距德国阵地后方很远的地方登陆，准备破坏拉斯佩齐亚到热那亚之间的一个铁路隧道。这批侦察人员一律身着军装，并没有携带便服。3月26日，即他们被俘后的第三天，一队行刑队人员就根据德国陆军第七十五军军长安东·多斯特勒将军亲自颁发的命令将他们处死，刑前未经审问。战争结束后不久，多斯特勒将军受到美国军事法庭的审判时，为自己的罪行辩解说，他只不过是遵照希特勒的突击队命令行事。他争辩说，他如不服从，自己将被元首送交军事法庭审判。[*]

1945年1月在斯洛伐克跳伞降落的15名英美军事人员，其中有一名美联社战地记者，全都身着军服，在毛特豪森集中营被处死刑。这是根据恩斯特·卡尔滕布伦纳博士的命令执行的。卡尔滕布伦纳博士继海德里希之后任党卫军保安处处长，是纽伦堡国际军事法庭的被告。[†]这个屠杀罪行如果不是集中营中目击他们被处死的一名副官招供出来，恐怕永远也无人知道，因为这个集中营中大规模处决战俘的文件大部分已经销毁了。[40]

纳粹在占领区的恐怖统治

1941年10月22日，法国《灯塔报》刊登了下列通告：

> 10月20日上午，受英国和莫斯科雇用的怯懦的罪犯暗杀了南特的战地司令。凶手至今尚未捕获。
>
> 我已下令先枪决50名人质，作为这个罪行的抵偿……如果从现在起至10月23日午夜，凶手仍未捕获归案，将再枪决50名人质。

这一类通告常常出现在法国、比利时、荷兰、挪威、波兰、俄国的报 956

---

* 1945年10月12日，罗马美国军事法庭宣判多斯特勒将军死刑。

† 卡尔滕布伦纳于1946年10月15日夜间在纽伦堡监狱被绞决。

纸上，或者写成红底黑框的海报张贴出来。德国人公然宣称，偿命的比率一律定为100 ∶ 1——每有一个德国人被枪杀，就枪决100名人质。

虽然抓人当人质是古代的习惯，例如罗马人就十分爱用这种办法，但是到了近代，一般已不采用这种办法了。只有德国人在第一次世界大战时，英国人在印度和布尔战争时在南非用过。第二次世界大战期间，希特勒指挥下的德国陆军却大规模地抓人当人质。凯特尔元帅和一些身份比他低的司令官都曾签署过逮捕人质和枪杀人质的密令，纽伦堡国际军事法庭曾提出许多这样的密令文件。1941年10月1日，凯特尔下令说："人质当中必须包括著名头面人物或者他们的家属，这一点至为重要。"一年以后，驻法德军司令冯·施蒂尔普纳格尔将军也强调指出："被枪决的人质的名气越大，对凶手所起的威慑作用也就越大。"

第二次世界大战期间，德国人一共处决了29 660名人质，这个数字还不包括"瘐死"在法国监狱中的40 000人。波兰是8 000人，荷兰是2 000人。在丹麦，他们用一种所谓"肃清暗杀"制度来代替公开宣布枪杀人质。希特勒明令，德国人在丹麦如遭杀害，要秘密采取"以五顶一"的报复办法。[41]由于德国人采取这种办法，斯堪的纳维亚半岛最孚众望的人士之一、丹麦牧师、诗人兼剧作家凯·蒙克被残酷地杀害了。他的尸体被抛弃在街头，身上挂着一块牌子，上面写着："猪猡，你还是为德国效了劳。"

凯特尔元帅在纽伦堡供称，在他不得不遵照希特勒命令行事而犯下的所有战争罪行中，以根据Nacht und Nebel Erlass——"夜雾命令"所犯的罪行"最为严重"。这项奇怪的命令是希特勒专门用来对付西欧占领区的无辜居民于1941年12月7日亲自颁布的。正如这项命令的奇怪名称所显示，它的目的在于逮捕"危及德国安全"的人，逮捕以后并不立即枪决，而是丝毫不落痕迹地让他们消失在德国的茫茫夜雾之中。他们的下落不通知其家属，即使所谓下落常常只不过是他们在德国的埋葬地点。

1941年12月12日，凯特尔发布一个指令，对希特勒的命令做了解释。"在原则上，"他说，"对德国犯有罪行的人应处死刑。"但是，

> 如果给予这些罪犯监禁的处分，即使同时还罚做终身苦役，也将被

> 认为是软弱的表现。只有对罪犯处以死刑，或者采用使罪犯家属及当地居民不知其下落的办法，才能收到极大的威吓效果。[42] 957

1942年2月，凯特尔又对“夜雾命令”做了补充。如果一个人被捕后八天之内还没有被判死刑的话，

> 应将这些囚犯秘密送往德国……这些措施将起到威慑作用，因为
>
> （1）这些囚犯将不留痕迹地消失，
>
> （2）不说明他们的下落和命运。[43]

受命执行这个可怕任务的是党卫军保安处。在缴获到的保安处文件中充满了有关“NN”（代表“夜雾”两字）的各种指示，特别是关于要求对被害人埋葬地点严守秘密的指示。到底有多少西欧人士消失在“夜雾”之中，纽伦堡国际法庭根本无法确定这项数字，但是看来难得有人逃出虎口。

但是我们从党卫军保安处的文件中，可以得到一些能说明问题的数字，这是关于他们在占领区中用在俄国的另一种恐怖行动所杀害的人的数字。这种特别的恐怖行动是德国人所谓的特别行动队干的。从其活动情形看，称其为灭绝队更合适些。他们所杀害的人的头一批整数是在纽伦堡偶然查清楚的。

有一天，在开审前不久，美国检察官、年轻的海军军官惠特尼·R.哈里斯少校向奥托·奥仑多夫盘问他在战时的活动情况。人们知道，这个看上去年纪颇轻（38岁）而又漂亮的德国知识分子当过希姆莱的德国中央保安局的第三处处长，但在战争的最后几年的大部分时间中，他在经济部任对外贸易专家。他告诉哈里斯少校，战争时期他一直在柏林任公务员，只有一年是例外。当被问到这一年离开柏林时干了些什么时，他回答说：“当特别行动队D支队队长。”

哈里斯是律师出身，这时已是熟悉德国问题的有相当权威的情报专家，对特别行动队的情况有不少了解。因此他立即追问下去：

“在你任特别行动队D支队队长的那一年，你的那一队一共杀害了多少

男子、妇女和儿童？”

哈里斯事后回忆说，当时奥仑多夫耸了耸肩，稍微迟疑了一下回答道：“9万！”[44]

特别行动队最初是希姆莱和海德里希于1939年组织起来的，其目的是跟随德军进驻波兰，搜捕犹太人，把他们集中到犹太人隔离区。过了将近
958 两年，在进攻俄国的战争开始以后，特别行动队才与德国陆军取得协议，受命随战斗部队之后执行“最后解决”的一部分任务。为了执行这项任务，组成了四个特别行动队：A支队、B支队、C支队和D支队。奥仑多夫于1941年6月到1942年6月之间领导的便是D支队，该支队在乌克兰南端地区活动，附属于第十一军团。约翰·哈兰·阿门上校在法庭上问奥仑多夫曾接受过什么指示，他回答说：

“指示要求我们清算犹太人和苏联政治委员。”

“你所说的‘清算’，是不是就是‘杀死’的意思？”阿门问他。

“是的，就是杀死。”奥仑多夫回答道，并解释说，杀掉的人中有男子，也有妇女和儿童。

“为什么要屠杀儿童呢？”俄国法官I. T.尼基琴科将军插口问道。

> 奥仑多夫：命令是必须全部消灭犹太居民。
>
> 法官：也包括儿童在内？
>
> 奥仑多夫：是的。
>
> 法官：犹太儿童全部杀死了吗？
>
> 奥仑多夫：是的。

奥仑多夫在回答阿门提出的其他问题时以及在他的供状中，叙述了一场典型的杀人情况。

> 特别行动队到了一个村庄或市镇以后，就命令当地犹太人中的头面人物把全体犹太人集合起来，说是要给他们“重新安置”。*他们被勒

---

* 亦即通知犹太人，他们将迁到别的地方去。

令交出自己的贵重物品，并且在临刑前脱下外衣。他们被装上卡车押往刑场，刑场通常是在反坦克战壕里——往往当场能杀死多少便装上多少。用这种办法是想使被害人从知道死到临头至真正被处决的这段时间越短越好。

不一会儿，摆出一副战斗姿态的行刑队人员就枪杀这些站着或跪着的人，然后把尸体扔到壕沟里。我不许执刑的人单独枪决人，而是叫他们几个人放排枪，以避免个人直接承担责任。别的支队的领导人要求让被害人平伏在地上，从后颈射进子弹。我不同意这种做法。

“为什么？”阿门问道。

“因为这样做会使被害人和行刑的人心理上的负担过重。”奥仑多夫回答说。

奥仑多夫又详细谈到他在1942年春天接到的希姆莱的一项命令，要他 959
们改变处决妇女和儿童的方法。[*]此后，妇女、儿童就被送到两家柏林公司专门为杀人建造的“毒气车”上去。这个党卫军保安处的军官向法庭供述了这种奇特的车辆进行工作的情况。

从外表上看不出这种囚车的实际用途。它们看起来跟密闭的货车差不多，但构造却不一样。车子一开动，就把［排出的］毒气送到车厢里，10分钟到15分钟便使人致命了。

“你们是怎样把被害人引上囚车的？”阿门上校要他说明白。

“我们对他们说，要把他们送到另外一个地方。”奥仑多夫回答。[†]接着他诉说，埋葬毒气囚车上的死难者是教特别行动队人员“受罪的苦差使”。在纽伦堡法庭上提出的一份文件中，有一个叫贝克尔博士的人证实了这一点。据奥仑多夫证明，贝克尔就是制造毒气囚车的人。他在给总部所写的

---

* 这样做是有特别理由的。见本书原文第962页注。

† 奥仑多夫和“特别行动队案件”的其他21名被告一起，在纽伦堡受到美国军事法庭的审判。被判处死刑者14人，但是只有4个人，即奥仑道夫和其他3个支队长于1951年6月8日在兰茨贝格监狱被处决，当时距判刑时已达三年半之久。其余被判死刑的人都得到减刑。

一封信中，反对由特别行动队人员把毒气熏死的妇孺尸体卸下来。他提请注意：

> 该项工作可能对这些人员的身心健康起危害作用。他们向我诉说，每次卸下尸体都要感到头痛。

贝克尔博士还向上级指出：

> 毒气的使用方法往往不对头。司机为了尽快把工作办完了事，把加速器扳到最大限度。被处决的人是被闷死而不是按照我们原来的计划昏睡而死的。

贝克尔博士——在他自己的心目中——真是个人道主义者。他下令改进操作技术。

> 我的指示现在证明，正确调整操纵器，结果死亡来得更快，而且犯人是安安静静地睡着了的。再也看不到以前常见到的恶形怪状的死相和遗屎遗尿的现象了。[45]

但是据奥仑多夫证明，毒气囚车一次只能处死15到25个人，这完全
960 不能满足希特勒和希姆莱的大规模屠杀的要求。据特别行动队官方报告，仅仅1941年9月29日、30日这两天中，在乌克兰的首府基辅就“处决”了33 771人，其中绝大部分是犹太人。要完成这样的任务，毒气囚车是不够的。[46]

英国首席检察官哈特莱·肖克罗斯爵士在纽伦堡国际军事法庭上宣读过一个德国人的报告，此人曾亲眼看到乌克兰的一次规模较小的集体屠杀。法庭在宣读这份报告时，全场吓得鸦雀无声。报告是赫尔曼·格雷贝经过宣誓画押的供词，他曾任一家德国建筑公司乌克兰分公司任经理兼工程师。1942年10月5日，他在乌克兰的杜布诺亲眼看到特别行动队的人员在乌克兰民团的配合下，在杀人坑旁杀人的情况。他报告说，这次共杀害了镇上

的5 000名犹太人。

……我的工头和我直接走向坑那边去。我听到从一个小土堆后面传来一连串的枪声。手中拿着马鞭子或狗鞭子的党卫军人员命令从卡车上下来的男人、妇女和大大小小的儿童脱下衣服。他们被迫把衣服放在指定地点，按鞋子、外衣、内衣分类放着。我看到的一堆鞋子有800到1 000双，还有一大堆一大堆内衣和衣服。

这些人脱下衣服，一声也不叫喊，也没有哭泣。他们一家一家地聚在一起，互相吻别，等待着另一个党卫军人员打手势。这个党卫军人员站在离坑不远的地方，手里也拿着一根鞭子。我在近坑处站了15分钟，没有听到一个人叫怨或恳求饶命……

一个银白头发的老太太抱着一个周岁左右的孩子，唱歌给他听，还逗着他。孩子高兴得咯咯地笑着。孩子的父母噙着眼泪望着他们。父亲拉着一个约10岁的男孩子，温存地向他说话；孩子忍着满眶泪水。父亲又一手指着天空，一手抚着孩子的头，好像在给他解说些什么。

这时，站在坑边上的一个党卫军士兵向他的一个同志叫喊几声，那人便点出二十来人，叫他们往土堆后面走去……我清楚地记得一个苗条的乌发姑娘从我身边走过时指着自己说："23岁。"

我绕过土堆走去，发现前边有一处很大的坟场。尸体紧紧地挨在一起，一个压着一个，只有脑袋露在上边。差不多所有的人头上都有血，淌到肩膀上。有人还在动弹，有人举起膀子，转动着脑袋，表示自己还没有死。坑里已装满三分之二，我估计里面有1 000人了。我探寻放枪的人。那是一个党卫军人员，他坐在狭窄的坑头的边沿上，双脚悬到坑里，手里拿着一支冲锋枪，抽着香烟。

赤身裸体的人们往坑里走下几步，从躺在坑里的人头上爬到这个 961
党卫军人员指定的地方。他们躺在死人或受伤者的上边；有人还抚摩一下活着的人，轻声跟他们说些什么。一会儿，我就听到一阵连续的枪声。再往坑里一看，有人抽搐着身子；有人把头枕在别人身上，动也不动了。血从他们的脖子上流下来。

> 又一批人已经走过来了。他们走进坑里，一排排躺在前一批死难者身上被枪杀。

就这样杀了一批又一批。第二天早晨，这个德国工程师又到刑场去看了一下。

> 我看到大约30个赤身裸体的人躺在离坑不远的地方。有些人还活着……过后，这些还活着的犹太人被勒令把尸体拖到坑里。然后，他们自己也得躺到坑里，以便子弹从他们的脖子上射进去……我在上帝面前起誓，说的全是实情。[47]

在红军把德军逐出苏联领土以前，特别行动队到底屠杀了多少犹太人和俄国共产党干部（前者数字远远超过后者）？纽伦堡法庭一直没有统计出确实数字，但是我们从希姆莱的记载（虽然不完全对得起来）中可以得到一个粗略的概念。

奥仑多夫的D支队杀害了90 000人，还不如其他一些支队。例如在北方的A支队于1942年1月31日报告，它在波罗的海沿岸地区和白俄罗斯“处决了”229 052名犹太人。A支队队长弗朗茨·施塔勒克向希姆莱报告说，他在白俄罗斯遇到一些困难，因为“动手很晚，已是霜冻季节，使大规模行刑更加困难得多”。“但是，”他报告说，“到目前为止，已［在白俄罗斯］枪杀了41 000名犹太人。”施塔勒克后来在同年被苏联游击队杀死。他在报告中附了一纸相当详细的地图，上面标出在他指挥之下各地处死的人数——用棺材作为标志。地图表明，仅在立陶宛便屠杀了136 421名犹太人；另有34 000人“因为需要他们劳动”，暂时不杀。报告宣布，犹太人较少的爱沙尼亚已“没有犹太人”了。[48]

特别行动队的刽子手们在严冬暂停活动一段时间以后，到1942年夏天又忙得不可开交。到7月1日，在白俄罗斯已杀死55 000多犹太人。10月间，明斯克犹太人隔离区剩下来的16 200人在一天之内全被杀光。到了11月，希姆莱已经可以向希特勒报告，从8月到10月底在俄国已杀死363 211名犹太人，虽然为了博得嗜杀的元首的欢心，这个数字不免有些

党卫军特别行动队在乌克兰集体屠杀犹太人。

夸大。[49]* 962

据秘密警察的犹太处处长卡尔·阿道夫·艾希曼统计，特别行动队在东欧各国总共屠杀了200万人，差不多全部是犹太人。但是这个数字几乎肯定是浮夸的；党卫军的头目对他们的屠杀成就总是十分得意，他们往往填报加了码的数字，以博得希姆莱和希特勒的欢心。这事说来有点奇怪，但事实确是如此。1943年3月23日，希姆莱手下的统计专家里夏德·科赫尔博士向他报告，住在俄国的633 300名犹太人已经“重新安置”——这是对特别行动队的屠杀的一种委婉说法。[51]令人惊异的是，这个数字与一些专家后来煞费苦心调查所得的结果正相吻合。加上战争最后两年中杀害的100 000人，这个数字大概是我们所能得到的最准确数字。†

以上这个数字虽然已经够大了，但是若与希姆莱的灭绝营在贯彻“最

* 8月31日，希姆莱命令特别行动队的一个支队处决明斯克监狱中的100名囚犯，说是要亲眼看看他们是怎样行刑的。据当时在场的党卫军高级军官巴赫-齐列夫斯基说，希姆莱看到行刑队打了第一排枪后的场面，几乎晕过去了。几分钟过后，当这个党卫军头子看到有两个犹太妇女没有立即被打死时，他变得歇斯底里起来。这次临场观看倒是起到一个效果：希姆莱下令今后对妇女儿童不用枪杀而是把他们装入毒气囚车处死（见本书原文第960页）。[50]

† 就我所知，特别行动队杀害的苏联共产党干部的数字甚至根本无法估计。党卫军保安处的大多数报告都把他们跟犹太人归在一起计算。A支队于1941年10月15日所写的一份报告载明，处决的121 817人中，有3 387名“共产党员”，余为犹太人。但是这个报告在别的地方往往把两者合并在一起计算。

后解决”政策时杀害的人数相比，还是小巫见大巫哩。

“最后解决”

1946年6月晴朗的一天，纽伦堡的三名美国检察官在提审时盘问党卫军大队长奥斯瓦尔德·波尔。被告曾担任的工作之一是负责纳粹集中营中的囚犯所从事劳动的工程。他在参加党卫军以前是海军军官，德国崩溃以后隐藏了一阵，直到一年以后，在1946年5月才被逮捕归案，当时发现他乔装成雇工，在一个农场劳动。*

波尔在回答一个问题时用了一个名词。纽伦堡的检察官们当时已忙碌了好几个月，研究了几百万字的缴获文件，所以这个名词对他们来说已很熟悉。波尔当时说，有一个叫霍斯的同事被希姆莱派去搞“最后解决犹太人问题”。

“那是个什么问题？”检察官问波尔。

“灭绝犹太人。”他回答道。

963 随着战事的进展，纳粹高级领导人的词汇里和文件中日益频繁地使用这个名词。因为从表面上看，这个名词好像并没有什么伤天害理的意思，显然可以使他们免得彼此提醒对方真实含义而感到内疚，而且他们也许认为，如果犯罪的文件一旦泄露出去，这个名词多少可以掩饰一下他们的罪行。绝大多数纳粹头子果然在纽伦堡受审时不承认他们了解这个名词的意思。戈林还争辩说，他从没有用过这个词儿。但是谎言不久就被揭穿了。法庭在审问这个肥胖的帝国元帅时，摆出他在1941年7月31日给党卫军保安处处长海德里希的一项指令。他发布这项指令正是特别行动队在俄国兴致勃勃地执行灭绝任务的时候。

> [戈林指示海德里希]现在我委任你进行各项准备工作……以便**全面解决**德国统治下的欧洲各地的犹太人问题……

---

* 1947年11月3日，波尔在“集中营案件”中被美国军事法庭判以死刑，1951年6月8日在兰茨贝格监狱与奥仑多夫等人同时被绞决。

> 我还责成你尽快给我草拟一份文件，说明……为了贯彻我们打算进行的**最后解决**犹太人问题的工作，已经采取了哪些措施。[*][52]

海德里希十分清楚戈林所说的**最后解决**一词的含义，因为早在快一年以前，在占领波兰之后的一次秘密会议上，他自己就曾用过这个名词。在那次会议上，他概述了“最后解决的第一步”，其中包括把犹太人全部集中到大城市里的犹太人隔离区，这样最后处理他们的命运就不费事了。[†]

就其实际执行情况来看，“最后解决”是阿道夫·希特勒老早就盘算过并且在战争爆发以前公开谈论过的。1939年1月30日，他在国会讲话时就说过：

> 如果国际犹太金融家……再一次把各国推进世界大战的深渊，结果将是……整个欧洲各地的犹太民族全被消灭。

他说，这是一个预言，他后来在其他公开讲话中又一字不易地把这句话重复了五次。其实，把欧洲推进武装冲突深渊的并不是“国际犹太金融家”，而正是他自己，不过这个问题对希特勒来说是无关紧要的。重要的是，现在已经爆发了世界大战，在这场战争中，他已征服了绝大多数欧洲犹太人居住的东欧广大地区，从而使他有机会执行他的“消灭”计划。到进攻俄国的战争开始时，他已经发布了必要的命令了。

纳粹高级领导人物所熟知的“元首关于最后解决的命令”，显然一直没有写成明文——至少在缴获的纳粹文件中没有找到一份成文的东西。种 964
种迹象表明，这项命令很可能是希特勒口头上告诉戈林、希姆莱和海德里希，再由他们在1941年夏秋时候往下传达的。不少证人在纽伦堡国际军事法庭上作证说，他们“听到过”这个命令，但是谁都说未见过文件。后来，

---

* 着重体是本书作者用的。文件最后一行译成英文时译错了，把德文Endlösung译成“可取的解决”。因此不懂德文的法官杰克逊被戈林钻了空子，戈林在对质时诡称自己从来没有用过这个罪恶名词（见注52)。戈林高声叫嚷说:“我是在纽伦堡，在这个法庭上，才头一次听说有这样恐怖的灭绝屠杀的。”

† 见本书原文第661页。

德国总理府长官、顽固不化的汉斯·拉默斯出庭作证时，在被追问之下回答说：

> 我知道元首有一项命令由戈林传达给海德里希……这项命令叫作“最后解决犹太人问题”。[53]

但是拉默斯跟许多被告一样声称，他在纽伦堡听到盟国律师向他说明这个情况以前，真的不了解这项命令到底是怎么回事。*

到1942年初，据海德里希的意见，应该是对“最后解决”的“各项根本问题”加以澄清的时候了，以便这项工作可以最后得到贯彻和结束。为此，海德里希于1942年1月20日在柏林郊区风景美丽的万湖召集政府各部和党卫军保安处各机构的代表举行了一次会议。会议的记录对后来纽伦堡的一些审判起了很重要的作用。[54]尽管当时德军在俄国正受到挫折，纳粹官员仍然认为胜利已经在望，德国眼看就要统治包括英格兰、爱尔兰在内的整个欧洲了。因此，海德里希对参加会议的15名高级官员说：“在最后解决欧洲犹太人的问题的过程中，牵涉到的犹太人近1 100万。”然后他就谈了各国犹太人的数字。在德国旧有版图上，只剩下131 800名犹太人（1939年有25万人）。他说，但是在俄国还有500万犹太人，在乌克兰还有300万，在波兰总督辖区还有225万，在法国还有75万，在英国还有30多万。言外之意显然是要全部消灭这1 100万犹太人。然后他又说明了如何来完成这项重大任务。

> 现在，在“最后解决”的过程中，必须把犹太人送往东方……作
> 965 为劳动力使用。把有劳动力的犹太人按性别分开，编队送到这些地区

---

* 拉默斯于1949年4月被纽伦堡美国军事法庭判处20年监禁，主要罪名是，他应对制定反犹太人的各项法令负责。但是正如多数纳粹罪犯被美国当局大大减刑一样，他的刑期于1951年减为10年。这年年底，他服刑刚满6年（从监禁的第一天算起），便从兰茨贝格监狱被释放出来。这里不妨提一下，绝大多数德国人对于判处希特勒党羽哪怕是很轻的徒刑也是不赞成的，至少从西德议会中所反映的他们的情绪来看是如此。盟国交由德国看管的一些人犯，就根本没有被起诉，甚至对被控进行过大规模屠杀的罪犯也未起诉，其中有些人还很快在波恩政府中找到了工作。

去筑路。许多人在这样的劳动中肯定会受到自然淘汰。

剩下来终于能活下来的人，由于无疑是具有最坚强的抵抗力的部分，必须受到相应处理。之所以要这样做，是因为应该认为这些经过自然淘汰而剩下来的人是犹太人可能东山再起的祸根。

换句话说，欧洲的犹太人首先将被送到被征服的东方，然后劳动到死，活下来的少数体格特别强健的人则干脆处死。至于原来就住在东方、已在德国统治之下的几百万犹太人，又该怎样处理呢？代表波兰总督辖区的国务秘书约瑟夫·比勒博士提出了一项现成的处理方案。他说，波兰的犹太人将近250万，这些人“构成了极大的威胁”。他们是“疾病的传染者、黑市的经营者，而且不适宜于劳动”。这250万人不产生送走的问题，他们原来就住在那里。

［比勒博士最后说］我只有一个要求：必须尽快解决我的领土上的犹太人问题。

这个老实的国务秘书，情不自禁地道出了上自希特勒的纳粹高级领导人的急躁心情。在这个时候，他们谁也不懂得几百万犹太人对德国将是多么有价值的奴隶劳工。实际上，直到1942年快到年底的时候，他们才明白过来，但为时已太晚了。早先他们只懂得一点：在修筑向东通往俄国的道路的工程中，使几百万犹太人劳累致死，得费不少时间。因此，早在这些不幸的人们累死之前——大多数人还根本没有被叫去参加劳动——希特勒和希姆莱便决定采用更迅速的办法来处置他们。

办法主要有两种。一种办法我们在前边已经谈过，是在1941年夏天入侵俄国之初采用的。这就是特别行动队的行刑队大规模枪杀波兰和俄国的犹太人，死在他们手里的有75万人。

希姆莱于1943年10月4日在波森对党卫军将领们做报告。当时他心中盘算的就是这个实现“最后解决”的方法。

……我要很坦率地跟你们谈一个十分重大的问题。这个问题在我

> 们自己人中间必须谈得非常坦率，但是绝不要向别人公开……
>
> 我说的是……灭绝犹太民族……**你们**当中绝大多数人一定了解，当100具、500具或1 000具死尸躺在一起的时候，这事情意味着什么。一方面要坚持这样做，另一方面又要保持自己成为正派人（除了由于人性弱点所造成的某些例外情况），这就是我们的艰苦所在。这是我国历史上从未
> 966 写过，将来也不会再写的光荣的一页……[55]

这个戴眼镜的党卫军领袖为了寻欢作乐，曾经要人枪杀包括妇女在内的100名东方的犹太人给他看，当场却几乎晕倒过去；因此，他在看到党卫军军官们在灭绝营的毒气室中有效率地工作时，想必把这种杀人法看作德国历史上更加光荣的一页。因为正是在这些死亡营中，“最后解决”获得了最骇人听闻的成就。

灭绝营

纳粹设立的30多个主要集中营全都是死亡营，几百万囚徒挨饿受刑，死在这些集中营里。*虽然集中营当局都有记录，每个集中营都有正式的死亡登记簿，但并不完整，而且在胜利的盟军逼近时，许多登记簿都被销毁了。毛特豪森集中营有一本死亡登记簿保存下来一部分，那上面记载着从1939年1月到1945年4月死亡了35 318人。† 1942年底，对奴隶劳工的需要感到特别迫切时，希姆莱下令“务必降低”集中营中的死亡率。由于缺乏劳动力，他在办公室里接到下面这项报告时大不高兴：从1942年6月到11月，收容在集中营里的136 700名囚徒中，死亡者约70 610人，处决者9 267人，“转移”者27 846人。[57]所谓“转移”就是送到毒气室的别名。这样，剩下来可以当劳工的人就没有多少了。

但是在实现“最后解决”方面，取得进展最大的正是在灭绝营中。最大的也是最出名的灭绝营是奥斯维辛，它有四个大毒气室和附设的火葬场，

---

* 科贡估计782万囚徒中死了712.5万人，这个数字肯定是过高的（科贡：《地狱的理论和实践》［*The Theory and Practice of Hell*］，第227页）。

† 集中营长官弗朗茨・齐赖斯说，死亡总数是65 000人。[56]

处死和焚化的能力远比特雷布林卡、贝乌热茨、索比布尔和海乌姆诺等其他集中营为高。它们都在波兰境内。在里加、维尔纽斯、明斯克、考纳斯和利沃夫附近，还有一些规模较小的灭绝营，它们与大的几个营有一点不同，就是用枪杀而不用毒气。

有一个时期，用何种毒气处死犹太人效率最高，在党卫军领导人之间曾有过不少竞争。速度是一个很重要的因素，特别是在奥斯维辛。这个灭绝营在快要完蛋的时候，曾创造一天毒死6 000人的新纪录。一度担任过该营长官的鲁道夫·霍斯本来是一个曾犯谋杀罪的罪犯。他在纽伦堡法庭上供述了他所使用的毒气是优越的。* 967

> 犹太人问题的“最后解决”意味着彻底灭绝欧洲的全部犹太人。1941年6月，我奉命在奥斯维辛建立灭绝设备。当时在波兰总督辖区已经有了其他三个灭绝营：贝乌热茨、特雷布林卡、沃尔泽克……
>
> 我访问特雷布林卡，以便了解他们是怎样进行灭绝工作的。特雷布林卡营长官告诉我，他在半年之中已经消灭了80 000人。他的主要任务就是消灭来自华沙犹太人隔离区的全部犹太人。†
>
> 他用的是一氧化物的毒气，我认为他的办法效率并不十分高。因此，我在奥斯维辛建立灭绝营时，用的是一种结晶的氢氰酸叫“齐克隆B”。我们把这种药品从一个小洞投到死亡室里去，这样杀死死亡室里的人，约需3分钟到15分钟，视天气情况而定。
>
> 我们知道里面的人是什么时候死的，因为他们一死就不再叫

---

* 霍斯于1900年出生，是巴登-巴登一家小店主的儿子。他父亲是一个虔诚的天主教徒，曾逼他去当神父。但是他在1922年参加了纳粹党。1923年他因牵连进谋杀一个教师的案件，被判无期徒刑。据说这个教师曾告发在鲁尔搞破坏活动的德国人利奥·施拉格特。施拉格特因此被法国人处死而成为纳粹的烈士。

1928年大赦时霍斯被释放，两年后参加党卫军。1934年他成为党卫军“骷髅队”的一员，这支部队的主要任务是守卫集中营。他最初任职于达豪。他的差不多整个成年时代就是这样先当囚徒，后当看守度过的。他在纽伦堡受审时以及在为起诉方面所作的画押证词中，对自己的杀人罪行都供认不讳——甚至还夸大其词。他后来被移交给波兰，被判死刑，于1947年3月在他犯罪最严重的地方奥斯维辛绞决。

† 由于人数太多，又由于最后遇到了武装抵抗，所以这个任务直到1943年才完成（后面我们将要谈到这件事情）。

> 唤了。我们一般等待半个小时再把门打开，把尸体搬走。尸体搬走以后，我们的特别行动队人员就从尸体上取下戒指，挖出假牙上的金子。
>
> 我们还有一个地方也是比特雷布林卡有改进的：我们建造的毒气室同时可容2 000人，而特雷布林卡的10个毒气室每个只能装200人。

接着霍斯又说明送往毒气室去的死难者是怎样被“挑选”出来的。之所以要挑选，是因为并不是所有囚犯都要消灭——至少不是立刻消灭，因为要把其中一些人送到伊·格·法本化学厂和克虏伯工厂去做工，直到他们耗尽了精力，够上“最后解决”的条件时为止。

> 我们有两名党卫军医官在奥斯维辛专管检验运来的囚犯。一名医官叫囚犯列队行进，就在他们走过他面前时，当场做出决定。适合劳动的人被送进集中营，其余的人立刻被送到灭绝工厂。未成年的儿童
> 968 都被处死，因为他们年轻，做工还不行。

霍斯先生总是不断改进大规模杀人的艺术。

> 还有一个方面，我们也是比特雷布林卡有改进的：特雷布林卡的被害人往往事先就知道自己将被杀害，而我们在奥斯维辛则设法欺骗被害人，使他们相信他们是去消灭身上的虱子。当然，他们也常常看出我们的真正意图，我们有时也碰到一些骚乱和麻烦。妇女往往把孩子藏到衣服底下，不消说我们一发现就把孩子送去处死。
>
> 上级要求我们把这种灭绝屠杀干得不让人知道。但是继续不断地焚化尸体所发出来的令人作呕的臭气，不可避免地要充斥这整个地区，所有附近居民都知道奥斯维辛是在进行灭绝工作。

霍斯解释说，有时候对少数“特别囚犯”——显然指的是俄国战俘——则干脆注射石脑油杀死。“我们的医生奉命要填写一般的死亡证明

犹太人抵达奥斯维辛，在站台上等待被“挑选”。

书，当然死亡原因一项随便怎么填上都可以。”*[58]

奥斯维辛幸存的囚犯和看守也叙述了当年集中营中人们被杀害和被处置的情景。他们的叙述可以补充霍斯的直率的供词。“挑选”哪些犹太人去劳动、哪些犹太人立即用毒气熏死的工作，是在被害人一下货车，在铁路的岔道上进行的。他们被锁在货车里，既没有饭吃又没有水喝，有的长达一星期——因为许多人是从法国、荷兰、希腊那样遥远的地方运来的。虽然在这时出现了夫妻、子女被强行拆散的悲惨情景，但是正如霍斯和幸存的人所说，他们谁也想不到自己将落到怎样的下场。事实上有些人还拿到印有标注着“瓦尔德湖”字样的美丽的风景明信片，要他们签上字寄给亲人。明信片上印有这样的话：

> 我们在这里过得很好。有工作做，待遇也不错。我们在等待你们的到来。

---

* 一般都填“心脏病”。曾在布痕瓦尔德待过八年的科冈举例说：“……病人长期患____病，于____点钟死亡。致死原因：心脏衰弱并发肺炎。”（科冈：《地狱的理论与实践》，第218页）开始大规模使用毒气杀人以后，奥斯维辛就取消这种手续了，甚至每天死亡人数也经常不做统计。

从近处看，毒气室以及附设的焚化场丝毫不是外表可怕的所在；怎么也看不出这会是这样一个地方。上面是修整得很好的草地，草地四周还种上花；入口处的牌子上写有“浴室”字样。毫不生疑的犹太人以为只是把他们带到浴室来消灭虱子，因为在所有集中营中，消灭虱子都是很普遍的
969 事情。而且他们在进去时还有美妙的音乐伴奏哩！

演奏的是轻音乐。据一个生还的人回忆，从囚犯中挑一些人组成了一个乐队，参加乐队的都是“年轻貌美的女郎，一律身穿白衬衫和海军蓝的裙子”。在挑选送进毒气室的人时，这个独特的乐队就奏起《快乐的寡妇》和《霍夫曼故事》中的轻松曲调。她们不演奏庄严的、沉重的贝多芬作品。奥斯维辛的死亡进行曲直接选自维也纳或巴黎轻歌剧的轻快欢乐的曲调。

伴随着这些令人回忆起幸福和快乐年华的音乐，男女老幼被带进“浴室”，一到里面，就有人要他们脱下衣服准备洗“淋浴”。有时还领到毛巾。他们一走进“淋浴间”，这才开始看出有些不对头了，因为多至两千人像沙丁鱼似的被塞进了这个房间，根本无法洗澡。这时重实的大门马上推上了，加了锁，还密封起来。死亡室的顶上砌有蘑菇形通气孔，它们给修整得很好的草地和花坛掩盖得几乎一点也看不出来，勤务兵们站在这些气孔旁边，准备好一接到命令，就把紫蓝色的氢氰化物或称“齐克隆B”的结晶药物投下去。“齐克隆B”原本是作为强烈的消毒剂制造出来售卖的，而现在，如前所述，霍斯先生却自鸣得意地发现了它的新用途。

有些曾从附近房屋里目击当时情景的幸存的囚犯回忆说，有一个时期，向勤务兵们发出讯号，要他们把药物投下去的是一个莫尔中士。“好吧，给他们点东西尝尝。”他说完就会大笑一阵，药物就从气孔里倒进去，倒完马上把气孔封上。

刽子手们通过门上装着的厚玻璃的窥视孔可以看到里边的情况。下面那些赤身裸体的囚犯们有的仰头望着滴水不出的莲蓬头，有的望着地上在纳闷，为什么看不到下水道。毒气发生效果需要过一些时间，但是囚犯们不用多久就看出毒气是从上面的气孔放下来的。这时人人都吓慌了，一齐向离管子远的地方拥去，最后冲到巨大的铁门旁边。据赖特林格说，在大门附近，“他们堆成了一个金字塔，人人身上发青，血迹斑斑，到处湿漉漉的。他们互相抓着、掐着想爬过去，一直到死还不松手”。

二三十分钟以后，这一大堆裸露的肉体都不动弹了，抽气机把毒气抽掉，大门打开，“特别队”的人员进来接手工作了。这些人都是被囚禁的犹太男子，营部答应他们免于一死，并给以足够的食物，作为他们做这种人间最可怕的工作的报酬。* 他们工作时都戴上防毒面具，穿上胶皮靴，手拿水龙头。赖特林格叙述了当时的情况。 970

> 他们的第一项工作是，洗掉血迹和便污，然后再用绳套和铁钩把互相抓着、掐着的死尸分开来。这是令人毛骨悚然的搜寻黄金和拔除死者的牙齿和头发的前奏。德国人认为这些牙齿和头发都是战略物资。接着，便开始了这样的旅程：先用电梯或轨道货车将尸体运往焚尸炉，再将骨渣运到工厂磨成灰末，最后，用卡车把它们运到索瓦河，撒入河中。†

许多记载表明，德国商人为了争夺建造这种屠杀和处理尸体的新设备和供应这种致人死命的蓝色结晶药物，曾经展开了激烈的竞争。埃尔福特的制造加温设备的托普夫父子公司在投标建造奥斯维辛的火葬场时，获得了成功。在集中营的档案中找到的连篇累牍的信件，暴露出这家公司的商业经营情况。从该公司在1943年2月12日的一封信中可见其一斑：

> 致奥斯维辛党卫军和警察局中央建筑处：
>
> 事由：为集中营建造第二和第三个火葬场。
>
> 我们已收到你们要建造五座三层焚尸炉的订货单，其中还包括两部搬运尸体的电梯和一部紧急时用的电梯。另外还订造一套加煤设备和一套搬运骨灰的设备。[60]

---

* 这些人照例还是不免在毒气室被处死，另由一批新人代替，新来的人也得到同样的下场。党卫军是不希望任何人活着出去、泄露内情的。

† 纽伦堡审判中有的证词说，骨灰有时被当作肥料出售。根据俄国检察官所提供的一份材料，但泽有一家工厂建造了一个用电加热的大池，用人体脂肪制造肥皂。它的“配料单”是，“用12磅人体脂肪，加10夸脱水、8盎司到1磅苛性钠……一起煮两三个小时，然后冷却”。[59]

但是，做这种骇人听闻的生意的，不只是托普夫父子公司这一家。在纽伦堡审判中，还提出另外两家公司的名称和它们的一些信件。其他许多集中营对死尸的处理，也曾引起商业竞争。例如，柏林的第迪尔工厂曾投标在贝尔格莱德一个纳粹集中营装置一座焚尸炉，并且自称这座炉子可以生产十分优良的产品。

> 将尸体送入焚尸炉，我们建议只要在滚动的圆筒上安装一个金属叉子。
>
> 每座焚尸炉的炉膛只需24英寸高、18英寸宽，因为棺材是不用的。从贮尸处将尸体运往焚尸炉，我们建议用轻便的有轮子货车。随函附上按比例绘制的设计图。[61]

另外一家钻营贝尔格莱德这种生意的公司是科里公司。它强调在这方面有极丰富的经验，因为它已为达豪建造了四座焚尸炉，为卢布林建造了
971 五座，而且它说它们“在实际运用中都令人十分满意”。

> 我们曾在口头上和你们谈过关于提供构造简单的焚尸设备，现再送上我们的已臻完善的焚尸炉的设计，这种焚尸炉用煤做燃料，使用情况迄今令人十分满意。
>
> 我们建议给你们计划中的建筑物装置两座焚尸炉，但请你们进一步研究，两座焚尸炉是否肯定能满足你们的需要。
>
> 我们保证这些焚尸炉效率高、耐用，并且用上等材料和精湛技术制造。
>
> 等待你们进一步的消息，我们将随时为你们效劳。
>
> 希特勒万岁！
>
> C. H.科里
>
> 科里公司总经理[62]

最后，即使德国的自由企业尽了极大努力，利用上等材料，提供精湛的技术，还是满足不了焚烧尸体的需要。在许多集中营，结构完善的焚尸

炉远远赶不上需要，尤其是1944年在奥斯维辛集中营，当时它每天要焚毁6 000具尸体（据霍斯提出的数字则多达16 000具）。例如，1944年夏天的46天中，这个集中营杀死的匈牙利犹太人就达25万至30万名。甚至毒气杀人室也赶不上需要，而不得不用特别行动队的办法进行集体扫射。尸体干脆扔入壕沟焚烧，其中许多尸体只烧毁了一部分，然后就用推土机推上土埋起来。到最后，集中营长官都埋怨焚尸炉不仅不敷应用，而且“不经济”。

首选用来杀死受难者的“齐克隆B”结晶药物是由两家德国公司供应的，它们都从伊·格·法本化学公司取得了专利权。这两家公司就是汉堡的特施-施塔贝诺公司和德绍的达格奇公司；前者每月供应两吨氰化物结晶体，后者每月供应750千克。它们的提货单曾在纽伦堡拿出来作证过。

这两家公司的董事辩解说，他们出售这些产品只是供消毒用的，并不知道被用来杀人，但是，这种辩护是不能成立的。从已经发现的特施-施塔贝诺公司的一些信件来看，该公司不仅供应产生毒气的结晶药品，还供应灭绝室的换气和保温设备。而且，那个与众不同的霍斯一旦开始供认，就供认得相当彻底，他还证明，特施公司的董事们不可能不知道他们的产品的用途，因为他们提供的毒物足以杀害200万人。英国的一个军事法庭在审问这家公司的两个合伙人布鲁诺·特施和卡尔·魏因巴赫时确信这一点，这两个人都在1946年被判死罪并被绞决。第二家公司，德绍的达格奇公司的董事格哈德·彼得斯博士受到的惩罚较轻，德国法庭只判处了他五年徒刑。[63] 972

战后，在德国开始审判以前，人们普遍认为，大规模屠杀只是为数很少的一些狂热的党卫军头子的罪行。但是，法庭的记录毫无疑问地证明了许多德国企业家是同谋犯，其中不仅包括克虏伯和法本化学托拉斯的董事，而且还包括许多较小的企业家，这些人从外表上看一定是最平凡和正派的人，就像任何地方的规矩的企业家一样，是社会的栋梁。

仅仅在奥斯维辛一个集中营里，到底屠杀了多少不幸的、无辜的人？人们将永远无法知道它的确切数字。这些人中大多数是犹太人，但也有许多别的人，特别是俄国战俘。霍斯本人在他的供状中估计，有“250万人是在毒气室和焚尸炉中被消灭的，至少还有50万人死于饥饿和疾病，总数

达豪集中营的焚尸炉。

约为300万人”。后来，在华沙法庭审判他本人时，他将这个数字减少为113.5万人。1945年1月红军占领了这个集中营以后，苏联政府进行过一番调查，获得的数字是400万。赖特林格根据自己的详细研究，认为奥斯维辛用毒气处死的受难者的数字“连75万”也不到。他估计有60万人左右死于毒气室，此外还要加上大约30万或30万以上“失踪者”的“未知数”，这些人是被枪杀或病死饿死的。不过，不论根据哪一种估计，数字都是巨大的。[64]

特别队人员在一堆堆冰冷黏湿的尸体旁边工作着，死者如有假牙，他们就把镶的金子拔出来。未被拔掉的，尸体被焚毁后，假牙上镶的金子还留存，就从尸灰中拣出来。* 这些金子被熔化以后，同其他从罹难的犹太人身上搜到的贵重物品一起运给德国国家银行。根据希姆莱和银行总裁瓦尔

* 有时在死难者被杀害以前，就把他们的金牙拔掉了。明斯克监狱的德国典狱长在一份秘密报告中透露，在他征召一个犹太牙医来服役之后，所有犹太人“牙上的金钩、金套和金质填充物都被拔掉或挖掉了。这常常是在采取特别行动以前一两小时内干的”。这个典狱长指出，在1943年春为时六星期的一段时期内，有516个德国和俄国犹太人在他那个监狱被处死，其中336人的金牙被拔掉了。[65]

特·冯克博士签订的一个秘密协定，这些东西都存在党卫军账上。账户用的一个假名字叫“马克斯·海利格”。从这些灭绝营中劫掠而来的贵重物品，除了牙齿上的黄金以外，还有金表、耳环、手镯、戒指、项链，甚至还有眼镜框——因为党卫军欺骗犹太人说要“重新安置”他们，鼓励他们把所有的贵重物品都带在身边。此外还有大量的珠宝，特别是钻石和银器，以及大叠大叠的钞票。

事实上，“马克斯·海利格”存放的财物在德国国家银行里几乎是满坑满谷。早在1942年，银行的保险库便堆不下了。唯利是图的董事们便设法将这些物品交给市政当局主办的当铺去处理，换成现钞。德国国家银行于9月15日致柏林市营当铺的一封信谈到“第二批货物”的事。它一开头便 973
说：“我们将下列贵重物品交给你们，请尽可能予以最好的利用。”信中所附清单很长，并且分门别类，其中包括154只金表、1 601只金耳环、132只钻石戒指、784只银质怀表和“160枚各种镶金假牙”。到1944年初，这家柏林当铺已被这些源源不绝送来的赃物堆满。它通知德国国家银行，不能再继续接受了。盟军占领德国以后，在纳粹藏匿过部分档案和赃物的一些荒废的盐矿中，发现了许多在“马克斯·海利格”账上留下来的财物，它们足以堆满德国国家银行法兰克福分行的三个大保险库。[66]

银行家们知道不知道这些独特的“寄存物品”的来路呢？德国国家银行贵重金属物资部经理在纽伦堡供认，他和他的同事们注意到许多批货物都是从卢布林和奥斯维辛运来的。

> 我们都知道这些地方是集中营所在地。金牙是在1943年11月送来的第十批货物中出现的。金牙日渐增多，数量十分可观。[67]

臭名远扬的党卫军经济处处长奥斯瓦尔德·波尔曾经专门负责党卫军的这门交易工作。他在纽伦堡强调指出，冯克博士和德国国家银行的负责人与董事们都十分清楚他们要典当出去的这些货物的来路。他相当详细地说明了“冯克和党卫军之间进行的关于把犹太死人的贵重物品运给德国国家银行的交易”。他记得他和银行副总裁埃米尔·波尔博士曾经有过这样一次谈话。

达豪集中营的毒气室内部。

在这次谈话中，对这一点不再存在任何怀疑：将要交付的物资都是从那些在集中营里被杀害的犹太人身上来的。所谈的物资包括戒指、表、眼镜、金条、结婚戒指、胸针、别针、金牙和其他贵重物品。

波尔谈到，有一次在视察了德国国家银行中存放“来自犹太死人”的贵重物品的那些保险库之后，冯克博士举行了一次愉快的宴会，招待前往视察的人员。在宴会中，他们的谈话的中心就是这些战利品的独特的来路。[68]*

“华沙犹太人隔离区已不复存在”

不止一个目击者说过，许许多多犹太人是抱着听天由命的精神来迎接纳粹毒气室中或特别行动队的集体屠杀坑中的死亡的。但是，并非所有犹太人都是这么乖乖地听任处死的。1943年春天，被圈禁在华沙犹太人隔离

* 冯克博士被纽伦堡法庭判处了无期徒刑。

区中的约6万犹太人就曾经对纳粹刽子手进行过反抗和斗争。这6万人是 974
1940年像牲畜一般被赶进这个区域的40万人中的残存者。

关于这次华沙犹太人隔离区的暴动，也许没有一个人留下的记载会比镇压暴动的那个扬扬得意的党卫军军官的记载更为可怕和具有权威性。* 这个德国人就是党卫军联队长、警察少将于尔根·施特鲁普。他那本写得绘声绘色的官方报告书至今还留存着。† 那份报告用皮面精装，有着丰富的插图，用75页精致的厚证书纸打字而成，题目是《华沙犹太人隔离区已不复存在》。[69]

在纳粹征服波兰一年以后，即1940年秋末，党卫军把约40万犹太人赶到一起，用一堵高墙把他们圈禁在那个中世纪的古老的犹太人隔离区周围将近2英里半长、1英里宽的地区之内，同华沙其他区域隔绝。在正常的情况下，这个地区只能住16万人，因此这时就拥挤异常。但这还只是最起码的困难。总督弗兰克甚至连仅够勉强维持一半人活命的食物也拒绝发给。犹太人还不准离开这个封锁区，违者一经发现，就当场格杀勿论。因此，他们只能在围墙内的几个军火工厂中工作，除此以外，再也找不到其他工作。而这几个军火工厂都是德国武装部队经营的，要不就是深知如何利用奴隶劳动来攫取大量利润的贪得无厌的德国商人经营的。至少有10万犹太人依靠别人每天施舍一碗常常是用草煮成的汤来苟延残喘。那是一场毫无希望的求生的挣扎。

但是，犹太人隔离区的居民并未按照希姆莱所期望的那样很快地饿死、病死，因此他在1942年夏天发布命令，以“治安的原因”为辞，迫使华沙犹太人隔离区中的犹太人全部迁出。7月22日，大规模的“重新安置”行动开始了。据施特鲁普的统计，自那天起到10月3日，一共有310 322名犹太人已被“重新安置”。那就是说，他们已被运往灭绝营（其中大多数被运往特雷布林卡灭绝营）用毒气杀害了。

---

* 约翰·赫西根据犹太人的记录写的一本小说《墙》（*The Wall*），就是描述这次暴动的史诗式作品。

† 但施特鲁普本人并没活下来。他于战后被捕，并于1947年3月22日在达豪的美国军事法庭上被判死刑，罪状是在希腊枪杀人质。后来，他被引渡给波兰，以屠杀华沙犹太人隔离区犹太人的罪行而受到审讯。他又一次被判处死刑，并于1951年9月8日在犯罪地点被绞死。

希姆莱还是不满足。1943年1月，他突然到华沙进行了一次视察，发现犹太人隔离区中还有60 000人活着，就下令一定要在2月15日以前完成“重新安置”的行动。结果证明这是一项困难的任务。冬天的气候如此严寒，加之当时陆军在斯大林格勒遭到惨败，跟着又在俄国南部节节后退，迫切需要运输工具，因此党卫军很难找到必要的火车车皮来完成最后的“重新安置”计划。而且，据施特鲁普报告，犹太人也在“以各种各样的方式”抵制对他们的最后清洗。直到春天，希姆莱的命令才得以执行。当时决定采取连续三天的“特别行动”来清除犹太人隔离区，但结果却花了四
975 个星期。

在上年30余万犹太人迁出以后，德国人得以缩小四周围着高墙的隔离区的范围。当1943年4月19日早晨，党卫军的施特鲁普将军指挥他的坦克、大炮、火焰喷射器和爆破队袭击这个地区时，它的面积已只有1 000码长、300码宽，然而，它却像一个蜂窝似的，布满了下水道、地洞和地窖，拼命挣扎的犹太人把这些地方变成了他们的防守据点。他们的武器很少，只有一些手枪和步枪、偷偷运来的一二十挺机枪和土制的手榴弹。但是，在这个4月的早晨，他们决心使用这些武器。在第三帝国历史上，犹太人用武力反抗他们的纳粹压迫者，这是第一次，也是最后一次。

施特鲁普率领了2 090名士兵，其中约有一半是正规军或武装党卫军，其余的则是党卫军的警察，加上335名立陶宛民团和一些波兰警察及消防队员。他们在第一天就遭到了意外的抵抗。

> [施特鲁普曾用电传打字机每天发出报告，其中第一篇报告说]行动刚一开始，我们就遭到了犹太人和匪徒们的猛烈的集中射击。一辆坦克和两辆装甲车受到了莫洛托夫鸡尾酒[*]的猛击……由于遭到了敌人的这种反击，我们只得后撤。

德国人重新进行了攻击，但是遇到很大阻碍。

---

* 土制手榴弹的别名。——译者

> 约在17点30分，我们遭到一排建筑物中敌人的猛烈抵抗，包括机枪射击。有一个突击队击败了敌人，但是未能捉到抵抗者。犹太人和罪犯们从一个据点到另一个据点且战且退，进行抵抗，最后逃走了……在第一次攻击中，我们损失了12个人。

起初几天的情况一直是这样，在坦克、火焰喷射器和大炮的攻击下，武器少得可怜的守卫者节节败退，但仍然坚持抵抗。施特鲁普将军表示不能理解“这些废物和劣等民族”（这是他对那些被围困的犹太人的称呼）为什么不肯屈服和不甘心被清算。

> ［他报告道］在几天以内，事情已看得很清楚：犹太人不再心甘情愿地被重新安置，而是决心要反抗疏散……开头几天还能捉到相当数量天生是胆小鬼的犹太人，但是，在行动的后一阶段，要抓到匪徒和犹太人就越来越困难了。犹太人一而再，再而三地组成二三十人的新的战斗小组，组内还有数量相等的妇女，燃烧起新的反抗火焰。

施特鲁普写道，妇女们都是先锋队，惯会“双手开枪”和投掷手榴弹，
这些手榴弹藏在她们穿的灯笼裤里面。 976

战斗打到第五天，怒不可遏的希姆莱命令施特鲁普“用最严酷和无情的顽强手段”“扫荡”隔离区。

> ［施特鲁普在最后一份报告中说］因此我决定用烧光所有房子的办法把整个犹太区摧毁。

接着，他描述了随后发生的情况。

> 犹太人留在大火燃烧着的屋子里，直到他们害怕被活活烧死，才从楼上跳下来……即使骨头已被摔断，他们还是尽力想爬到街道对面尚未着火的房子里去……尽管面临着被活活烧死的危险，犹太人和匪徒们往往还是宁愿回去葬身于烈火之中，也不愿冒被我们活捉的危险。

于尔根·施特鲁普提交给希姆莱的反映1943年华沙犹太人隔离区起义的照片。

施特鲁普这一类人根本就无法理解，为什么这些男男女女宁愿在烈火中战死，也不愿在毒气室中平静地送命。此刻他正在把那些未被杀害的俘虏送到特雷布林卡去。4月25日，他打了一份电传打字电报给党卫军总部，报告他抓到了27 464名犹太人。他说：

> 我正在设法搞一列火车车皮，明天开往T2［特雷布林卡］。如搞不到的话，就只好明天在这里清算他们了。

清算常常是就地进行的。第二天，施特鲁普向上级汇报：“有1 330名犹太人被拉出战壕，立即消灭；有362名犹太人死于战斗。”只有30名俘虏被“撤走”。

到暴动将近结束时，抵抗者躲到了下水道中去。施特鲁普想往下水道总管里灌水，把他们淹出来，但犹太人设法把水挡住了。有一天，德国人从183个下水道探洞往里投烟幕弹，但施特鲁普懊恼地报告说，他们未能获得“预期效果”。

最后的结局自然没有什么可怀疑的。陷入绝境的犹太人以奋不顾身的勇气斗争了整整一个月，虽然施特鲁普在一次每日汇报中是用另一种不同的口吻说的，他抱怨“犹太人和匪徒们使用种种狡猾的战斗方法和诡计”。到4月26日，他报告说，许多抵抗者被“热、烟和爆炸”弄得“快要发疯了”。

> 这一天，又有好几排房子被烧成焦土。这是迫使这些废物和劣等民族到地面上来的唯一的和最后的办法。

5月16日是最后一天。那天晚上，施特鲁普发出了最后一天的战况报告。 977

> 180名犹太人、匪徒和劣等民族已被消灭，过去的华沙犹太区已不复存在。20点15分，炸毁华沙犹太会堂，这一场大规模行动至此结束……
>
> 总共处置了56 065名犹太人，其中包括抓到的和证实已被消灭的犹太人。

一星期以后，总部要他对这个数字做一说明。他回答道：

> 在这56 065人中，有7 000人在大规模行动期间在前犹太人隔离区中被消灭。6 929人被押送到特雷布林卡后消灭了。因此，被消灭的犹太人的总数是13 929人。此外，有5 000—6 000名犹太人是被炸死或在烈火中烧死的。

施特鲁普将军的算术做得不十分清楚，因为还有36 000名犹太人没有交代。但是，他在那本精装的最后报告中说的确是实情：他抓到了“总共56 065个犹太人，他们确实已被消灭”。毫无疑问，有36 000人是在毒气室里被毒死的。

据施特鲁普报告，德国人的损失是：16人被杀，90人受伤。从这个将军亲自描述的十分可怕的战斗细节和逐屋争夺战的残酷性质来看，真正的数字大概要大得多，但是为了不去刺激希姆莱的敏感的神经，他把数字报得很低。施特鲁普最后说：德国的军队和警察“本着忠诚的精神，毫不懈怠地完成了他们的任务，他们全都是士兵的好榜样”。

“最后解决”一直进行到战争结束时为止。它究竟屠杀了多少犹太人？这个数字一直在争论中。据两个党卫军中的目击者在纽伦堡供述，仅仅秘密警察犹太处处长卡尔·阿道夫·艾希曼就杀死了五六百万人。*艾希曼是从事这种罪行的纳粹大专家之一，在“最后解决”创导者海德里希的指使下进行这个工作。纽伦堡起诉书上的数字是570万，与世界犹太人大会的估计数字一致。赖特林格对“最后解决”曾做过详细调查，他推断的数字要少一点——在4 194 200人到4 581 200人之间。[71]

1939年住在希特勒军队占领区里的犹太人约有1 000万。不论根据哪
978 一种估计，他们肯定已被德国人消灭了将近一半。这就是纳粹独裁者的神经错乱所造成的最终结果和付出的惊人代价；这种神经错乱是他早在青年时代在维也纳过流浪生活时患上的，而且又传给了他的众多的德国信徒们，或者说，他们本来就患着这种病症。

医学实验

在寿命不长的新秩序时期，德国人的某些行为与其说是产生于大规模屠杀欲，不如说是出于纯粹的虐待狂。也许对精神病医生说来，这两者之间才有所区别，但它们的最后结果是完全一样的，只不过死亡的规模前者与后者有所不同罢了。

纳粹的医学实验便是这种虐待狂的一个例子，因为把集中营的囚犯和战俘当作豚鼠进行实验，在科学上得到的好处是极少的，如果说有任何

---

* 据艾希曼的一个部下说，就在德国将要崩溃之前，艾希曼说过：“他将笑着跳进坟墓，因为他欠着500万条人命，而这将使他感到心满意足。”[70]他大概根本没有跳进坟墓，不管是笑着还是没有笑着。1945年，他从一个美国拘留营中逃走了。（当本书付印时，以色列政府宣布艾希曼已被捕获。）［艾希曼被捕后已被处死。——译者］

好处的话。这是德国医学界不能引以为自豪的一个恐怖的故事。虽然进行“实验”的是不到200名的残忍的江湖医生——其中固然有些人在医学界的地位甚高——但是全国的成千上万名第一流医生是知道他们的罪行的，而从所有的文件来看，这些医生竟没有一个人提出过最轻微的公开抗议。*

在这种谋杀中罹难的不只是犹太人。纳粹医生也利用了俄国战俘、波兰集中营里的男女囚犯，甚至还有德国人。“实验”的方法各种各样。囚犯们被置于压力实验室，受“高度”实验，直至停止呼吸。他们被注射致死剂量的斑疹伤寒和黄疸病毒。他们被浸在冰水中做“冷冻”实验，或者被脱光衣服放在户外雪地里直至冻死。他们还被用来进行毒药弹和糜烂性毒气的实验。在专门囚禁妇女的拉文斯布吕克集中营，被称为“兔子姑娘”的成百名波兰女犯受到毒气坏疽病的创伤，其余的女犯则被进行“接骨”实验。在达豪和布痕瓦尔德，吉卜赛人被挑选来实验靠喝盐水究竟能活多长时间，是怎样活的。在几个集中营，以各种不同的方法大规模地对男女犯人进行了绝育实验，因为正如一个党卫军医生阿道夫·波科尔尼有一次在给希姆莱的信中所说：“不仅要征服敌人，而且要使他们灭绝。”如果不能把他杀掉——如前所述，到战争快要结束时，对奴隶劳动的需要使这种做法成为疑问——可以使他不能生育。事实上，波科尔尼医生告诉希姆莱， 979
他认为他已找到了完全恰当的办法，就是用一种花叶芋属植物。他说这种植物有永远绝育的效果。

> ［这个高明的医生在写给党卫军头子的信中说］可以使目前囚禁在德国的300万布尔什维克绝育，这样，就可以使他们做工，而又不至于繁殖，仅仅这个想法就展示了远大的前景。[72]

另一个胸怀“远大前景”的德国医生是斯特拉斯堡大学解剖学研究

* 甚至德国最有名的外科医生斐迪南·绍尔布鲁赫博士也从未提出过任何抗议，虽然后来他成为一个反纳粹的人，而且参加了抵抗运动。1943年5月，卡尔·格布哈特和弗里茨·菲舍尔这两个声名最为狼藉的杀人医生在柏林军医学院举行过一次讲演，论述利用囚犯进行毒气坏疽病实验，绍尔布鲁赫也在座。当时他的唯一论点只不过是动手术比用氨苯磺胺好一些！格布哈特教授在所谓“医生案件”中被判死罪，并于1948年6月2日被绞决。菲舍尔医生被判处无期徒刑。

所所长奥古斯特·希尔特教授。他的专业同其他人的专业有所不同。他在1941年圣诞节写给希姆莱的副官鲁道夫·勃兰特中将的信中，把自己这一专业做了以下的说明：

> 我们搜集了大量各个种族和民族的头盖骨。但犹太人种头盖骨标本很少……现在在东方进行的战争给我们提供了克服这个缺点的机会。由于获得了犹太族布尔什维克政治委员——他们是令人憎厌但却十分典型的劣等民族的标本——的头盖骨，我们现在有机会得到科学材料了。

希尔特教授不要已经死掉的“犹太族布尔什维克政治委员”的头盖骨，他建议在这些人还活着的时候，先把他们的头量一量。然后——

> 在把这些犹太人弄死以后，不要损坏他们的头颅，应由医生割下他们的头，装入密封的白铁罐里送来。

希尔特博士答应，接到这些头颅以后他将进行工作，进一步做科学的测量。[73]希姆莱高兴极了。他指示为希尔特教授“提供他的研究工作所需要的一切东西”。

希尔特得到了充分的供应。他的供应者是一个名叫沃尔夫拉姆·西弗斯的有趣的纳粹分子。他在纽伦堡的主要案件和其后的“医生案件”中，花了许多时间充当见证人。在“医生案件”中，他也是一个被告。*西弗斯原来是一个书商，后来爬到党卫军上校和遗传研究所执行秘书的地位。这个研究所是希姆莱为追求他的许多疯狂想法之一而建立的一个荒谬绝伦的“文化”组织。据西弗斯说，它有55个“研究分支机构”，其中有一个称为“军事科学研究所”，由西弗斯兼任所长。此人目无定睛，表情阴险，还长
980 着浓密的、漆黑的胡须。在纽伦堡，人们给他取了个外号，叫“纳粹蓝胡子”——“蓝胡子”是一个著名的法国杀人犯。像本书中许多其他人物一

---

* 他在这次审讯中被判死罪，并被绞死。

样，他也保藏着一本小心记录的日记，这本日记和他的一些信件都留存下来，对他走上断头台的末路起了不小作用。

到1943年6月，西弗斯在奥斯维辛搜集到一些男人和女人，供斯特拉斯堡大学教授希尔特博士做“科学测量”的骨骼之用。西弗斯报告说：“总共处理了115人，其中有79名犹太男子，30名犹太妇女，4名‘亚洲人’和2名波兰人。”他要求柏林的党卫军总部把这些人从奥斯维辛运到斯特拉斯堡附近的纳茨维勒集中营去。纽伦堡的一位英国检察官曾经问到“处理”这个词究竟包含着什么意义。

西弗斯回答道：“人类学的测量。”

“在他们被杀害之前，他们要经过人类学的测量？这就是处理的全部过程，是吗？”

“还做了模型。”西弗斯补充道。

以后的情况是党卫军上尉约瑟夫·克拉默叙述的，他是奥斯维辛、毛特豪森、达豪和其他集中营的一名老刽子手，曾经以“贝尔森的野兽”之名而威震一时，后来被一个英国法庭在吕讷堡判处死刑。

> 斯特拉斯堡解剖学研究所的希尔特教授告诉我，有一批囚犯正从奥斯维辛运来。他说这批人将被送往纳茨维勒集中营的毒气室用毒气杀死，尸体将被送到解剖学研究所供他使用。他给我一个装着约半品脱盐——我想那是氰化盐——的瓶子，并且告诉我，大概应当用多少分量去毒死那些来自奥斯维辛的囚犯。
>
> 1943年8月初，我收到了80个囚犯，要我用希尔特给我的毒气杀死。第一次，我在晚上带着大约15个妇女乘坐一辆小汽车驶往毒气室。我告诉这些妇女，她们必须到室内进行消毒。我没有告诉她们将被毒死。

这时，纳粹的技术已经十分完善了。

> [克拉默接着叙述道] 在几个党卫军人员的协助下，我把那些女人的衣服剥得精光，并把她们赤条条地推进毒气室。

门一关上，她们就开始尖声号叫起来。我通过一条管子把一定数量的毒盐送入室中……从一个窥视孔看室内发生的情况。这些女人只呼吸了大约半分钟便栽倒在地上。我开了通风机以后，把门打开。我发现那些女人都已死在地上，浑身都是粪便。

克拉默上尉作证说，他这样反复做了几次，直到80名囚犯都被杀死，
981 他们的尸体也都“按照要求”送给希尔特教授了。当检察官问他当时的感觉时，他说出了一个令人难忘的答案，这个答案揭露了第三帝国的一种极难为人理解的现象的本质。他说：

在做这些事情的时候，我毫无感觉，因为我是奉命用我已告诉过你的办法杀死这80个人的。

而且，我正是按照这种方式训练出来的。[74]

另一个证人亨利·赫里皮埃尔供出了下一步所发生的情况。他是一个法国人，在斯特拉斯堡解剖学研究所希尔特教授的实验室中当助理，一直到盟军进驻该地时为止。

我们收到的第一批材料是30个妇女的尸体……这30具女尸到达时，身上还没有完全冰凉。她们的眼睛睁得很大，而且还在发光。眼珠通红，充满血丝，而且都从眼窝里突了出来。鼻子和嘴巴周围有血迹。尸体还没有完全僵硬。

赫里皮埃尔怀疑她们是被人弄死的，偷偷地将刺在她们左臂上的囚犯号码抄了下来。他说，其后又运来了两批囚犯，共56具男尸，情况和第一批的完全一样。在希尔特博士的技术指导下，他们被浸在酒精里。但是，这位教授对这件事有点心神不安。他对赫里皮埃尔说：“彼得，如果你不能守口如瓶，你就会像他们一样。”

但希尔特教授还是进行了他的工作。根据西弗斯的信件，教授把死者的头割下来，并且，如他自己所写的，“把这些过去从未得到的骨骼收集在

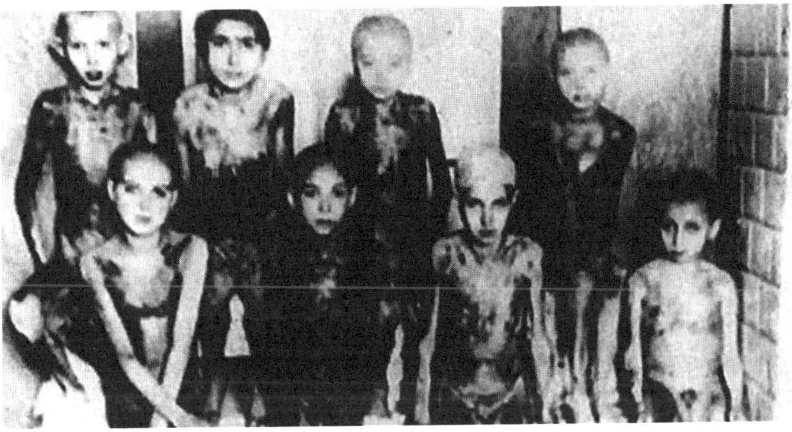

奥斯维辛集中营医学实验的受害儿童。

一起”。但是出现了一些困难。在听到希尔特博士申述这些困难以后，本人并没有医学或解剖学的专门知识，但是仍担任这个遗传学研究所领导的西弗斯，于1944年9月5日向希姆莱报告。他说：

> 由于科学研究的工作量很大，分解尸体的工作至今尚未做完。分解80具尸体需要一些时间。

而且时间不多了。正在挺进的美、法军队已逼近斯特拉斯堡。希尔特要求“对如何处理这些收藏予以指示”。

> ［西弗斯代表希尔特博士向总部汇报说］可以把尸体的肌肉剥掉，使人们辨认不出他们究竟是谁。但是，这就意味全部工作中至少有一部分是白做的，科学将失去这一批独特的收藏，因为剥掉肌肉以后，就不能再做石膏模型了。 982
>
> 这样的骨骼收藏是不会引人注意的。肌肉部分可以就说是在我们接管解剖学研究所时法国人留下来*并准备送去焚烧的。在以下三种建议中，应实行哪一种，请予指示：1. 全部收藏都保存下来；2. 销毁一

* 1940年法国沦陷后，德国吞并阿尔萨斯，并接管了斯特拉斯堡大学。

部分；3. 全部销毁。

“你为什么要剥掉尸体的肌肉，证人？”在寂静无声的纽伦堡法庭上，英国检察官问道，“为什么你建议把责任推到法国人身上？”

“我是个门外汉，对这件事可说不出什么意见。”这个“纳粹蓝胡子”回答道，“我只不过是转达希尔特教授的一个问题。我和屠杀这些人的事情毫无关系。我只是起了邮差的作用。”

检察官反驳他说：“你仅仅是个邮差，一个杰出的纳粹邮差吗？”

许多纳粹分子在受审时总是拿这个漏洞百出的理由为自己辩护。这一次，也和其他多次一样，一下子就被检察官抓住了。[75]

缴获的党卫军档案透露，西弗斯于1944年10月26日曾经汇报：“斯特拉斯堡的收藏已按照指示全部销毁。从整个形势来看，这样处置最好。”[76]

后来，赫里皮埃尔描述了没有完全成功的焚尸灭迹的企图：

> 1944年9月，盟军向贝尔福挺进，希尔特教授命令邦和迈尔先生把这些尸体切成块，送到焚尸炉里烧毁……第二天我问迈尔先生，他把所有尸体都切掉了没有，但邦先生回答道：“我们没法把全部尸体都切掉，尸体太多，干不完。我们留了几具在储藏室里。”

一个月后，当美国第七军团的部队以法国第二装甲师为前锋进入斯特拉斯堡时，一个盟军工作组在那儿发现了这几具尸体。*[77]

新秩序的主子们不仅搜集骨骼，还搜集人皮。不过在后一种情况下不能用“为科学研究服务”作借口。集中营中囚犯的人皮，特别是专门为了这个残忍目的而处死的囚犯身上剥下来的人皮，只有装饰的价值。有人发现它们可以用来制造极其精美的灯罩，其中有几只是专门为布痕瓦尔德集中营长官的老婆伊尔莎·科赫夫人制造的；囚犯们给这个女人取了个外号

---

* 希尔特教授后来失踪了。他离开斯特拉斯堡时，有人听他大言不惭地说过，谁也无法将他活捉到手。到现在为止，显然还没有人抓到他，不论是活的还是死的。

叫“布痕瓦尔德的娼妇”。*文身的人皮似乎最受欢迎。一个名叫安德里亚 983
斯·法芬贝格的德国囚犯在纽伦堡谈到这个问题。

> ……所有文身的囚犯奉令须向医疗所报告……对囚犯们检查以后，其中刺得最好、最具有艺术价值的，就用注射毒药的办法杀死。然后将尸体送往病理学部门，把一片片符合要求的文身人皮从尸体上剥下来，并作进一步的处理。成品送给科赫的老婆，做灯罩和其他家具上的装饰品。[78]

有一片人皮显然最为科赫夫人所喜爱，上面刺着“汉塞尔和格丽特尔”字样。

在另一个集中营达豪，这种人皮常常供不应求。一个名叫弗兰克·布拉哈博士的捷克被囚医生，在纽伦堡为此作证时，就曾这样说过：

> 有时我们得不到足够的有着好皮的尸首，拉舍尔博士就说：“没关系，你们将会得到尸体的。”第二天我们就会收到二三十具青年人的尸体。他们都是颈部中弹或头部被击碎致死的，这样可以不弄坏皮肤……这种人皮一定要从健康的囚犯身上剥下来，而且要完整无缺。[79]

正是这个西格蒙德·拉舍尔博士似乎应当首先对残忍已极的医学实验负责。由于在党卫军中流传拉舍尔夫人在48岁以后还生育了三个子女的新闻，这个可怕的江湖医生引起了希姆莱的注意。因为希姆莱一心要培育繁殖优秀北欧人的后代。事实上，这三个孩子却是拉舍尔夫妇每隔一个时期到孤儿院去拐骗来的。

1941年春，拉舍尔博士参加德国空军在慕尼黑举办的一个特种医学训

---

* 科赫夫人完全掌握布痕瓦尔德囚犯们的生杀大权。她一时兴之所至，就能使一个囚犯遭到可怕的处罚。在“布痕瓦尔德案件”中，她被判处无期徒刑，但后来又减刑为4年徒刑，而且不久便被释放了。1951年1月15日，一个德国法庭以谋杀罪判处了她无期徒刑。她的丈夫在战争期间被党卫军法庭以“违法乱纪”罪判处死刑，但允许他到俄国战场服役抵罪。他还没来得及到俄国去，就被当地党卫军头子瓦尔德克亲王处决了。意大利国王的女儿、黑森的菲利普亲王的妻子玛法尔达公主，也是在布痕瓦尔德死去的。

练班时，突然异想天开。他在1941年5月15日写信给希姆莱，谈到他的这个狂想。他说他吃惊地发现，关于飞行高度对飞行员影响的研究工作已陷于停顿，因为“一直找不到人来进行实验，因为这种实验非常危险，没有
984 人自愿来做”。

> 你能否提供两三个职业罪犯来做这种实验……受实验者当然会死掉。这种实验将在我的合作下进行。[80]

党卫军头子在一个星期内就复信表示：“自将乐于提供囚犯供高空飞行研究之用。”

于是便拨来了一些囚犯，拉舍尔博士开始进行工作了。他的工作成果可以从他自己的以及别人的一些报告中看到，这些报告都在纽伦堡和其后审讯党卫军医生的法庭中出示过。

拉舍尔博士自己的研究报告，在乱用科学术语方面称得上是典范之作。为了进行高空实验，他把慕尼黑的空军减压室搬到达豪集中营附近，那里有活人随时备用，当作实验的豚鼠。从这个装置里把空气抽掉，使其中的氧气和气压近似在高空中的状态。然后，拉舍尔博士就进行观察。下面是一个典型的观察情况。

> 第三个实验是实验人体在相当于29 400英尺高空时的失氧反应，受试者是一个37岁的健康的犹太人。呼吸继续了30分钟。4分钟以后，受试者开始出汗和扭动头颈。
>
> 5分钟以后，出现了痉挛状态；从第6分钟到第10分钟，呼吸急促，受试者失去知觉。从第11分钟到第30分钟，呼吸减慢，每分钟只吸气3次，到这段时间终了时，呼吸完全停止……停止呼吸后大约半个钟头，开始解剖尸体。[81]

在拉舍尔博士办公室内工作过的一个奥地利囚犯安东·巴霍莱格也描述了这些实验，不过不是那么有科学味道而已。

> 我曾亲自从减压室的观察窗中，看到里面的囚犯站在真空中，直到他的两肺破裂……他们会发狂，扯掉自己的头发，想努力减轻压力。他们在疯狂中用手指和指甲抓破自己的头和脸，伤害自己。他们用手和头撞墙，高声号叫，努力减轻耳膜上的压力。这些情况总以受试者死去告终。[82]

拉舍尔博士对200名左右的囚犯进行这种实验之后，才结束了他这个工作。从“医生案件”的证词来看，这200人中约有80人当时被害，其余人则是为了灭口而在后来被处死的。

这个特殊的研究计划于1942年5月结束。当时，德国空军元帅埃尔哈德·米尔希向希姆莱转致了戈林的“谢意”，感谢拉舍尔博士的首创性实
验。不久以后，在1942年10月10日，空军军医督察希普克中将为了“达 985
豪的实验”以德国空军医务和研究部门的名义向希姆莱表示“由衷的感谢”。然而，他认为这些实验中遗漏了一项，他们没有把飞行员在高空所面临的严寒考虑在内。他告诉希姆莱，为了弥补这个缺陷，空军正在建造一间“有着全套冷却设备和相当于10万英尺高空条件”的减压室。他还说：“各种方式的冷冻实验仍在达豪继续进行。”[83]

实验确实在继续进行，而且又是拉舍尔博士带头的。但是，他的医生同行中，有些人已开始感到不安了。基督徒应当做拉舍尔博士正在做的事情吗？德国空军中的少数军医显然开始产生了怀疑。希姆莱听到这种情况，非常震怒，立即写信给米尔希空军元帅，抗议空军中的“基督教医学界”所引起的麻烦。他要求这位空军参谋长解除拉舍尔在空军医务队中的职务，以便把他调到党卫军去。他建议他们去找一个“应该有科学家的声望的非基督教徒的医生”来继续拉舍尔的有价值的工作。同时希姆莱强调指出，由他

> 亲自负责从集中营提供只配一死的社会渣滓和罪犯供这种实验。

拉舍尔博士的“冷冻实验”有两种：第一种是，观察一个人最大限度能忍受多冷的气温，超过这个限度才会冻死；第二种是，找寻经受了极端

寒冷而尚未冻死的人重新回暖的最好办法。他选用了两种冻死人的方法：把人浸在一桶冰水里，或者在冬天将人脱得精光，赤条条地放在雪地里过夜。拉舍尔写给希姆莱的关于“受冻”和“回暖”实验的报告连篇累牍；这里只举一两个例子就可以说明其大概。最早的一次实验是在1942年9月10日进行的。

> 受试者穿上飞行员服装，被浸入水中……头上蒙了罩子。让他们穿着救生衣以免下沉。实验时水的温度在摄氏2.5度至12度之间。在第一组实验中，脑后根留在水外。在第二组实验中，后颈和小脑淹在水里。胃部的温度低至26.4度，肠部低至26.5度，都由电表记录下来。只是当脊髓和小脑都冻得冰冷的时候才会死亡。
>
> 在解剖这种死尸时，总会发现脑壳内的空处充满了大量的、多至一品脱的淤血。心脏的情况总是右心室极度肿胀。受试者只要体温降
> 986 到28度，就不免要死亡，即使施以各种急救也无法复活。这种解剖结果明显地证明，在目前正研究制作的泡沫护身服上有一个保温的头部和颈部保护装置是很重要的。[84]

拉舍尔博士的一个附件中包括六份“死亡病历”，它们注明了水温、受试者出水时的体温、死亡时的体温、在水中浸泡的时间和致死所需的时间，最强壮的人能在冰水中维持100分钟，最弱的只能维持53分钟。

集中营的囚犯瓦尔特·内夫曾在拉舍尔博士手下担任护士，他用外行话给“医生案件”提供了一份描述水冻实验的材料。

> 这是一次最残忍的实验。两个俄国军官从战俘营中被押解出来。拉舍尔把他们的衣服剥光，赤身浸入水桶。一个钟头又一个钟头地过去了，这一次，这两个人待了整整两个半钟头还能应声答话，而一般情况是，最多只待上60分钟就会失去知觉。他们恳求拉舍尔给他们注射安眠剂，但怎么恳求也不答应。在快满第三个钟头时，一个俄国人向另一个说道：“同志，请你跟那个军官说，开枪把我们打死吧！”另一个人回答道，他不期望这个法西斯豺狼会发善心。然后，两人就握

> 手道别，彼此说了一句："再见，同志。"……一个波兰青年把这几句话翻译给拉舍尔听，虽然译得与原话稍有出入。拉舍尔走进他的办公室。那个波兰青年马上想给这两个受害者打麻药针，但拉舍尔立即又折回来，他用手枪威吓我们……实验至少延续了五个小时，那两个受试者才死去。[85]

初期冷冻实验的名义上的"主持人"是个叫霍尔茨勒纳博士的基尔大学医学教授。他有一个助手是芬克博士。他们和拉舍尔一起工作了两个月以后，认为他们已经用尽了一切可以实验的办法。于是这三个医生就给空军写了一份长达32页的绝密报告，题为《人体的冷冻实验》。1942年10月26日至27日还在纽伦堡召开了一次德国科学家会议来听取和讨论他们的实验报告。会议讨论的主题是《关于在海上和冬季紧急情况中的医学问题》。根据"医生案件"中的证词，当时有95名德国科学家出席了这次会议，其中包括医学界的一些最著名人物。虽然这三个医生使大家毫无疑问地知道实验杀害了许多人，却没有一个人对此提出任何问题，因而也没有提出任何抗议。

霍尔茨勒纳教授*和芬克博士这时退出了实验，但坚持不懈的拉舍尔博士仍然独自坚持下去，从1942年10月一直进行到第二年的5月。除了其他 987
实验以外，他还要进行一种他所谓的"干冻实验"。他在写给希姆莱的信中说，在奥斯维辛

> 进行这种实验要比在达豪适合得多，因为那里更冷，同时因为那里地方大，在集中营内引起的骚动可以少一点。（受试者在挨冻时要大喊大叫的。）

由于某些原因，改变地点一节未能实现，因此拉舍尔就在达豪继续他的研究工作，他巴望着来个真正的严冬天气。

---

* 霍尔茨勒纳教授可能良心感到内疚。他被英国人抓到，首次提审后就自杀了。

> ［1943年初春，他写信给希姆莱说］感谢上帝，达豪又出现了一阵突然的严寒。一些人在户外零下6度的气温下待了14小时，他们的体温落到25度，身上出现冻伤……[86]

在“医生案件”中，证人内夫又用外行话描述了他的上司所进行的“干冻”实验。

> 晚上，一个囚犯被赤身放在营房外的一副担架上，身上盖着一条被单，每小时往他身上泼一桶冷水。这个受试者就这样躺在外面，一直到第二天早晨。他的体温都记录了下来。
>
> 后来拉舍尔博士说，给受试者盖被单和泼水是错误的……将来，受试者身上绝不要盖任何东西。下一次又用10个囚犯来依次进行实验，他们一个个都被脱得精光。

当囚犯们慢慢冻死的时候，拉舍尔博士或他的助手不断记录着他们的体温、心脏活动和呼吸状况等等，受难者的悲号不时划破夜晚的沉寂。

> ［内夫向法庭解释道］起初拉舍尔禁止在麻醉状态下进行这种实验。但是受试者的狂喊乱叫使拉舍尔不对他们施行麻醉就无法继续实验。[87]

冬夜，受试者被扔在达豪营房外的冰水桶里或赤身躺在地上冻死——希姆莱说，这些人只配死。即使没有冻死，他们马上也会被杀死。但是，如果是勇敢的德国飞行员和水兵们（这些实验表面上正是为了他们才进行的）掉进北冰洋的冰水里或者陷在挪威、芬兰或俄国北部北极圈内的冰天雪地之中，则只要可能一定要把他们救出来！于是，这个天下绝无仅有的拉舍尔博士便在达豪对那些“活人豚鼠”进行所谓“回暖实验”。他想知
988 道：要使冻僵了的人回暖起来，并能把他救活，究竟用什么办法最好？

海因里希·希姆莱在给他那伙忙忙碌碌的科学家提供“实际”解决办法方面，从来是不落后的。他向拉舍尔建议，可以试用“动物的体温”来

回暖，但这个医生起初并没有重视这个想法。他写信给这个党卫军头子说：“用动物的体温——动物或女人的身体——来回暖太慢了。”可是，希姆莱坚持要说服他。

［他写信对拉舍尔说］我对用动物体温进行实验怀有很大的好奇心。我个人认为这种实验可以取得最好的、最有效的结果。

拉舍尔博士虽然有怀疑，但他不是一个敢漠视党卫军头子的建议的人。他立即动手进行所有实验中最荒诞的“实验”，并且为后代子孙留下了各种骇人听闻的详细记录。四个女犯从拉文斯布吕克的妇女集中营被送到达豪来给他。但是，在这些被列为妓女的女犯中，有一个使这个医生感到不安，因此他向上司汇报说：

在指派给我的女人中，有一人表现出她具有地道的北欧民族的特点……我问这个女孩子为什么情愿当妓女，她回答道：“为了脱离集中营。”当我表示反对，说自愿做妓女是可耻的事情时，她对我说：“在妓院里混半年总比在集中营里关半年强……”

当我想到一个外表看来纯系北欧民族的姑娘在劣等种族的集中营犯人面前裸露身子时，我的种族良心感到受了侮辱……为此，我拒绝用这个女孩子来进行我的实验。[88]

但是他用上了另外那些头发不那么金黄、眼睛不那么碧蓝的女人。他的研究结果于1942年2月12日写成一份“秘密”报告，送呈给希姆莱。[89]

受试者按照惯常的方式受冻——穿着衣服或是脱得精光——他们被浸入不同温度的冷水里……当他们肛门温度到30度时，就被从水中移出。

在八次实验中，我们把一个冻僵的男人放在一张宽大的床上，躺在两个裸体女人中间。指示这两个女人尽量紧挨着蜷伏在冻僵了的男人的身旁，然后用毯子把三个人盖起来……

受试者一旦苏醒过来，他们就再也不会失去知觉，他们很快就明白过来，贴近女人的裸体。然后，他们的体温逐渐上升，上升的速度和用毯子紧裹下的回暖速度几乎完全一样……有四个受试者发生了例外的情况，他们在体温达到30度至32度之间时，进行了性交。性交以
989 后，他们的体温迅速上升，同用热水洗澡差不多。

拉舍尔博士发现，一个女人使冻僵者回暖的速度比两个女人还要快，他对这一发现颇感惊奇。

我认为这是因为用一个女人来回暖，就避免了那种个人的抑制，她会更紧地贴近冻僵的人。在这种情况下，完全恢复知觉特别迅速。只有一个人没有恢复知觉，只是稍稍有点回暖。这个受试者出现脑出血的症状后死去，解剖的结果证明确实是脑出血。

概括说来，这个嗜杀成性的刽子手得出结论说，用女人来使“冻僵了的”男人回暖，其“进程非常缓慢”，用热水洗澡的办法更有效些。

［他总结说］在受试者中，只有那些身体状态允许进行性交的人，才能以惊人的速度回暖，并以惊人的速度恢复健康。

从“医生案件”中的证词来看，有300人被用来进行了约400次“冷冻”实验，直接被冻死者有八九十人，其余的人（除极少数例外）后来都被杀害，有些人发了疯。拉舍尔博士本人没有出席这次审讯作证。他继续进行他的血腥的新实验，为数之多，不胜枚举，直至1944年5月同他老婆一起被党卫军逮捕时为止。他们被捕的原因似乎并不是为了他那些杀人的“实验”，而是因为他和他老婆被控在他们的子女的出生问题上进行了欺骗。这种欺骗行为是崇拜德国母亲的希姆莱所不能容忍的。他曾经真的相信，拉舍尔太太是在48岁那年开始先后生育三个孩子的，当他知道这些孩子是拐骗来的之后，他大为震怒。于是，拉舍尔被关进了他所熟悉的达豪集中营的政治犯牢房，他的老婆则被押往拉文斯布吕克集中营，这个医生曾经从那里得到许多妓女来进

行“回暖”实验。夫妻两人都没有活下来，据信他们是希姆莱本人下令处死的——这是他一生中最后的行动之一。否则，他们可能成为尴尬的证人。

这样尴尬的证人，确实有一些活下来受审了。其中有七名被判死罪并已被绞决，他们直到最后还为自己辩护，说他们的杀人实验是为祖国服务的爱国行为。“医生案件”中唯一的一个女被告赫塔·奥伯霍伊泽博士被判20年徒刑。她承认曾给五六个被关在拉文斯布吕克的波兰妇女（一共有几百人）注射致命的毒针，使她们受到各种“实验”的折磨。有不少像臭名昭著的波科尔尼那样想使千百万敌人丧失生殖能力的医生被宣告无罪。有几个人表示 990
悔罪。在第二次审讯这些医界败类时，曾在哈佛医学院任教的埃德温·卡岑奈伦博根博士要求法庭判处他死刑。他大声说：“你已经在我的前额刻上了该隐的标记。任何一个医生如果犯了我所被控的那些罪行，都应当处死。”他被判处了无期徒刑。[90]

海德里希之死和利迪策村的末日

战争进行到中途时，发生了一件报复行动：新秩序的匪首们因为屠杀被征服的人民而遭到了一次报复。保安警察和党卫军保安处处长、秘密警察的副首领、38岁的莱因哈德·海德里希遭到了暗杀。这个长着鹰钩鼻子和一对冷酷的眼睛的恶魔警官，是“最后解决”的创始人，在占领区中被称为“刽子手海德里希”。

日夜图谋取得更大权力并且阴谋取代他的上司希姆莱的海德里希，在他的其他许多职务之外，又谋到了波希米亚和摩拉维亚的“代理保护长官”的职位。前任“保护长官”，那个可怜的老牛赖特于1941年9月被希特勒用长期病假的名义赶走了，海德里希代替了他，占据了布拉格的赫拉德欣古堡——波希米亚国王的王宫所在地，但是，他在这个宝座上没有坐很久。

1942年5月29日的早晨，当他乘坐敞篷的梅赛德斯牌跑车，从乡村别墅驶往布拉格的古堡时，一颗英制炸弹向他投来，把他的汽车炸得粉碎，把他的脊椎骨也炸断了。这颗炸弹是两个捷克人投掷的，他们一个叫扬·库比斯，一个叫约瑟夫·盖布茨克，属于当时在英国的自由捷克斯洛伐克军队，是由英国皇家空军的飞机空投下来的。他们有执行这个任务的

刺杀海德里希的库比斯（左）与盖布茨克。

良好装备，在施放烟幕后逃走，并且得到了布拉格的卡尔·波洛梅斯教堂神父们的掩护。

海德里希于6月4日伤重身死，接着，德国人进行了野蛮的报复。为了他们的英雄之死，按照古老的条顿民族原始仪式，一场地地道道的大屠杀开始了。根据秘密警察的一份报告，有1 331名捷克人，其中包括201名妇女，被立即处死。[91] 真正的刺客和120个隐藏在卡尔·波洛梅斯教堂的捷克抵抗运动成员一起，被党卫军包围起来，杀得一个不剩。* 然而，由于这个反抗主宰民族的行动而受害最深的，还是犹太人。他们之中有3 000人被赶出特莱西恩施塔特的"特殊照顾的"犹太人隔离区，运往东方被消灭。在爆炸的当天，戈培尔就在柏林的少数尚未被捕的犹太人中逮捕了500人；在海德里希死去的那天，枪决了其中的152人，以示"报复"。

但是，在海德里希之死所引起的后果中，离布拉格不远的克拉德诺煤

---

* 据当时在那里的舍伦贝格报道，秘密警察一直不知道真正的刺客在教堂里的这些死难者之中（舍伦贝格：《迷宫》［*The Labyrinth*］，第292页）。

矿城附近的利迪策村的命运，也许是文明世界所最难忘却的。在这个和平 991
的小村里，进行了一场可怕的野蛮屠杀，原因只不过是为了杀一儆百给被征服的人民看看，因为他们居然胆敢杀害一个征服者。

1942年6月9日晨，有10辆大卡车满载德国保安警察，在马克斯·罗斯托克上尉*的率领下，到达了利迪策，包围了这个村庄。任何人都不准离开这个村庄，只许外出的村民回来。有一个12岁的小男孩因为害怕，想偷偷逃走，当场被枪杀。有一个农妇跑向村外的田野里，背后中了一枪身死。全村的男子都被锁在村长霍拉克的谷仓、马厩和地窖里。

第二天从天亮时起一直到下午4点钟，他们被押到谷仓后的花园里，10人一排，被保安警察的行刑队枪决。在那里处决的共有172个男子和16岁以上的青年，此外还有19个男村民在大屠杀时正在克拉德诺矿场里工作，后来被抓到后在布拉格处决。

有7个妇女在利迪策被捕后，被押到布拉格枪决。这个村庄的所有其他妇女，一共195人，都被运往德国的拉文斯布吕克集中营，在那里，7人被毒气毒死，3人“失踪”，42人被虐待致死。有4个将要分娩的利迪策妇女，起初被送往布拉格的产科医院，她们的新生婴儿被杀害后，她们自己又被运往拉文斯布吕克。

留下来要德国人处理的只有利迪策村的儿童了。他们的父亲现在都死了，母亲都被囚禁起来了。必须说明，德国人并没有把他们也枪决掉，甚至男孩子也未枪决。他们都被送到格奈泽瑙的一个集中营。他们一共有90人，其中7个不满1周岁的孩子经过希姆莱的“种族专家”的适当检查以后，被纳粹挑选出来送往德国，取了德国名字，准备培养成德国人。后来，其他孩子也得到同样的处置。

捷克斯洛伐克政府在提交纽伦堡法庭的一份关于利迪策的官方报告中，得出了这样的结论：“他们已完全没有下落了。”

幸运的是，他们之中至少有一些人后来被找到了。我记得在1945年秋，我在当时盟军管制的德国报纸上看到一些侥幸没有死亡的利迪策村的母亲们所发出的可怜的呼吁，她们要求德国人民帮助她们寻找她们的子女

* 他于1951年8月在布拉格被绞死。

利迪策村遇难儿童纪念碑。

的下落，并把他们送回“老家”。*

实际上，利迪策这个村庄本身已经从地球表面上消失了。在屠杀了男
992 人、运走了妇女和儿童以后，保安警察立即烧毁了村庄，炸光了断垣残壁，并且把它夷为平地。

虽然利迪策村成为纳粹所犯的这类野蛮罪行中最著名的一个例子，但它并不是德占区中得到这种悲惨结局的唯一的村庄。在捷克斯洛伐克还有一个这样的村庄，勒扎基；在波兰、俄国、希腊和南斯拉夫也有几个。甚至在新秩序的屠杀罪行较少的西欧，德国人也曾一再重演利迪策这样的惨剧，虽然在许多情况下，例如在挪威的泰拉沃格，他们只不过是在将村中所有房屋夷成平地以后，把男子、妇女和儿童分别送往不同的集中营。

但是，在1944年6月10日，亦即利迪策大屠杀后两年零一天，法国里摩日附近的格拉讷河畔奥拉杜尔村，又发生了恐怖的屠杀惨案。以在俄国

---

* 据1947年4月2日联合国善后救济总署报告，其中有17人已在巴伐利亚找到并被送还给在捷克斯洛伐克的他们的母亲。

进行恐怖行动出名而不是以战斗出名的德国党卫军“帝国师”的一支特遣队，包围了这个法国市镇，勒令居民到市中心的广场集合。司令官在广场宣布，据报村子里藏着炸药，必须进行搜查和核对身份证。于是，全村的652名居民都被监禁起来。男人被赶入谷仓，妇女和儿童被赶入教堂。整个村庄都被纵火焚烧。然后，德国兵就来处置居民。关在谷仓里而尚未烧死的男子都被机枪扫射身死，关在教堂里的妇女和儿童也遭到机枪扫射，未中弹者也在德军纵火焚毁教堂时葬身于大火之中。三天以后，里摩日的主教在已被焚毁的讲坛后面发现有15具烧焦的儿童尸体堆在一起。

几年以后，1953年，一个法国军事法庭确定，在奥拉杜尔的大屠杀中，一共有642人罹难，其中妇女245人，儿童207人，男子190人。只有10个人幸免于死。尽管当时被烧伤得很厉害，但他们靠装死而逃脱了出来。*

同利迪策一样，奥拉杜尔也始终没有重建起来。它的断垣残壁成为希特勒的欧洲新秩序的一个纪念碑。内部全毁的那座教堂在一片和平景象的田野里十分令人注目，使人记起那个收获前夕的、美丽的6月的日子。那一天，整个村庄和它的所有居民突然消失了。在教堂原先的一扇窗户那儿，有一块小小的牌子，上面写着“洛芳西夫人，当年教堂内唯一生还者，从此窗户脱逃”。前面有一尊小小的、钉在生锈的铁十字架上的耶稣像。 993

本章所述，便是希特勒的新秩序的开端，便是“纳粹匪徒帝国”在欧洲初显身手的情况。对人类来说，幸运的是，这个新秩序在婴孩时代就被摧毁了——不是被德国人民反对这种野蛮倒退的起义所摧毁，而是由于德军的战败和其后第三帝国的垮台。现在剩下要谈的就是这个经过了。 994

注　释

1.《纳粹的阴谋与侵略》，第4卷，第559页（纽伦堡文件1919-PS）。

2. 同上，第3卷，第618—619页（纽伦堡文件862-PS），德国武装部队在这个保护国的副

---

* 在党卫军的这支特遣队中，有20人被这个法庭判以死刑，但只有两人执行，其余18人被减为5年至12年有期徒刑。“帝国师”师长、党卫军中将海因茨·拉默丁在缺席审判下被判死刑。就我所知，始终没有找到他。当时在奥拉杜尔具体担任这支特遣队指挥官的奥托·迪克曼少将于几天后在诺曼底战死。

司令官海因里西将军的报告。

3. 鲍曼的备忘录，引自《主要战犯的审讯》，第7卷，第224—226页（纽伦堡文件，苏联172）。

4.《纳粹的阴谋与侵略》，第3卷，第798—799页（纽伦堡文件1130-PS）。

5. 同上，第8卷，第53页（纽伦堡文件R-36）。

6. 勃劳蒂加姆博士1942年10月25日备忘录。全文见《纳粹的阴谋与侵略》，第3卷，第242—251页；德文原文载《主要战犯的审讯》，第25卷，第331—342页（纽伦堡文件294-PS）。

7.《纳粹的阴谋与侵略》，第7卷，第1086—1093页（纽伦堡文件L-221）。

8.《主要战犯的审讯》，第9卷，第633页。

9. 同上，第634页。

10. 同上，第8卷，第9页。

11.《纳粹的阴谋与侵略》，第7卷，第420—421页（纽伦堡文件SEC-344-16和-17）。

12. 同上，第469页（纽伦堡文件EC-411）。

13. 同上，第8卷，第66—67页（纽伦堡文件R-92）。

14. 同上，第3卷，第850页（纽伦堡文件1233-PS）。

15. 同上，第186页（纽伦堡文件138-PS）。

16. 同上，第188—189页（纽伦堡文件141-PS）。

17. 同上，第5卷，第258—262页（纽伦堡文件2523-PS）。

18. 同上，第3卷，第666—670页（纽伦堡文件1015-B-PS）。

19. 同上，第1卷，第1105页（纽伦堡文件090-PS）。

20.《纳粹的阴谋与侵略》，第6卷，第456页（纽伦堡文件1720-PS）。

21. 同上，第8卷，第186页（纽伦堡文件R-124）。

22. 同上，第3卷，第71—73页（纽伦堡文件031-PS）。

23. 同上，第4卷，第80页（纽伦堡文件1526-PS）。

24. 同上，第3卷，第57页（纽伦堡文件016-PS）。

25. 同上，第3卷，第144页（纽伦堡文件084-PS）。

26. 同上，第7卷，第2—7页（纽伦堡文件D-188）。

27. 同上，第5卷，第744—754页（纽伦堡文件3040-PS）。

28. 同上，第7卷，第260—264页（纽伦堡文件EC-68）。

29. 同上，第5卷，第765页（纽伦堡文件3044-B-PS）。

30.《希特勒秘密谈话录》，第501页。

31. 根据亚历山大·达林所著《德国在俄国的统治》，第426—427页。这本书是详细研究了德国人的记录写成的，他所用的数字是最高统帅部武装部队总局所搜集的，载《根据1944年5月1日的情况寻找苏联战俘下落的材料》。

32.《纳粹的阴谋与侵略》，第126—130页（纽伦堡文件第081-PS）。

33. 同上，第5卷，第343页（纽伦堡文件2622-PS）。

34. 同上，第3卷，第823页（纽伦堡文件1165-PS）。

35. 同上，第4卷，第558页（纽伦堡文件1919-PS）。

36.《主要战犯的审讯》，第39卷，第48—49页。

37. 同上，第6卷，第185—186页。

38.《纳粹的阴谋与侵略》，第3卷，第416—417页（纽伦堡文件498-PS）。

39. 同上，第426—430页（纽伦堡文件503-PS）。

40.《纳粹的阴谋与侵略》，第7卷，第798—799页（纽伦堡文件L-51）。

41.《主要战犯的审讯》，第7卷，第47页。

42.《纳粹的阴谋与侵略》，第7卷，第873—874页（纽伦堡文件L-90）。

43. 同上，第871—872页（纽伦堡文件L-90）。

44. 哈里斯：《暴政受审记》，第349—350页。

45. 奥仑多夫在纽伦堡受审时的证词，见《主要战犯的审讯》，第4卷，第311—323页；他的供状，根据哈里斯的提审，载《纳粹的阴谋与侵略》，第5卷，第341—342页（纽伦堡文件2620-PS）。贝克尔博士的信，同上，第3卷，第418—419页（纽伦堡文件501-PS）。

46.《纳粹的阴谋与侵略》，第8卷，第103页（纽伦堡文件R-102）。

47. 同上，第5卷，第696—699页（纽伦堡文件2992-PS）。

48. 同上，第4卷，第944—949页（纽伦堡文件2273-PS）。

49.《战犯的审讯》，第9案（纽伦堡文件NO-511）。这就是所谓"特别行动队案件"，其名称是"美国对奥托·奥仑多夫等人案件"。

50. 同上（纽伦堡文件NO-2653）。

51. 赖特林格在《最后解决》一书中的引述，第499—500页，赖特林格在这本书中以及在他的《党卫军》一书中对这个问题所做的研究，就我所知是最精辟的。

52.《纳粹的阴谋与侵略》，第3卷，第525—526页（纽伦堡文件710-PS）。这里最后一行文字的英文翻译把意思完全弄错了。德文"Endlösung"（"最后解决"）译成了"可取的解决"。见德文本。

53.《主要战犯的审讯》，第11卷，第141页。

54.《战犯的审讯》，第13卷，第210—219页（纽伦堡文件NG-2586-G）。

55.《纳粹的阴谋与侵略》，第4卷，第563页（纽伦堡文件1919-PS）。

56. 同上，第6卷，第791页（纽伦堡文件3870-PS）。

57. 同上，第4卷，第812，832—835页（纽伦堡文件2171-PS）。

58. 霍斯供词，《纳粹的阴谋与侵略》，第6卷，第787—790页（纽伦堡文件3868-PS）。

59. 纽伦堡文件，苏联-8，第197页。译本。

60.《主要战犯的审讯》，第7卷，第584页。

61. 同上，第585页。

62. 同上，第585页（纽伦堡文件，苏联-225）。译本。

63.《战犯的审讯的法律报告》，第1卷，第28页，1946年伦敦出版。这是关于十二名次要战犯审讯记录的摘要，包括在《战犯的审讯》中。

64. 以上有关奥斯维辛这一节，除了说明来源者外，是根据瓦兰-古杜里尔夫人在纽伦堡的证词写成的，她是被囚禁在奥斯维辛集中营的一名法国妇女。见《主要战犯的审讯》，第6卷，第203—240页；另见所谓"集中营案件"的第四案，其名称是"美国对波尔等人的案件"，载《战犯的审讯》，《贝尔森审讯录》，1949年伦敦出版；G. M.吉尔伯特著上引《纽伦堡日记》；菲利普·弗里德曼：《这就是奥斯维辛》；以及赖特林格在《最后解决》和《党卫军》中所做的出色的研究。

65.《纳粹的阴谋与侵略》，第8卷，第208页（纽伦堡文件R-135）。

66.《纳粹的阴谋与侵略》，附件A，第675—682页（纽伦堡文件3945-PS，3948-PS，3951-PS）。

67. 同上，第682页（纽伦堡文件3951-PS）。

68. 同上，第805—807页（纽伦堡文件4045-PS）。

69. 全文，同上，第3卷，第719—775页（纽伦堡文件1061-PS）。

70.《主要战犯的审讯》，第4卷，第371页。

71. 赖特林格：《最后解决》，第489—501页。作者逐国分析了犹太人被消灭的情况。

72.《主要战犯的审讯》，第20卷，第548页。

73. 同上，第519页。

74. 约瑟夫·克拉默的提审记录，《战犯的审讯》第一案件——所谓“医生审判案”，其名称是“美国对勃兰特等人的案件”。

75. 西弗斯的证词，《主要战犯的审讯》，第20卷，第521—525页。

76. 同上，第526页。

77. 亨利·赫里皮埃尔的证词见“医生审判案”的译本。

78.《纳粹的阴谋与侵略》，第6卷，第122—123页（纽伦堡文件3249-PS）。

79. 同上，第5卷，第952页（纽伦堡文件3249-PS）。

80. 同上，第4卷，第132页（纽伦堡文件1602-PS）。

81. 拉舍尔博士致希姆莱的报告，1942年4月5日，载“医生审判案”第一案件《美国对勃兰特等人的案件》的译本。卡尔·勃兰特博士是希特勒的私人医生兼德国卫生局长。他在审讯中被定了罪，判处死刑，并已绞决。

82.《纳粹的阴谋与侵略》，附件A，第416—417页（纽伦堡文件2428-PS）。

83. 医生希普克教授致希姆莱的信件，1942年10月10日，见第一案件译本。

84.《纳粹的阴谋与侵略》，第135—136页（纽伦堡文件1618-PS）。

85. 瓦尔特·内夫的证词，第一案件译本。

86. 拉舍尔博士致希姆莱信件，1943年4月4日，第一案件译本。

87. 瓦尔特·内夫的证词，同上。

88. 希姆莱的信件及拉舍尔的抗议，同上。

89. 1616-PS，载第一案件译本。这个文件在《主要战犯的审讯》中未见刊载，在《纳粹的阴谋与侵略》中的英文译本很短，没有任何帮助。

90. 亚历山大·米切利希博士和弗雷德·米尔克：《丧尽廉耻的医生》，第146—170页。这是两名德国人所写的“医生审判案”出色的摘要。米切利希博士是这个审讯中的德国医学界委员会的主席。

91.《维纳图书馆公报》，1951年，第5卷，第1—2页。赖特林格在《党卫军》一书中曾引用过，见第216页。

第二十八章

墨索里尼的垮台

在大战初期，有连续三年之久，每当夏天到来，德国人就在欧洲大陆上发动大规模的攻势。现在，到了1943年，形势却倒转过来了。

那年5月初，曾经一度横行北非的一支轴心劲旅的残部在突尼斯被俘，艾森豪威尔将军指挥下的英美军队下一步显然就要进攻意大利本土了。正是这种噩梦，曾经在1939年9月使墨索里尼坐卧不安，也曾经使墨索里尼迟迟不敢让意大利参战，直等到毗邻的法国已被德国人征服，英国远征军又被赶到海峡对岸。现在，这个噩梦又来了，但这一次，它很快成为现实。

墨索里尼本人心力交瘁，幻想破灭，被这种噩梦吓得胆战心惊。在他的人民和军队中间，普遍存在着失败主义的情绪。工业城市米兰和都灵发生了大规模罢工，饥饿的工人为了“面包、和平、自由”而举行示威。威信扫地的、腐败的法西斯政权正在迅速瓦解中。当齐亚诺伯爵于这年年初被解除外交大臣的职务，而被派到梵蒂冈去做大使时，德国人就怀疑他到那里去是想与盟国单独议和，正如罗马尼亚的独裁者安东内斯库已经在怂恿的那样。

几个月来，墨索里尼不断向希特勒呼吁，要求他同斯大林议和，以便把德国军队调到西方，和意大利军队一起，共同防御在地中海上的英美军队日益增长的威胁，以及他认为正在英国集结、准备横跨海峡入侵大陆的英美军队的日益增长的威胁。希特勒认识到，此刻又是需要同墨索里尼举行会谈的时候了，应当给这个意志消沉的伙伴打打气，使他挺起腰杆来。这次会谈于1943年4月7日在萨尔茨堡举行，虽然意大利领袖到会时下定决心要实现自己的主张，或者至少要谈出自己的主张，但最后他却又一次屈服于希特勒的滔滔不绝的辞令之下。后来希特勒向戈培尔谈到了他取得
995 成功的经过，戈培尔把这件事写在了日记中。

由于做了一切可能的努力，他成功地把墨索里尼又推回到原来的轨道上……意大利领袖完全改变了主意……希特勒认为，当墨索里尼到达这里走下火车时，他看来很像一个心劳力竭的老人，而［在四天以后］离开这里时，又是精神奕奕，对于什么事情都有了准备。[1]

但是，实际上，墨索里尼对随后即将迅速地连续发生的事件，并未做好准备。5月间，盟军占领突尼斯，接着在7月10日，英美军队又在西西里胜利登陆。意大利人十分不愿意在自己的本土上发生战事。不久，希特勒获悉意大利军队已经处于他在最高统帅部向他的顾问们所说的“崩溃状态”。

［希特勒于7月17日在一次军事会议上说］只有采取像斯大林在1941年或法国人在1917年所采取过的那些野蛮的措施，才能拯救这个国家。必须在意大利成立某种法庭或军事法庭，来清除不良分子。[2]

他再一次把墨索里尼找来讨论这件事。这次会议于7月19日在意大利北部的费尔特雷举行。这正好是两个独裁者的第十三次会谈，会谈的情况同不久前举行的几次一样。饭前三小时、饭后两小时，都是希特勒一个人在说话，墨索里尼在一旁恭听。这个狂热的德国领袖竭力想使他这位有病的朋友和同盟者的颓丧精神重新振作起来，但是并未收到很大效果。他说，他们必须在各个战场上继续作战。他们的任务不能留给“下一代”，“历史的声音”还在呼唤着他们。如果意大利人打下去，西西里和意大利本土是能够守住的。更多的德国军队会来增援他们。不久便会有一种新式的潜艇

参加作战，它要给英国来一个“斯大林格勒”。

施密特博士觉得，尽管希特勒许了诺言，夸了海口，当时的气氛还是低沉已极。墨索里尼实在劳累过度，对他的朋友的长篇大论无法听进去，最后要求施密特把笔记给他看。会议正在进行期间，传来了盟军飞机第一次在白昼对罗马大肆轰炸的消息，意大利领袖的绝望心情更加深了。[3]

贝尼托·墨索里尼还不到60岁，却已非常疲惫衰老。他曾在欧洲舞台上昂首阔步了20年之久，这时已到了智穷力竭的地步。回到罗马时，他发现情况比第一次大轰炸所造成的结果严重得多。他面临着法西斯党统治阶层内部他的某些最亲信的追随者，甚至他自己的女婿齐亚诺的反叛。而且，在这种反叛的幕后，有着一个连国王也包括在内的更广泛阶层的人物所策划的企图推翻他的阴谋。

以迪诺·格兰迪、朱塞佩·博塔伊和齐亚诺为首的那些法西斯谋反头子，要求召开法西斯党最高委员会。自1939年12月以来，这个委员会一直没有召开过会议，而且它一直是一个完全听命于领袖个人的有名无实的 996
机构。委员会终于在1943年7月24日夜间召开了会议，墨索里尼在作为独裁者的生涯中第一次发现自己由于把国家引入灾难而成为猛烈抨击的目标。委员会以19票对8票通过了一项决议，要求恢复有一个民主议会的君主立宪制。决议还要求把军队的全部指挥权重新交还国王。

这些法西斯反叛者，看来并没有什么比这更进一步的打算，可能只有格兰迪例外。但是，某些将领和国王策划了第二个更大的阴谋，而且现在已发作了。墨索里尼本人显然觉得自己已经渡过了惊涛骇浪。意大利的事情毕竟不是由法西斯党最高委员会的多数票决定的，而是由领袖个人决定的。因此，当7月25日夜晚，他被国王召到宫中，立即被撤除全部职务并被一辆救护车押往一个警察局时，他感到完全出乎意料。*

---

* 墨索里尼后来在描述他前往王宫时的思想状况时说：“我事先一点预感也没有。”维托里奥·埃马努埃莱国王很快就让他面对现实了。

“我亲爱的领袖，”墨索里尼援引了国王一开始说的话，“再这样下去没有任何好处了。意大利已经分崩离析……士兵们都不愿再打下去……眼前，你是意大利最令人憎恨的人……”

墨索里尼说，当时他是这样回答的：“你做的是一个十分严重的决定。”但是，即使按照他自己的叙述，他也没有做什么努力来促使君主改变主意。最后，他向他的继承者表示了“祝福”（墨索里尼：《回忆录，1942—1943年》[*Memoirs, 1942—1943*]，第80—81页）。

当代罗马帝国的恺撒就这样不光采地垮台了。这个在20世纪中一贯进行好战叫嚣的人物，懂得如何从混乱和绝望中取利，但是，实在说来也是个金玉其外，败絮其中的人物。作为一个常人，他不是没有头脑的。他博览史书，自以为懂得历史的教训。但是，作为一个独裁者，他却犯了这样一个致命的错误：想把一个缺乏工业资源的国家变成一个强大的军事帝国，而且这个国家的人民和德国人不同，他们太文明，太世故，太讲实际，不是这种虚妄的野心所能迷惑得了的。意大利人民从来没有像德国人那样衷心拥护过法西斯主义，他们只是忍受着它，知道它不过是一个就要过去的阶段，墨索里尼到最后似乎也认识到了这一点。但是，像所有的独裁者一样，他被权力冲昏了头脑，而权力又必然骄纵了他，腐蚀了他的思想，毒化了他的判断力。这便导致他犯了第二个致命的错误：把他自己的和意大利的命运都同德意志第三帝国的命运联结在一起。当丧钟开始为希特勒的德国敲响的时候，也开始为墨索里尼的意大利敲响了。1943年的夏天来临时，意大利领袖已听到这个钟声。但是，他无法逃脱他的命运。到了这时，他已成了希特勒的俘虏。

没有人放一枪来拯救他，甚至法西斯民团也没有这样做。没有一个人来替他作辩护。似乎没有一个人把他的屈辱的下台放在心上——他被装在
997 一辆救护车里，从国王面前押走，送到监狱里。相反，大家都对他的垮台额手称庆。法西斯主义也像他的创始人一样，轻易地瓦解了。彼得罗·巴多格利奥陆军元帅召集一些文官武将组成了一个无党派政府。法西斯党被解散，法西斯分子被撤除了重要的职位，反法西斯人士从监狱里被释放出来。

希特勒的大本营对墨索里尼垮台的消息的反应是可以想象的，虽然无须做这种想象，因为有连篇累牍的秘密记录记载了当时的情况。[4]这一次强烈的震惊，甚至使纳粹人士也立即清楚地意识到，可能会发生某些类似的情况。在罗马发生的事件也许开了一个可怕的先例，这种危险使戈培尔感到非常不安。7月26日，他应召急速前往拉斯滕堡大本营。我们从他的日记中获悉，这个宣传部长首先想到的是如何向德国人民解释墨索里尼被推翻这件事情。“我们到底该对他们说些什么呢?”他问着自己，后来，他决定暂时只能告诉他们，意大利领袖是因为“健康的原因”而辞职的。

> ［他在日记中写道］可以想象，德国某些颠覆分子知道了这些事件以后，他们可能更加认为，他们可以在这里重演巴多格利奥及其追随者们在罗马干过的同样的勾当。元首命令希姆莱，这种危险如在德国一触即发，就采取最严格的警察措施。

但是，戈培尔接着又说，希特勒并不觉得这种危险在德国已达到一触即发之势。宣传部长最后安慰自己说，德国人民不会把“罗马的危机看成一个先例”。

还不到两个星期以前，在双方会谈中，德国元首已经看到墨索里尼正在走向崩溃的一些迹象，但是，当7月25日下午大本营开始收到罗马的消息时，他还是感到完全出乎意料。第一个消息只不过是说法西斯最高委员会已经召开，希特勒不明白召开这个会议的原因。他问道：“召开这种会议究竟有什么用处？除了说些空话之外，他们还能做些什么呢？”

那天晚上他担心发生的最糟糕的事情得到了证实。在9点半开始的一次会议上，他向他那些吃惊得目瞪口呆的军事顾问们宣布：“意大利领袖已经辞职。我们的死敌巴多格利奥接管了政府。”

希特勒在战争末期曾数度以极其冷静的判断力对待意外的消息，这一次也是如此，正如他早先在比较顺利的时期遇到危机时所表现过的那样。当约德尔将军主张他们应当等待罗马的更全面的报告时，希特勒打断了他的话。

> ［他说］那是当然的，但是，我们仍应当预先做好计划。毫无疑问，为了叛卖，他们必定会宣称他们仍将忠于我们，但是，那是叛卖。他们肯定是不会继续忠于我们的……虽然那个人［指巴多格利奥］立即宣布要把战争继续下去，但那没有什么意义。他们不能不那么说， 998
> 可是叛卖终归是叛卖。我们也要采取同样的手段，同时做好一切准备，以便一下子把全部党羽都抓过来，把这些流氓一网打尽。

这就是希特勒的第一个念头：把推翻墨索里尼的那些人都抓起来，使意大利领袖复辟。

［他又说下去］明天我将派一个人去，命令第三装甲掷弹兵师师长率领一支精选的部队开往罗马，立即将整个政府，连同国王和全班人马，都逮捕起来。首先要逮捕王储，并且把整个集团，特别是巴多格利奥和全部党羽都抓起来。然后，迫使他们屈服，两三天内就会发生另一次政变。

希特勒转身对最高统帅部作战局局长说：

希特勒：约德尔，起草命令……告诉他们带着进攻武器开进罗马……逮捕政府官员、国王和全班人马。我首先要的是王储。

凯特尔：他比那个老头更重要。

包登夏茨［空军的一名将领］：那要先布置好，以便把他们装进一架飞机运走。

希特勒：直接装进飞机就起飞。

包登夏茨：别让那个小孩子在飞机场上走失了。

在午夜过后不久召开的又一次会议上，提出了如何对付梵蒂冈的问题。希特勒做了这样的回答：

我立刻就到梵蒂冈去。你们以为梵蒂冈会使我有什么为难吗？我们马上会把这个地方接管过来。全部外交团都在那里……那些贱骨头……我们要从那里把那群猪猡抓出来……事后我们可以再道歉……

那天晚上，希特勒还下令占领意德边境和意法边境的阿尔卑斯山的所有山口。为了这个目的，从法国和德国南部迅速集结了大约八个德国师，编成B集团军，由精悍的隆美尔指挥。戈培尔在日记中写道，如果意大利人炸毁了阿尔卑斯山的隧道和桥梁，那么，驻扎在意大利的德军的给养来源就会被切断，其中有些部队在西西里同艾森豪威尔的部队已经在进行激战，他们将不能维持多久。

但是，意大利人不可能在一夜之间突然转过身来反对德国人。巴多格利奥必须首先和盟军取得联系，看看自己能否和他们签订停战协定，得到盟军的支持来抵抗德军。希特勒正确地估计到这正是巴多格利奥所要做的 999
事情。但是他丝毫也不知道这件事会拖那么久。的确，7月27日在元首大本营召开的一次军事会议的讨论就完全是在这种设想的支配下进行的；出席这次会议的有纳粹政府和军队的大多数显要人物，包括戈林、戈培尔、希姆莱、隆美尔和新任海军总司令卡尔·邓尼茨海军上将——他是在1月间雷德尔海军元帅失宠以后接任的。* 以隆美尔为首的大多数将领都力主谨慎从事，对意大利的任何行动计划都应进行周密准备，三思而行。希特勒想立即有所行动，甚至不惜从俄国人刚刚开始（7月15日）发动第一次夏季攻势的东方战场撤出一些主要的装甲师。将领们的想法这一回似乎总算占了上风，希特勒接受了他们的暂不采取行动的劝告。同时，把手头能集结起来的德军尽量派去，越过阿尔卑斯山，开进意大利。戈培尔对将领们的犹豫不决采取了一种不赞成的看法：

> ［在这次军事会议之后，他在日记中写道］他们不考虑敌人正在准备做什么。毫无疑问，在我们考虑和准备行动的时候，英国人是不会袖手旁观等待一星期的。

他和希特勒其实用不着担心。盟国不但等了一个星期，而且等了六个星期。到了这个时候，希特勒的计划已经确定，执行计划的军队也已布置就绪了。

事实上，在7月27日召开军事会议时，他已经在自己忙碌不停的头脑里匆匆忙忙地想好了这些计划。计划分四个部分：一、“橡树计划”——如果墨索里尼是在一个岛上，就派海军去营救，如果墨索里尼是在大陆，就

---

* 雷德尔自1928年以来，一直担任德国海军统帅，但这次希特勒却对他大发雷霆，因为海军未能摧毁盟军经北冰洋通向俄国的护航队，而且在那里遭到严重损失。1月1日，最高统帅在大本营歇斯底里地大叫大嚷，下令立即解散德国远洋舰队，全部船舰拆毁作废铁用。1月6日，希特勒和雷德尔在“狼穴”大本营摊牌，双方激烈争吵。元首谴责海军无能，缺乏战斗意志和冒险精神。于是，雷德尔要求解除他的司令职务。他的辞呈于1月30日被正式地、公开地接受。新任海军总司令邓尼茨原任潜艇舰队的司令，但他不懂海面舰只的事务，因此他还是集中注意力于潜艇战争。

派空军伞兵去营救；二、“学生计划”——突然占领罗马，使墨索里尼的政府在那里复辟；三、“黑色计划”——这是对意大利全部领土进行军事占领的代号；四、“轴心计划”——用以掳获或破坏意大利舰队。后来，最后两个计划合起来称为“轴心计划”。

1943年9月初的两次事件使德国元首的计划付诸实行了。9月3日，盟
1000 军在靴形的意大利南端登陆；9月8日，意大利和西方国家于9月3日秘密签订的停战协定公开宣布出来。

那天，希特勒飞往乌克兰的扎波罗热，企图使一蹶不振的德国战线重新振作起来。但是，据戈培尔说，希特勒突然觉得有一种“奇怪的不安情绪”，因此于当晚就回到了东普鲁士的拉斯滕堡大本营。他一到就听到了他的主要同盟国已经投敌的消息。虽然这是他意料之中的事，而且他也为此做了准备，但是实际发生的时间仍然使他感到意外。大本营有好几个钟头陷于一片混乱之中。德国人首先是从伦敦英国广播公司的广播中听到意大利签订停战协定的消息的。当约德尔从拉斯滕堡打电话询问当时驻在罗马附近弗拉斯卡蒂的凯塞林元帅这个消息是否属实时，这名在意大利南部的德军司令官承认这对他也是一个新闻。凯塞林的总部那天早上正被盟军炸毁，他也正忙于调集军队，以便去阻击在西岸某地新登陆的盟军，但他还是发出了“轴心”这个代号。解除意军武装和占领意大利的计划开始执行了。

那一两天内，意大利中部和南部的德军情况是十分危急的。意大利有五个师在罗马附近同德国的两个师对峙着。如果9月8日在那不勒斯港外出现的强大的盟军入侵舰队，像凯塞林及其幕僚当初所预料的那样开往北方，在首都附近登陆，再得到占领附近机场的伞兵的增援，那么，意大利的战局就会有不同的发展，第三帝国就可能提早一年遭到最后的灾难。凯塞林后来说，在9月8日晚上，希特勒和最高统帅部已经把他的八个师的全部兵力作为无可挽回的损失而“一笔勾销”了。[5]两天后，希特勒告诉戈培尔，意大利南部已经丢失了，必须在罗马以北的亚平宁山一带建立一条新防线。

但是，盟军司令部并没有利用它的完全制海权，而靠了这种制海权，它本来是可以在意大利东西两岸的几乎任何地点登陆的；它也没有利用它在

空中的压倒优势，而这正是德国人所担心的。而且，艾森豪威尔的司令部似乎也没有做什么努力去利用大批意大利部队同自己的军队配合行动，特别是在罗马附近的五个师。如果艾森豪威尔那样做了，德国人就会陷入绝境。至少凯塞林和他的参谋长齐格菲·韦斯特法尔事后都有这样的看法。他们说，他们根本没有力量打退从意大利的“靴子”南端北上的蒙哥马利军队，击退在任何地点登陆的马克·克拉克将军的入侵部队，同时对付在他们阵地中间和后方的大批意军。[*][6] 1001

但是美国的第五军团不是在罗马附近，而是在那不勒斯南面的萨莱诺登陆的，盟军的伞兵部队没有在罗马机场上出现，这使这两名将军大大地松了一口气。当意大利的军队毫无抵抗地投降和缴械时，这两名将军就更觉得放心了。这意味着德国人可以轻而易举地占领罗马，甚至暂时占领那不勒斯。这样，他们就占领了意大利三分之二的地区，包括北部的工业区，那里的工厂都被开动起来为德国制造军火。希特勒近乎奇迹地又延长了一段寿命。[†]

意大利的退出战争，使他十分恼火。他再一次把戈培尔叫到拉斯滕堡，对他说，这是“一件极其不要脸的事”。此外，墨索里尼之被推翻也引起了他对自己的地位的担心。戈培尔在9月11日的日记中写道：“元首采取了最后的措施，以便一劳永逸地防止在我们这里发生类似的事情。”

---

* 据艾森豪威尔的海军副官哈里·C.布彻海军上校说，美英方面的两位参谋总长乔治·C.马歇尔将军和约翰·G.迪尔陆军元帅都曾埋怨艾森豪威尔在意大利战场上的北进问题上没有表现足够的主动。布彻为他的上司辩护道，缺乏登陆艇使艾森豪威尔的计划难以进行：要向远在北方的罗马附近发动一次海上进攻，这种作战行动超出盟军战斗机的航程，因为它们必须从西西里起飞。艾森豪威尔自己指出，在攻陷了西西里以后，他奉令将七个师（其中美军四个师，英军三个师）调返英国，准备渡过英吉利海峡进攻西欧，这使他感到兵力十分不足。布彻也说，艾森豪威尔原来打算派遣空降部队到罗马机场去帮助意大利人保卫首都、抵御德国人，但是，到最后一刻，巴多格利奥提出了“暂缓执行”这个计划的请求。曾经冒着极大生命危险秘密到罗马去同巴多格利奥会谈的马克斯维尔·D.泰勒将军报告说，由于意大利人的失败主义情绪和德国人的力量，美国一个空降师如果在这里降落看来是自取灭亡（参看艾森豪威尔：《欧洲十字军》[*Crusade in Europe*]，第189页，以及布彻：《跟随艾森豪威尔三年》[*My Three Years with Eisenhower*]，第407—425页）。

† 使希特勒十分震怒的是，国王、巴多格利奥和政府官员逃出了罗马，并且不久后就在盟军解放了的意大利南部建立了他们的政权。意大利舰队的大部分舰只也驶到了马耳他，尽管邓尼茨海军上将对俘获或破坏这个舰队做了精心策划。

戈培尔曾再三要求希特勒:“在这困难的关头，应该让人民从元首那里听到一两句鼓励和慰藉的话。”9月10日晚上，希特勒向全国做了广播。但他在那次广播中，却以毫不在乎的口气谈起下面的问题:

> 有人妄想在这里找到卖国贼，那是因为他们完全不懂得民族社会主义的国家的性质；他们以为他们能在德国制造一次“七·二五”事件，那是因为他们对我个人的地位、对我的政治合作者和我的元帅们和三军将领的态度有着根本的错觉。

实际上，正如下文将要叙述到的，有几个德国将领和一小撮过去的政治合作者，在军事上节节败退之际，开始再一次产生反叛的念头，这种念头到第二年7月就将发展成为一种比推翻墨索里尼一举更为猛烈、虽然不
1002 那么成功的行动。

希特勒为了防止任何正在酝酿的叛变而采取的措施之一是下令撤除所有德国亲王在国防军中的职务。黑森的菲利普亲王过去一直在元首和墨索里尼之间做通信联络工作，常到大本营来，这时便被逮捕，交给秘密警察去发落了。他的妻子玛法尔达公主是意大利国王的女儿，也遭到逮捕，并且同她的丈夫一起关进集中营。意大利国王像挪威和希腊的国王一样，逃出了希特勒的魔掌，希特勒以逮捕他的女儿来泄愤。*

有好几个星期，元首每天召开的军事会议都以大量时间来讨论希特勒心中所关心的一个问题：营救墨索里尼。读者还记得“橡树计划”是这个计划的代号，在大本营的会议记录上，墨索里尼常常被称为“宝贵的对象”。绝大多数将领，甚至戈培尔都怀疑这位意大利前领袖是否还是一个非常宝贵的对象，但希特勒却仍然这样认为，而且坚决主张去营救他。

他不仅想为这个他仍然有着私人感情的老朋友帮一次忙，他还想让墨

* 希特勒对她本人从来没有什么好感。他在那年5月大本营召开的一次军事会议上曾对他的将领们说:“我曾经迫不得已坐在玛法尔达旁边。玛法尔达有什么值得我注意的呢？……她没有能使人着迷的智慧，她的容貌更谈不上了。”（摘自费利克斯·吉尔伯特:《希特勒指挥他的战争》[*Hitler Directs His War*] 中希特勒每日军事会议秘密记录。见该书第37页。）

索里尼担任意大利北部的新法西斯政府的首脑，以减轻德国人管理这部分领土的负担，并且帮助他保卫那条很长的供应线和交通线，防止怀有敌意的意大利人民的破坏，因为人民中间现在已开始出现令人头疼的游击队了。

到8月1日，邓尼茨海军上将向希特勒报告，海军相信已查出墨索里尼被囚在文托泰内岛上。到8月中旬，希姆莱的密探肯定领袖是在另一个岛，即离撒丁岛北端不远的马达莱纳岛上。他们制订了周密的计划，准备派遣驱逐舰和伞兵进攻该岛，但是，这个计划还未执行，墨索里尼又被转移了。根据停战协定的一个秘密条款规定，应当把他交给盟军，但巴多格利奥由于某种原因迟迟没有执行这个规定。到9月初，这个“宝贵的对象”被偷偷地带到亚平宁山脉最高峰大萨索山山顶上的一家旅馆里去了，到这个地方只有一条缆索铁路可通。

德国人立刻获悉了他的下落，就派飞机到那座山顶上空侦察，并且判定用滑翔机运载军队大概可以登到那个顶峰，制服意大利宪兵警卫队，然后用一架小型费斯勒鹳式飞机把墨索里尼带走。这个大胆的计划于9月13日执行，领导者是希姆莱的党卫军里另一名知识分子出身的暴徒，一个叫奥托·斯科尔兹内的奥地利人。他还将在本书末尾的另一次天不怕地不怕 1003
的冒险行动中出现。[*]斯科尔兹内绑架了一名意大利将军，把他装进自己的滑翔机里。当他率领空运部队在距山顶旅馆100码的地方降落时，他发现领袖正在二楼的一个窗口满怀希望地往外看着。大部分意大利警卫一看见德国军队就逃入山中，少数没逃的也在斯科尔兹内和墨索里尼劝阻下没有动用他们的武器。这个党卫军头子把他抓来的将军推在自己队伍前面，大声叫警卫们别向这名意大利将军开枪。同时，据一名目击者回忆，意大利领袖也在窗口高呼：“谁都不要开枪！不要流一滴血！”果然一滴血也没有流。

那个法西斯首脑欣喜若狂。因为他曾经发誓宁可自杀，也不愿落到盟军手里，被送到纽约的麦迪逊广场公园去展览（这是他自己后来说的）。[†]几

---

* 在墨索里尼垮台后的一天，斯科尔兹内有生以来第一次被召到元首大本营。当时希特勒亲自指派他去执行这个营救墨索里尼的计划。

† 哈里·布彻海军上校报告说，就在墨索里尼被解救出去之前，艾森豪威尔总部收到一封从开普敦剧院联营公司发来的电报，表示愿意捐助一万镑给慈善事业，“如果你能安排墨索里尼本人在我们开普敦的剧院戏台上出现三个星期的话”（布彻：《跟随艾森豪威尔三年》，第423页）。

被德国人解救的墨索里尼，他的右手边就是这次行动的执行者奥托·斯科尔兹内。

分钟以内，他就被塞进一架小型的费斯勒鹳式飞机，从旅馆下边一小块尽是石头的草坪上冒险起飞了。他们先飞到罗马，当晚又换乘一架德国空军运输机飞到维也纳。[7]

墨索里尼很感激希特勒营救了自己。当他们两天以后在拉斯滕堡会面时，他热烈地拥抱了希特勒。但是，他现在已是一个垮了的人了，意气颓唐，以前在他心中燃烧过的火焰已变成灰烬。而且，使希特勒十分失望的是，他看来并不想在德国占领下的意大利恢复法西斯政权。将近9月底，德国元首在同戈培尔进行一次长谈时，毫不掩饰他对他的意大利老友的失望心情。

> ［这次谈话后，戈培尔在日记中写道］意大利领袖没有如元首所期望的那样，从意大利的灾祸中得到教训……元首希望意大利领袖做的第一件事应该是用一切报复手段惩处背叛他的人。但他没有做这种表示，因而就显出了他的真正无能。他不像元首或斯大林那样是一个革命家。他总是以意大利本国人民为念，这就缺乏做一个世界革命家和起义者的宽广胸襟。

还有一件使希特勒和戈培尔十分恼火的事情是，墨索里尼同齐亚诺取得了和解，而且似乎是完全在他的女儿、齐亚诺的妻子埃达的操纵之下。
当时齐亚诺夫妇正在慕尼黑避难。[*]希特勒和戈培尔认为，墨索里尼应当立 1004
即将齐亚诺处死，至于埃达，应该像戈培尔说的那样，狠狠地抽她一顿鞭子。[†]他们不同意墨索里尼把齐亚诺“那个毒蘑菇”（戈培尔这样称呼他）放在新的法西斯共和党的首要地位。

希特勒坚决主张意大利领袖立即建立这样一个党。墨索里尼9月15日在德国元首的怂恿下宣布成立新的意大利社会共和国。

这个新政府从来没有什么作为，墨索里尼根本没有把心放在上面。也许他还保有足够的现实感，看到自己现在只不过是希特勒的一个傀儡，他和他的“法西斯共和政府”除了德国元首为了德国的利益而授给他们的某些权力以外，并无任何真正的权力，而且意大利人民也永远不会再接受他和法西斯主义了。

他再也没有回到罗马。他住在意大利极北部一个很冷僻的地方——加尔达湖畔加尔加诺附近的加米纳特堡。他的住所周围由党卫军元首警卫队的一支特派部队严密守卫着。为了把墨索里尼的臭名昭著的情妇克拉拉·佩塔奇护送到这个幽美的湖畔胜地，特地把塞普·迪特里希这个党卫军老打手从俄国前线被打得屁滚尿流的党卫军第一装甲军调出来负责这项工作，在第三帝国，事情常常是这么办的。潦倒的独裁者由于情人又回到了自己的怀抱，对生活中的其他事情似乎都漠不关心了。情妇不止一个的戈培尔，说此事使他大为震惊。

> ［戈培尔在11月9日的日记中写道］意大利领袖和他那位由塞普·迪特里希奉命护送来的女友的私生活，引起了许多疑虑。

---

* 实际上，或者至少是根据齐亚诺后来写给国王维托里奥·埃马努埃莱的一封信上所说，他是在8月间被德国人骗到德国去的。德国人告诉他，他的孩子们有生命危险，德国政府很乐于让他和他的家庭取道德国到西班牙去（《齐亚诺日记》，第V页）。

† 戈培尔在日记中写道：“埃达·墨索里尼在她的巴伐利亚别墅中的行为就像一只野猫。她动不动就摔瓷器，砸家具。”（《戈培尔日记》，第479页）

戈培尔在几天前就注意到，希特勒已经开始“在政治上勾销这个领袖了”。但是，应当补充说明，德国元首在勾销他之前，先已迫使他把的里雅斯特、伊斯特拉和南蒂罗尔“割让”给德国，双方还取得谅解，将来还要加上威尼斯。对这位曾经骄横一世的专制魔王，可以毫不留情地使他蒙受种种羞辱。希特勒竟然逼着他在11月逮捕了自己的女婿齐亚诺，并于1944年1月11
1005 日将齐亚诺在维罗纳的监狱中处死。*

到1943年初秋，阿道夫·希特勒很可以认为，他已度过了第三帝国所面临的最严重的危险。在关键性的几个星期里，希特勒和他的将领们曾经担心，墨索里尼的垮台和巴多格利奥政府的无条件投降，很可能使德国南部边界暴露在盟军的直接攻击之下，并为盟军开辟从意大利北部进入防御薄弱的巴尔干半岛的道路，而巴尔干恰恰位于正在俄国南部拼命作战的德军的后方。意大利领袖乖乖地离开了罗马的权力宝座，对德国元首在国内外的威信是一个严重打击，正如随之而来的轴心联盟的毁灭一样。然而，在两个月之内，希特勒以一次大胆的行动使墨索里尼复辟了——至少在世人眼里看来是如此。意大利在巴尔干半岛、希腊、南斯拉夫和阿尔巴尼亚的占领区，免除了遭受盟军攻击的危险。这样的攻击，德国最高统帅部曾经预计在夏末随时可能发生。但那里的好几个师的意军都乖乖地投降了，成了德国的战俘。元首满意地看到凯塞林的部队不但没有像德国元首当初设想的那样已被一笔勾销，不但没有撤退到意大利北部，这名元帅的部队反而在罗马以南布下了阵地，轻而易举地阻挡住英美法军队在半岛上的北进。不容否认，希特勒以他个人的胆识和他的军队的勇猛，已使他在南方的处境有了很大的好转。

---

* 齐亚诺最后一天的日记是“1943年12月23日在维罗纳监狱第二十七号牢房”里写的。那是一篇很动人的记载。我不知道他是怎样把这篇日记和一封在同一天写给意大利国王的信偷偷送出他那死囚牢房的。但他说，在德国人抓到他之前，他已把其余的日记都藏起来了。它们是由埃达·齐亚诺偷运出意大利的德国占领区的。埃达·齐亚诺伪装成一个农妇，把这些日记藏在裙子里面，越过意大利的边界，逃到了瑞士。

凡是在法西斯最高委员会中投票反对过领袖而现在又能抓到手的所有其他的法西斯头子，都以卖国罪受到特别法庭的审讯，并被判以死刑，同齐亚诺一起遭到枪决，其中只有一人例外。被枪决的人中有埃米利奥·德·博诺元帅，他是墨索里尼昔日最忠诚的信徒之一，也是领导向罗马进军而使墨索里尼上台的四巨头之一。

但在其他地方，他的处境却继续在逆转。

1943年7月5日，他对俄国发动了后来证明是最后一次的大攻势。德国陆军的精华——将近50万人，加上配备有新式重型虎式坦克的17个装甲师，向库尔斯克西面俄国阵地的突出部分进攻。这就是所谓的“城堡计划”。希特勒认为这一攻势不仅能置俄国最精锐的百万大军于死地（就是这支大军曾在头年冬天将德国人从斯大林格勒和顿河赶出来），而且能使他再向顿河流域推进，也许甚至于能推进到伏尔加河流域，然后从东南迂回攻陷莫斯科。

这一攻势遭到了决定性的失败。俄国人对此已经早有准备。到7月22日，装甲部队的坦克已损失了一半，德军攻势已完全停顿，并开始溃退了。俄国人对自己的力量信心十足，他们不等德国的进攻结束，就在7月中旬向库尔斯克以北奥廖尔的德军阵地突出部分发动了他们自己的攻势，并且迅速地突破了德军阵地。这是俄国人在这次大战中的第一次夏季攻势，自此以后，红军再也没有失去过主动权。8月4日，他们把德国人赶出奥廖尔，这个地方是德国人在1941年12月攻打莫斯科时在南部的一个枢纽。

现在，苏军攻势已扩大到全线。8月23日，哈尔科夫失守。一个月后，9月25日，德国人被赶出了哈尔科夫西北300英里的斯摩棱斯克。而在进攻俄国的初期，德国人曾经像拿破仑的大军那样，十分自信地从这个城市踏 1006
上通向莫斯科的大路。到9月底，希特勒在南路遭到步步进逼的军队退到第聂伯河一线和北自第聂伯河河曲的扎波罗热、南到亚速海一线。顿涅茨克盆地的工业区已经失守，克里米亚的德国第十七军团处于被切断的危险中。

希特勒相信他的军队能够守住第聂伯河和扎波罗热以南的要塞阵地，这两条防线联在一起，形成了所谓的“冬季防线”。但是俄国人甚至没有稍微停留一下进行休整。在10月份的第一周内，他们在基辅的北面和东南渡过第聂伯河。11月6日，基辅失守。到这个决定命运的1943年末，南部的苏军越过了希特勒部队1941年夏向俄国内地进军时轻而易举地取得初期胜利的那些战场，逼近波兰和罗马尼亚的边界。

事情还不止于此。

那一年，希特勒的命运遭受到另外两个挫折，它们也标志着形势的转变：其一是大西洋战役的失利，另一是盟军加紧对德国本土进行破坏力极大的、夜以继日的空袭。

正如上面说过的，德国潜艇在1942年击沉了盟军船只共计625万吨，其中大多数是开往英国或地中海的。要弥补这个损失，是远远超过西方各国造船厂的生产能力的。但是，到1943年初，由于利用了远程飞机和航空母舰，特别是由于有了新技术，在海面船只上装设雷达，可以在敌军潜艇尚未看到自己以前就发现它们，因此盟军在对付潜艇方面已占了上风。潜艇在尚未驶近盟军护航舰队之前就遭到伏击而被炸沉，数量之多，使新任海军总司令兼潜艇舰队司令邓尼茨起初怀疑是否有人叛国。但他很快就知道这并非有人叛国，而是雷达造成了如此惨重的损失。在2月、3月和4月这三个月内，被击沉的潜艇正好是50艘；而在5月份一个月内，就达37艘。这样迅速地损失下去，德国海军是受不了的，于是，还没到5月底，邓尼茨就自作主张下令将潜艇全部撤出北大西洋。

9月间，它们又回到北大西洋，但在这年的最后四个月内，它们只击沉了67艘盟国船只，自己却又损失了64艘潜艇。这个比例决定了潜艇战的末日，并且决定了大西洋战役的结局。在第一次世界大战期间的1917年，当德国陆军陷于困境时，它的潜艇曾经逼得英国几乎屈膝投降。1942年，它们眼看要实现使英国屈膝的目的了；而这一年，希特勒的军队在俄国和北非也已被阻，而美英为了一面要阻止日军在东南亚的侵略，一面又要集中
1007 人力、武器和给养来攻打西方的希特勒欧洲帝国，也弄得焦头烂额。

1943年，他们在破坏北大西洋航运方面遭到了失败，虽然失败的确切消息使希特勒大本营的人们感到气馁，但他们并没有充分认识到它的灾难性后果。* 因为，正是在这决定战局一年的12个月中，大量武器和给养几乎毫无阻碍地运过了大西洋，这就使来年对“铜墙铁壁的欧洲”的进攻成为可能。

---

* 5月31日，当邓尼茨海军上将向希特勒报告他已从北大西洋上撤出了潜艇时，希特勒曾向他暴跳如雷地吼叫：“谁也不准谈论放松潜艇战的问题。”他还说：“大西洋是我保卫西方的第一线。”

这事说来容易做来难。11月12日，邓尼茨在日记中绝望地写道：“张张王牌都在敌人手里，他们用远程空中巡逻控制了所有地区，并且运用我们迄今无法预知的测定我方位置的办法……敌人对我们的一切秘密了如指掌，而我们对他们却一无所知。”[8]

也正是在这一年中，德国人民尝到了现代战争的恐怖滋味，而且是在他们自己的家门口尝到的。公众都不知道潜艇的战况如何。虽然来自俄国、地中海和意大利的消息越来越坏，但它们涉及的毕竟是远离本土几百或几千英里以外的地方发生的事情。可是，夜里有英国飞机、白天有美国飞机来进行的空袭，现在已开始摧毁一个普通德国人的家、他工作的办公室或工厂了。

希特勒本人从来不肯去视察遭到轰炸的城市，看来这个任务对他简直是一种难以忍受的痛苦。戈培尔为此苦恼不堪。他抱怨说，他源源不绝地收到来信，“质问元首为什么不去视察那些遭受空袭的不幸的地区，为什么在任何地方都见不到戈林的面”。宣传部长的日记权威地描述了空袭给德国城市和工业区造成的日益惨重的损失。

> 1943年5月16日……美国轰炸机的白昼空袭正在造成异常重大的困难。在基尔……海军的军事与技术设施遭到非常严重的损失……如果这种情况继续下去，我们将面临到头来无法忍受的严重后果……
>
> 5月25日……英国飞机对多特蒙德的夜袭，是德国城市所遭受的空袭中特别严重的，也许是最严重的一次……来自多特蒙德的报道十分可怕……工厂和军火厂受到极惨重的破坏……有8万至10万居民无家可归……西方的居民开始逐渐丧失勇气。这样的地狱生活是难以忍受的……晚上我收到［又一篇］关于多特蒙德的报告。该城几乎全部被毁。几乎没有一间房子能住人了……
>
> 7月26日夜间，汉堡受到一次严重的空袭……给居民和军事生产都带来了十分惨重的后果……这是一场真正的灾难……
>
> 7月29日夜间，汉堡又遭到迄今最严重的一次空袭……来了800至1 000架轰炸机……考夫曼［当地纳粹党领袖］给我发来第一份报 1008
> 告……他谈的惨祸，规模令人难以想象。一个百万人口的城市被摧毁了，其毁坏情况是史无前例的。我们面临着几乎无可解决的种种问题。必须为这100万人解决吃住的问题。必须把人口疏散到尽可能远的地方去。必须给他们衣服穿。总之，我们在那儿面临的问题，在几星期以前是丝毫没有想到的……考夫曼谈到约有80万无家可归的人在街头

流浪，无以为生……

虽然德国的某些军事工厂，特别是制造战斗机、轴承、海军舰只、钢和新式喷气飞机的燃料的工厂，遭到了很大的损失，虽然希特勒寄予极大希望的、设在佩内明德地方的那个十分重要的火箭实验站*也遭到了很大的损失，虽然铁路和运河运输不断被切断，但是，在1943年英美加紧轰炸期间，德国整个军备生产实际上并没有减少。其部分原因是没有遭受轰炸的德国占领区，尤其是捷克斯洛伐克、法国、比利时和意大利北部的工厂增加了生产。

正如戈培尔在日记中所说明的，英美空军所造成的最大的损害，是在德国人民的家庭和精神方面。本书作者还记得，在战争的最初几年，关于德国空军轰炸对敌人，尤其是英国人所造成的可怖后果，有过许多报道，使德国人得意扬扬。他们当时相信，这种轰炸能使战争早日胜利结束。现在，在1943年，他们自己开始尝到空袭的充分滋味，这种空袭的破坏力远比德国空军对别人，甚至比1940至1941年对伦敦居民的任何空袭都要厉害得多。德国人民像英国人民曾经表现过的那样，勇敢地、艰苦地忍受了这一切。但是，在四年战争以后，频频遭到轰炸就越发使人感到是严重的负担了。这就难怪在快到1943年年底时，随着德国人在俄国、北非和意大
1009 利的希望的破灭，随着第三帝国从南到北各处城市都被炸成一片焦土，德国人民已开始绝望，开始认识到败局已定，目前的遭遇就是这个败局的开始。

当时已经赋闲在家的哈尔德将军后来曾这样写道："至迟到1943年年底时，人们已明确无误地看出，这场战争在军事上已经失败了。"[9]

1943年11月7日，啤酒馆政变纪念日的前夕，约德尔将军在慕尼黑对

---

* 1943年5月，在波兰的地下工作者密告伦敦方面，说佩内明德那儿正在试制一种无人驾驶的喷气机（后来被称为V-1或嗡嗡飞弹）和一种火箭（后来被称为V-2）。根据这个线索，英国皇家空军的一架侦察机把佩内明德的设施都拍摄下来了。8月，英国轰炸机轰炸了佩内明德，使该地设施遭受严重破坏，使研究和试制工作推迟了好几个月。到11月，英美空军在英吉利海峡沿岸发现了63个V-1发射场。从12月至翌年2月，这种发射场增加到96个，其中73个被盟军炸毁。"V-1"和"V-2"这两个名称是从德语Vergeltungswaffen即"报复武器"这个词来的，在1944年那个黑暗的年头里，戈培尔博士的宣传曾对此大吹大擂了一番。

纳粹党的各地领袖们发表了一篇不准公开的、调子低沉的演说。他虽然没有说得像哈尔德那样严重，但对战争第五个年头开始时形势的描述也够暗淡了。

> ［他说］今天，在国内战线最令人头痛，从而对前线有最严重影响的，是敌机对我们的家园和妻儿的恐怖空袭。在这一方面……战争具有了这种方式，完全是英国的过错。自从种族战争和宗教战争以来，人们曾经认为不可能再发生这种战争的方式了。
>
> 这些恐怖空袭在心理、精神和物质上的影响十分重大，因此我们必须设法减轻——假若不能完全制止的话。

1943年的失败和轰炸给德国人的民心和士气所造成的影响，由这个代表元首发表演说的权威人士做了生动的描述。

> 颠覆的鬼影在全国各地徘徊着。所有的胆小鬼都在寻找出路，或者照他们的说法，寻找政治解决办法。他们说，我们应当趁手里还有点东西的时候进行谈判……*

不只是“胆小鬼”有这种想法。戈培尔博士本人，希特勒最忠实的和狂热的信徒，像他在日记中所透露的那样，也想在1943年年终之前寻求一条出路。他所苦心思索的不是德国应不应当谈判和平，而是应当同谁谈判的问题——同俄国，还是同西方？他不像某些其他人开始做的那样，背着希特勒谈论寻求和平的必要性。他勇气十足，毫无顾忌地直接向领袖倾吐自己的想法。1943年9月10日，戈培尔在日记中第一次提到可能进行和谈

---

* 约德尔演说的题目是：《战争第五个年头开始时的战略形势》。关于希特勒及其将领在1943年底对德国困难形势的看法，这篇演说也许是我们所掌握的最详尽的第一手报告。它不仅仅是一篇向纳粹政治领袖们发表的秘密演说。它详细引用了几十篇盖有“元首大本营”印章的绝密备忘录和文件；把这些文件综合起来，就是元首心目中的一部战争真相史，因为这篇演说的草稿似乎是经过元首审阅的。约德尔对当前形势固然感到很暗淡，对将来则更加灰心丧气。他正确地预言，英美即将在西线发动的入侵，“将决定战争局势”，而且“我们所掌握的军队不足以”击退它们。[10]

的问题。那天他正在拉斯滕堡元首大本营，他是在得到意大利投降的消息
1010 之后奉召去大本营的。

> 现在的问题是我们应当首先转向哪一边：是转向莫斯科方面，还是转向英美方面。无论如何，我们必须清楚地认识到，对这两方面同时作战，要取得胜利是非常困难的。

他发现希特勒对盟军在西线入侵的前景和俄国战场的“危急”局势“有些担忧”。

> 令人苦恼的是，我们丝毫不知道斯大林留作后备的力量究竟有多少。我非常怀疑，在这种情况下我们是否有可能从东方调出若干师兵力到其他欧洲战场上去。

戈培尔在他那机密的日记中写下了自己的一些想法，这些想法在几个月前肯定是会被他自己认为是叛国性质的失败主义的想法的。写了以后，他就开始对希特勒道出这些想法：

> 我问元首，我们迟早是否可以同斯大林打交道。他说暂时还不行……但元首认为，同英国人打交道要比同苏联人容易些。元首认为，到了一定时候，英国人会清醒过来的……我却比较倾向于斯大林更为容易接近，因为斯大林是一个比丘吉尔更为实际的政治家。丘吉尔是一个浪漫的冒险家，跟他谈话是谈不出什么道理来的。

当他们的事情搞得漆黑一团的时候，希特勒和他的助手们开始抓住这样一线希望：盟国内部会发生纠纷，英国和美国会害怕红军席卷欧洲，终于会和德国联合起来保卫旧大陆，使之不受布尔什维主义的统治。8月间，希特勒曾经在一次会议上和邓尼茨相当详细地谈过这个可能性。现在，在9月间，他又和戈培尔讨论了这个问题。

> ［戈培尔在日记中写道］英国人在任何情况下都不愿意有一个布尔什维克的欧洲……一旦他们认识到……他们只能在布尔什维主义或者对民族社会主义放松一些这两者中选择其一，那么，他们无疑会对我们表示出愿意和解的意向……丘吉尔本人是反对布尔什维克的老手，他目前同莫斯科合作只不过是权宜之计。

希特勒和戈培尔似乎都忘记了，是谁首先同莫斯科合作的，是谁迫使俄国作战的。在同希特勒讨论了和平的可能性以后，戈培尔得出了这样的结论：

> 迟早我们就将面临倒向哪一边的敌人的问题。德国进行两线作战从来没有得过便宜，这一次我们也不可能把这样的战争长期坚持下去。 1011

但是，到这时才考虑这个问题不是已经太迟了吗？戈培尔在9月23日回到大本营。他在早晨和希特勒散步时，发现元首对于同一方和谈以便在一条战线上作战的可能性，要比两星期前悲观得多了。

> 元首不相信目前进行谈判能够取得任何结果。英国还没有被打得晕头转向……在东方，目前的形势自然是相当不利的……斯大林正处于有利地位。

那天晚上，戈培尔单独和希特勒一起进餐。

> 我问元首，他是否准备和丘吉尔进行谈判……他不相信同丘吉尔谈判会取得任何结果，因为丘吉尔充满敌意，再说，他是受仇恨而不是受理智支配的。元首宁愿和斯大林谈判，但他不相信谈判会成功……
>
> 我告诉元首，不论形势如何，我们必须同这一方或那一方取得和解。德国从未在两线作战的战争中取得过胜利。因此我们必须设法使自己摆脱一场两线作战的战争。

这个任务远比他们似乎认识到的要困难得多，虽然十分轻率地把德国投进了一场两线作战的战争的正是他们自己。但在1943年9月的那天晚上，至少有一会儿，这个纳粹统帅终于流露出他的悲观心情，并且沉思着和平的味道该是多么甜蜜。据戈培尔的记录，希特勒甚至说他“渴望”和平。

> 他说他将很高兴再一次同艺术界人士进行接触，晚上去看看戏，去访问艺术家俱乐部。[11]

在战争进入第五年的时候，在德国，思考取得和平的机会和办法的人，并不止希特勒和戈培尔两个。那些遭到挫败、喜欢空谈的反纳粹的密谋分子，目前人数已有所增加，但还是少得可怜。现在他们看到希特勒的军队虽然还在国外作战，但败局已定，就又在考虑反叛的问题了。他们之中的大多数（绝不是全体）终于在克服了最严重的良心不安以后，勉强得出这样的结论：要使德国取得和平，从而使祖国有希望体面地生存下去，就必须用谋杀的办法搞掉希特勒，同时消灭民族社会主义。

1944年到来了。英美军队肯定会在这一年开始后不久的时间内发动横渡海峡的进攻，红军将会逼近帝国本土，德国许多古老的大城市很快便将
1012 被盟军炸成平地。* 密谋分子着急之下，开始积极准备起来，企图在希特勒政权把德国投入彻底毁灭的深渊之前，采取谋杀这个纳粹独裁者和推翻他的政权的最后尝试。

1013 他们知道，时间已经不多了。

注　释

1.《戈培尔日记》，第352页。

---

* 1943年7月，格德勒视察了西部被炸地区以后，致函克鲁格陆军元帅说：“千年的建设已成为一片瓦砾。”他在信里恳求这位动摇不定的将军参加密谋集团，以结束希特勒和他的“疯狂行为”。

2.《海军事务元首会议记录》，1943年，第61页。

3. 关于费尔特雷会见的意大利方面的会议记录载《希特勒和墨索里尼》，第165—190页；载国务院公报，1946年10月6日，第607—614页；施密特博士关于这次会见的叙述载他的《希特勒的译员》，第263页。

4. 主要来源是希特勒与他的助手们于7月25，26日在东普鲁士大本营举行会议的速记记录，载费利克斯・吉尔伯特的《希特勒指挥他的战争》，第39—71页；另见《戈培尔日记》，1943年7月，第403—421页；以及《海军事务元首会议记录》，1943年7月和8月，由新任德国海军司令邓尼茨海军上将所记。

5.《凯塞林元帅回忆录》（1953年伦敦出版），第177，184页。我曾用过英国版的凯塞林的这个回忆录；它曾在美国出版过，书名叫《一个军人的记录》。

6. 凯塞林：《凯塞林元帅回忆录》，以及齐格菲・维斯特法尔将军的《德国陆军在西线》，第149—152页。

7. 墨索里尼获救的第一手材料见奥托・斯科尔兹内著《斯科尔兹内的秘密使命》，另见墨索里尼自己的《回忆录（1942—1943年）》，以及帝国旅馆经理所写的一篇专文，刊载于英国版的墨索里尼《回忆录》中。

8. 希特勒的话引自《海军事务元首会议记录》，1943年，第46页；邓尼茨日记中的那一条是威尔莫特援引的，见《争夺欧洲的战争》，第152页。

9. 哈尔德：《统帅希特勒》，第57页。

10. 我在《柏林日记的终结》中详细引用了这篇讲话，第270—286页。全文（英文）见《纳粹的阴谋与侵略》，第7卷，第920—975页。

11. 上面这个戈培尔日记摘要引自《戈培尔日记》，第428—442，468，477—478页。希特勒于1943年8月与邓尼茨的谈话是由这位海军上将在《海军事务元首会议记录》1943年记载下来的，见第85—86页。

第二十九章

盟军对西欧的进攻和德国内部刺杀希特勒的尝试

1943年，密谋分子进行了不下六次暗杀希特勒的尝试，其中有一次，他们在元首乘飞机巡视俄国战线后方的时候，把一颗定时炸弹放在他的飞机里面，只是因为这颗炸弹没有爆炸，密谋才告失败。

这一年里，抵抗运动发生了同以前的情况大不相同的变化。密谋分子最后放弃了对陆军元帅们的期望。这些元帅们简直太怯懦了，或者太无能了，他们不敢利用他们的地位和兵权来推翻他们的最高统帅。1942年11月，在斯摩棱斯克森林中举行的一次秘密会议上，抵抗分子中的核心政治人物格德勒，曾经亲自劝请东线中央集团军司令克鲁格陆军元帅积极参加清除希特勒的活动。这位动摇不定的将军刚接受了元首的一笔厚礼。* 当时他倒是答应了格德勒的请求，但过了没有几天就又胆怯起来了。他写信给在柏林的贝克将军，要求别把他算在他们里面。

---

* 1942年10月30日是克鲁格60岁生日。他收到了元首给他的一张26万马克（按官价折合美元10万元）支票，并特许用半数添置产业。尽管这对他作为一个德国军官来说侮辱了他的人格和荣誉，但这位元帅还是照单全收了（施拉布伦多夫：《他们几乎杀死了希特勒》[*They Almost Killed Hitler*]，第40页）。后来，当克鲁格反对希特勒的时候，元首在大本营对他的部下说："我亲自提升他两次，给了他最高的勋章，给了他一笔很大的产业……以及陆军元帅薪俸之外的一大笔补贴……"（吉尔伯特：《希特勒指挥他的战争》，第101—102页，这是1944年8月31日希特勒在大本营召开的会议的一份速记记录。）

几个星期之后，密谋分子又想劝诱保卢斯将军。这位将军所率领的第六军团正被围在斯大林格勒，他们估计他对领袖一定极度失望，因为造成这样局面的正是领袖本人。他们想诱使他发表一个告全军官兵书，号召他们推翻这个把25万德国士兵置诸死地的专制魔王。贝克将军亲自写了一封呼吁他这样做的信，由一个空军军官乘飞机把信送进这个被围的城市。前面已经说过，保卢斯的回答是向他的元首发出了雪片似的表示效忠的无线 1014
电报。直到他成为俄国人的俘虏到了莫斯科之后，他才有所觉悟。

对保卢斯的希望破灭以后，密谋分子曾经有几天把希望寄托在克鲁格和曼施坦因身上。这两个人在斯大林格勒惨败之后，飞到拉斯滕堡，据说是去要求元首把俄国战线的指挥权交付给他们。这一步如果成功，就成为在柏林发动政变的一个讯号。但这些密谋分子的主观愿望再一次落空了。这两位陆军元帅确实飞到了希特勒的大本营，但只是去重申他们对最高统帅的忠诚。

“我们被抛弃了。”贝克愤恨地抱怨道。

对贝克和他的朋友们来说，这一点已很明显：他们不能期望从前方的高级指挥官那里得到实际的帮助。在绝望之余，他们转向唯一剩下的一个军事力量的来源——国内驻防军，或称补充军。国内驻防军根本不能说是一支军队，只是正在训练的新兵和在国内执行警卫任务的超龄部队的大杂烩。但那些人至少都有武装。在正规化的部队和武装党卫军远在前线的情况下，当希特勒遭到暗杀的时候，这支军队也许足以帮助密谋分子占领柏林和其他一些重要的城市。

但是，在暗杀希特勒这一致命行动是否必要，甚至于是否适宜的问题上，反对派内部仍然没有取得完全一致的意见。

例如，克莱绍集团就绝对反对任何这一类的暴力行动。这个集团是由一群各色各样的杰出青年知识分子和理想主义者组成的。他们聚集在德国两个最著名的、最贵族化的世家后裔的周围：一个是赫尔穆特·詹姆斯·冯·毛奇伯爵，他是1870年率领普鲁士军队战胜法国的那位陆军元帅的曾侄孙；另一个是彼得·约克·冯·瓦滕堡伯爵，他是拿破仑时代那位著名将军瓦滕堡的嫡系子孙，这位将军曾同克劳塞维茨一起在和沙皇亚历山大一世缔结的《陶拉格条约》上签字；根据这个条约，普鲁士军队调转枪口，帮助推翻了拿破仑。

这个集团的名称来自毛奇在西里西亚的克莱绍的庄园。它不是一个阴谋团体，而是一个讨论小组，* 它的成员代表了纳粹上台以前的德国社会的横断面，也可以说是他们希望在希特勒统治的这场噩梦消失之后将要出现的德国社会的横断面。它包括两个耶稣会神父、两个路德派牧师、若干保守分子、自由分子、社会民主党人、富裕的地主、前工会领导人、教授和外交官。虽然在出身和思想上各有不同，他们还是能找到广泛的共同点，使他们的反对希特勒的运动在思想方面、精神方面、伦理方面、哲学方面以及在某种程度上的政治方面有一定的基础。几乎所有这些人都在
1015 战争结束之前被绞死了，他们遗留的文件包括对未来的政府和对新社会的经济、社会和精神基础的规划。根据这些文件来判断，他们的目标是建立一种基督教社会主义的社会，在这个社会中，所有的人都要成为兄弟，现代社会的可怕病症、人类精神的败坏，将得到纠正。他们的理想是崇高的，高到像是在天空的白云之中，而且还染上了一点德国神秘主义的色彩。

但是，这些有崇高理想的年轻人却有着令人难以相信的耐心。他们痛恨希特勒，痛恨他给德国和欧洲带来堕落。但是，他们对于推翻希特勒并不感兴趣。他们认为德国即将遭到的失败会完成这个使命。他们只把注意力集中在希特勒倒台以后。毛奇当时曾这样写道：“对我们来说……战后的欧洲是如何在我国人民心中重建人的形象的问题。”

杰出的美国新闻记者多萝西·汤普森长驻德国多年，对德国十分了解。毛奇是她所接近的老朋友。她曾力劝他从山顶上走下来，正视现实。1942年夏天，在一系列从纽约发给“汉斯”的短波无线电广播中，她请求他和他的朋友们采取一定行动消除那个恶魔似的独裁者。她努力提醒他：“我们不是生活在一个圣者的世界里，而是在一个凡人的世界里。”

“汉斯，上次我们见面，在临湖的那个美丽的阳台上一起喝茶……我说过，有一天你得用行动，剧烈的行动，来表明你的立场……而且

* 毛奇在临刑之前给他的妻子的遗书上说：“我们因为在一起思考，将被处绞刑了。”

我记得，我还问过你，你和你的朋友们究竟有没有勇气行动……”[1]

这是一个尖锐的问题。结果，答案看来是这样的：毛奇和他的朋友们有勇气议论——他们因此被杀害了——而无勇气行动。

这与其说是他们精神上的缺陷，倒不如说是理智上的缺陷，因为他们全部十分勇敢地面对残酷的死亡。这个缺陷是造成克莱绍集团同贝克-格德勒-哈塞尔密谋集团之间分歧的主要原因，虽然他们对于未来接管纳粹政权的政府的性质和结构也有争论。

1943年1月22日，他们在彼得·约克家里举行了一次正式会议，由贝克将军主持。据哈塞尔在日记里说，贝克“当时是比较软弱和沉默的”。[2]以后还开过几次会。在未来的经济和社会政策上，在“青年人”和“老年人”——用哈塞尔的话——之间，掀起了一场猛烈的争辩，毛奇同格德勒之间也冲突起来。哈塞尔认为，这位前任莱比锡市长十分“反动”，同时指出毛奇“倾向英美与和平主义”。秘密警察也注意到了这次会议，后来在对参加者的审讯中，对于这些讨论提出了一份详细得惊人的报告。

对密谋分子的活动，希姆莱已经掌握了比他们之中任何一个人所意识

赫尔穆特·詹姆斯·冯·毛奇在审判他的法庭上。

到的更多的线索。本书所叙述的历史中，有不少意想不到的转折，这里又1016 出现了这样一个转折。在1943年的这个关头，因为胜利的前景已经消失、失败的前景已在眼前，举止温文而嗜血成性的党卫军领袖、第三帝国的警察头子，开始对抵抗运动产生了个人的而且并不完全是不怀好意的兴趣。他同抵抗运动进行了不止一次的友好接触。有一件事情可以说明这些密谋分子的心理状况：他们之中不止一个人——特别是波比茨——竟开始认为可以用希姆莱代替希特勒！这个看来狂热地效忠于希特勒的党卫军头子，自己也开始这样考虑，但是一直到最后，他始终要两面派的手法，而在这个过程之中，许多英勇的密谋分子在他手里送了命。

抵抗运动现在在三个方面进行工作。克莱绍集团为了拟订一个幻想中的太平盛世的规划，在进行着无休无止的讨论。比较现实一些的贝克集团在努力想办法杀掉希特勒，取得政权。它还在同西方进行接触，以便让民主的盟国得知将要发生的事情，并探询它们将会同一个新的反纳粹政府谈判什么样的和约。* 这些接触都是在斯德哥尔摩和瑞士进行的。

在瑞典首都，格德勒常常同银行家马库斯和雅各布·瓦伦贝格会晤。他们是他的老朋友，在伦敦有密切的商务关系和私人关系。在1942年4月，格德勒同雅各布·瓦伦贝格举行了一次会晤，格德勒催促他设法同丘吉尔接上头。密谋分子要求事先从这位首相那里得到保证：如果他们逮捕希特勒并推翻纳粹政府，盟国就同德国媾和。瓦伦贝格回答说，根据他对英国政府的了解，要它做出这样的保证是办不到的。

一个月之后，两个路德派教士在斯德哥尔摩同英国人进行了直接的接触。他们是德国福音派教会对外关系局成员之一汉斯·舍恩菲尔德博士和迪特里希·潘霍华牧师，后者是一位著名的神职人员和积极的密谋分子。他们听说英国圣公会奇切斯特主教乔治·贝尔博士正在斯德哥尔摩访问，

---

* 有些德国人写的回忆录说，在1942年和1943年，纳粹曾就可能举行的和平谈判同俄国人进行过接触。它们甚至说，斯大林曾经提出开始进行单独媾和的谈判。在纽伦堡审讯时，里宾特洛甫大谈他为了同俄国人进行接触而做的努力。他说，他确实曾同苏联在斯德哥尔摩的代表有过接触。在斯德哥尔摩代表里宾特洛甫进行活动的彼得·克莱斯特在他的书里曾说到这一点。[3]我想，在所有德国的秘密档案清理之后，这段情节的真相可能弄个水落石出。

就赶去见他。潘霍华是化了装，拿着谍报局奥斯特上校给他的伪造护照出国的。

两位牧师对主教谈了密谋分子的计划，而且同格德勒一样，提出了这个问题：一旦希特勒被推翻之后，西方盟国是否将同一个非纳粹政府谈判一个体面的和约。他们要求通过私下的通信或公开的宣言得到答复。为了使主教得到反希特勒的密谋是认乎其真的印象，潘霍华给了他一份领导人名单。这个不慎的行动后来使他付出了自己的生命，并且使得其他许多人 1017
不可避免地遭到杀害。

这是盟国所掌握的关于德国内部的反对派及其计划的最权威和最新的材料。6月间，贝尔主教回到伦敦之后，立即转给英国外交大臣安东尼·艾登。但是，1938年曾经为了抗议张伯伦对希特勒的姑息政策而辞去外交大臣职务的艾登，看了这份材料以后却心存怀疑。因为从慕尼黑事件以来，英国政府曾经从自称是德国密谋分子的人那里得到过类似的材料，但是一直没有发生过什么事情，结果就没有给予答复。[4]

德国地下组织和盟国方面在瑞士的接触，主要是通过艾伦·杜勒斯。他从1942年11月到战争结束，一直是在瑞士的美国战略服务处的负责人。他的主要客人是汉斯·吉斯维乌斯。吉斯维乌斯是德国谍报局的工作人员，派在德国驻苏黎世总领事馆当副领事。他经常从柏林到伯尔尼来旅行。前面已经提到，他也是谋反活动的积极分子。他的作用主要是从贝克和格德勒那里把消息传递给杜勒斯，让他随时了解各种反希特勒计划的发展情况。去访问杜勒斯的其他德国人中间还有舍恩菲尔德博士和特罗特·佐·佐尔茨，后者是克莱绍集团的成员之一，也是谋反活动的参加者之一。他有一次到瑞士去，像其他许多人做过的那样，对杜勒斯提出“警告”：如果西方民主国家拒绝考虑同一个反纳粹的德国政府签订一个体面的和约，密谋分子们就要转向苏俄。杜勒斯虽然本人表示同情，但无法给予任何保证。[5]

这些德国抵抗运动的领导人既如此坚持从西方取得有利的和平解决，在取得这一和平解决之前，对除掉希特勒却又如此踌躇不定，这不免使人们感到奇怪。人们可能以为，如果他们像经常所声称的那样——这无疑是真诚的——把纳粹主义看作一种滔天的罪恶，他们就应该集中力量努力去推翻它，而不管西方会怎样对待他们的新政权。人们得到这样的印象：这些“善良的德国人”中的许多人，太容易把自己的失败归咎于外部世界，正如他们之中的有些人，把第一次世界大战失败后德国的苦难，甚至于把希特勒本人的得势，都归咎于外部世界一样。

“闪电计划”

1943年2月，格德勒在斯德哥尔摩告诉雅各布·瓦伦贝格：“他们计划在3月份发动政变。”

他们确实有这样的计划。

这个计划称作“闪电计划”，是陆军办公厅主任弗里德里希·奥尔布里希特将军和克鲁格率领下在俄国作战的中央集团军参谋长冯·特雷斯科将
1018 军两人在1月和2月间筹划的。奥尔布里希特是一个十分虔诚的教徒，新近才参加密谋集团。但是他由于就任新职，很快就成为一个关键人物。作为补充军司令弗里德里希·弗洛姆将军的副手，他的地位使他能够集结柏林和德国其他大城市的卫戍部队来支持密谋分子。弗洛姆本人同克鲁格一样，现在对元首的幻想已经破灭了，但还被认为不是完全可以信任的，所以没有让他参与这个密谋。

2月末，奥尔布里希特对特雷斯科参谋部中一个低级军官、年轻的法比安·冯·施拉布伦多夫说：“我们已经准备好了。是‘闪电’的时候了。”3月初，密谋分子在中央集团军总部所在地斯摩棱斯克举行最后一次会议。谍报局局长卡纳里斯海军上将虽然没有参加行动，但他是知道这件事情的，还为这次会议做了安排。他同他手下的汉斯·冯·多赫南伊和埃尔温·拉豪森将军一起飞到斯摩棱斯克，表面上是去召开一次武装部队谍报军官会议。拉豪森随身带了几颗炸弹。他从前是奥地利陆军的一名谍报军官，在参与谋反活动的德国谍报局人员中，他是在大战结束时唯一的幸存者。

施拉布伦多夫和特雷斯科在经过多次实验之后，发现德国炸弹不适合他们行动的要求。据这个年轻军官后来解释，[6]这些德国炸弹要用一根信管引发，信管点燃时发出一种不大的咝咝的声音，这就会使他们露出马脚。他们发现英国炸弹好一些。施拉布伦多夫说：“在爆炸之前，它们没有任何声响。”英国皇家空军曾经在欧洲的德国占领区空投过许多这样的武器，供

盟国特务人员进行破坏之用，有一个曾被用来暗杀海德里希。谍报局收集到一些，后来转到密谋分子手中。

斯摩棱斯克会议订出的计划是诱使希特勒到这个集团军总部来，在那里把他干掉。这将是在柏林发动政变的讯号。

希特勒现在对绝大多数将领都有戒心，所以要诱使他进圈套不是一件容易的事情。但是特雷斯科说服了他的一个老朋友、希特勒的副官，现在成了将军的施蒙特，要他对希特勒做工作。在经过一阵犹疑和几次改期之后，元首终于同意在1943年3月13日到斯摩棱斯克来。施蒙特本人对这个阴谋是完全不知情的。

在这期间，特雷斯科又重新努力使他的上司克鲁格来领头杀死希特勒。他向这位陆军元帅建议，准许指挥集团军司令部骑兵部队的陆军中校冯·伯泽拉格尔男爵*在希特勒和他的卫队到达时，用这支部队把他们消灭。伯泽拉格尔是欣然同意的。他所需要的只是陆军元帅的一道命令。但是这位动摇不定的司令官没有敢下这道命令。特雷斯科和施拉布伦多夫于是决定亲自动手。

他们打算只是简单地在希特勒回去的时候在他的飞机里放一颗英国制
的炸弹。施拉布伦多夫后来解释说："把事情弄得像是飞机失事，可以避免
暗杀行动在政治上的不利后果。因为当时希特勒还有许多党徒，如果发生 1019
暗杀事件，他们将对我们的起事进行坚决的抵抗。"

在3月13日希特勒到达后的下午和晚上，这两个反纳粹的军官曾经两度准备改变计划。他们先想在希特勒同集团军高级将领开会的克鲁格私人寓所里让炸弹爆炸，后来又想在这群人吃晚饭的军官食堂里爆炸。†但是这样做将会炸死一些将领，而密谋分子正是指望着这些将领，在他们一旦摆脱个人对元首效忠誓言的约束之后，帮助他们在德意志帝国接管权力的。

晚餐之后，元首的飞机立即就要起飞，但把炸弹偷运进飞机这个工作还未完成。施拉布伦多夫已经把他称作"两个爆炸包"的东西装置好，而且把它们扎在一起，像是两瓶白兰地酒。在进餐的时候，特雷斯科做出

---

* 他后来被纳粹杀害。

† 施拉布伦多夫说，在第一次会议中，他有机会细看了一下希特勒的特大军帽。它的重量引起了他的注意。仔细一看，原来它里面衬着3.5磅重的钢板。

很自然的样子，问希特勒的随行人员之一、陆军参谋总部一个名叫海因茨·勃兰特的上校，能不能帮忙把他的一份礼物——两瓶白兰地酒，带给他的老朋友、陆军总司令部组织处处长赫尔穆特·施蒂夫将军*。勃兰特根本没有想到会有什么问题，就答应说，他乐于帮忙。

在飞机场上，施拉布伦多夫紧张地用手指从他那个包裹的一个小小的开口处伸进去，开动了定时炸弹的装置，然后在勃兰特走上元首座机的时候，把这个包裹交给他。这是一个构造精巧的武器。它没有那种使人生疑的钟表装置。当这个青年军官按了一个按钮之后，一个小瓶子就被打破，流出一种腐蚀性的化学品，把一根拉住弹簧的金属线慢慢腐蚀掉。这根线蚀尽之后，弹簧就把撞针一推，打着雷管，使炸弹爆炸。

施拉布伦多夫说，他们预计希特勒的飞机从斯摩棱斯克起飞之后约30分钟，刚过明斯克不久，就会出事。他兴奋至极，打电话给柏林，用密码通知那里的密谋分子，“闪电”已经开始。然后，他同特雷斯科怀着怦怦跳动的心，等待着惊人的消息。他们预期，最早的消息将来自护送元首座机的战斗机的无线电报告。他们一分钟一分钟地数着，20分、30分、40分，1个小时……还是没有消息。过了两个多小时，消息来了。那是一个例行公事的电报，报告希特勒已在拉斯滕堡降落了。

> ［施拉布伦多夫后来复述当时情况说］我们都怔住了，想不出失败
> 的原因。我马上给柏林打电话，用密码告诉他们，尝试失败了。接着
> 1020 特雷斯科和我商量下一步怎么办。我们深受震动。这次尝试失败是十
> 分严重的事情。但更糟糕的将是炸弹被发现，这必然会引起对我们的
> 侦查和一大批紧密合作者的送命。

炸弹永远没有被发现。当天夜里，特雷斯科打电话给勃兰特上校，随意地问起他是不是已经抽空把他的包裹送给了施蒂夫将军。勃兰特说，他还没有功夫办这件事情。特雷斯科就叫他别送去了，因为瓶子弄错了，施拉布伦多夫明天有点公事到那里去，将托他把想送给施蒂夫的真正好白兰

---

* 他后来被纳粹处决。

地捎去。

施拉布伦多夫以令人难以置信的勇气飞到希特勒的大本营，用两瓶白兰地酒换出了那颗炸弹。

> ［他后来叙述说］我还能清楚地回忆起当时我的恐怖心情。勃兰特把炸弹递给我，不小心猛然一撞，使我担心它会来一个过时的爆炸。我装得很镇静，不去想我拿着的是个炸弹，立即上了汽车，开到邻近的科尔谢铁路交叉点。

他从那里搭夜车去柏林。在卧车车厢里，他关起门来，一个人把炸弹拆开。他很快就发现发生了什么事情——或者说，为什么没有发生什么事情。

> 炸弹的装置是灵的；小瓶子破了；腐蚀性的液体蚀尽了金属线；撞针也向前撞过了；但是，雷管没有发火。

柏林的密谋分子极度失望，但并不气馁。他们决定对暗害希特勒再来一次新的尝试。很快就有了一个好机会。希特勒将由戈林、希姆莱和凯特尔陪同，出席3月21日在柏林军械库举行的阵亡将士纪念日的纪念仪式。这是一个不仅可以搞掉希特勒，而且还可以搞掉他的主要伙伴的机会。正如克鲁格的参谋部中的谍报科长冯·格斯多夫上校后来所说的那样："这是一个不可多得的机会。"特雷斯科选定格斯多夫男爵来掌握炸弹，这是一次要同归于尽的任务。计划是这样：上校把两颗炸弹藏在大衣口袋里，点上信管，在仪式中尽量靠近希特勒站着，把元首和他的随从以及上校自己都送上西天。格斯多夫以突出的勇敢精神，毫不踌躇地自愿牺牲自己的生命。

3月20日晚上，他在柏林艾登饭店他的房间里同施拉布伦多夫见面。施拉布伦多夫带来了两颗炸弹，用的都是点燃10分钟的信管。但因为军械库内玻璃顶的院子里气温接近零度，这些武器爆炸之前可能需要15分钟到20分钟时间。希特勒在发表演说之后，预定在这个院子里用半小时参观从俄国 1021
人那里缴获的战利品的展览。这个展览是格斯多夫的部下布置的。这是上校能够接近元首和杀害他的唯一的地方。

格斯多夫后来叙述了当年所发生的事情。[7]

> 第二天，我在大衣两边口袋里各装了一个带10分钟信管的炸弹。我打算尽可能靠近希特勒，这样至少可以把他炸得粉碎。当希特勒……走进展览厅的时候，施蒙特过来告诉我，希特勒准备只用8分钟或10分钟参观展览。因此，不可能实行这次暗杀了，因为即使在正常的温度下，信管至少也需要10分钟。这个最后一分钟的改变计划，是希特勒典型的保安诡计，又一次救了他的命。*

格斯多夫说，特雷斯科将军在斯摩棱斯克“手里拿着一只跑表”，焦急地、期待地听着仪式的实况广播。当广播员宣布，希特勒进了展览厅只停留了8分钟就离开时，这位将军知道，又一次尝试失败了。

后来至少又有三次密谋分子称之为“大衣”的行刺希特勒的尝试，但下面我们将会看到，每一次都遭到类似的挫折。

1943年初，在德国发生了一次自发性的事件。这次事件虽然规模不大，但有助于使抵抗运动萎靡不振的精神重新振作起来，而到那时为止，抵抗运动想除掉希特勒的所有尝试都告挫败了。这次事件又是一个警告，说明纳粹当局对于最起码的反对的表示，会采用多么残酷无情的手段。

我们在前面已经讲到过，德国的大学生在1930年代初期，曾经是最狂热的纳粹分子。但是，希特勒的十年统治使他们的幻想破灭了。德国不能赢得战争，特别是当1943年来临的时候，发生了斯大林格勒的灾难，这就使这种幻灭感更加尖锐起来。慕尼黑曾经是产生纳粹主义的城市。慕尼黑大学现在却成了学生反抗运动的温床。领头的人物是一个25岁的医科学

---

* 综合整理密谋分子事迹的困难之一是，为数极少的幸存者的回忆都很不完整，因此他们的叙述不但常常有出入，还常常互相矛盾。例如，把炸弹交给格斯多夫的施拉布伦多夫在他的著作中记述，他们因为找不到时间短的信管，军械库的暗杀尝试“不得不放弃”。他显然不知道，或者忘记了格斯多夫确实去了军械库想完成交付给他的任务，虽然格斯多夫上校说，他在前一天晚上曾告诉施拉布伦多夫，他“决心”用他手头的信管“来干这件事情”。

1943年3月21日，希特勒在柏林军械库的展厅中参观缴获的苏军武器装备。从左至右：军械库主管、希姆莱、希特勒、戈林、邓尼茨、试图刺杀希特勒的格斯多夫（照片极远处）、凯特尔。

生汉斯·朔尔和他的21岁的妹妹、学生物学的索菲。他们思想上的导师是一个哲学教授，名叫库尔特·胡贝尔。他们利用称为“白玫瑰通信”的方式，在其他大学里进行反纳粹的宣传，并且同柏林的密谋分子也取得了联系。 1022

1943年2月里的一天，巴伐利亚纳粹党领袖保罗·吉斯勒在收到秘密警察送给他的一批这种信件之后，召集了学生开会。他在会上宣布，身体不合格的男生——身体合格的都已被征入陆军服役——将被分配去做某种更有用的战时工作。接着，他不怀好意地对大家瞟了一眼，提出要女生们为了祖国的利益每年生一个孩子。

他还说：“如果有些姑娘缺少足够的姿色去勾上男人，我可以把我的副官分配给她们……而且我能保证她们尝到妙不可言的滋味。”

巴伐利亚人虽然素以有点粗俗的幽默著称，但是学生们对这种下流话是受不了的。他们把这个党领袖轰下了台，又把来保护他的几个秘密警察和党卫军人员赶出会场。当天下午，反纳粹的学生在慕尼黑街道上举行示威，这在第三帝国还是破天荒第一次。学生们在朔尔兄妹领导下，开始散发小册子，公开号召德国青年行动起来。2月19日，一个宿舍管理员

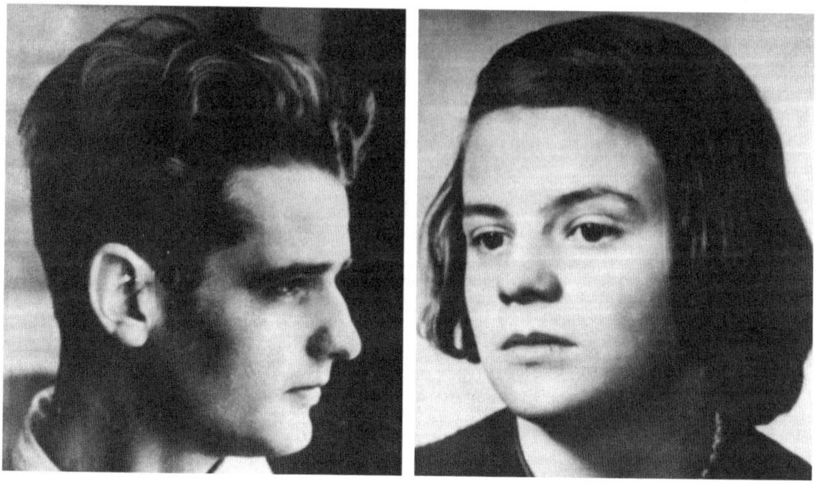

汉斯·朔尔与索菲·朔尔兄妹。

看到汉斯·朔尔和索菲·朔尔从大学的阳台上撒传单，就向秘密警察告了密。

他们送命的经过是迅速而野蛮的。他们被拉到可怕的“人民法庭”上，由庭长罗兰·弗莱斯勒主持审判。弗莱斯勒大概可以说是第三帝国中继海德里希之后最阴险和最嗜杀的纳粹分子，本书后面还要提到他。他们被判定犯了叛国罪，宣判死刑。在受讯时，索菲·朔尔被秘密警察拷打得十分厉害，她出庭的时候，有一条腿已经折断了。但是她的精神仍然不屈。面对弗莱斯勒的野蛮威吓，她平静地回答：“你同我们一样都知道，这场战争已经输定了。为什么你这样卑怯，不敢承认这一点？”

她撑着拐杖，一步一拐地走向绞刑架，极其英勇地迎接了死亡。她的哥哥也是这样。胡贝尔教授和另外几个学生在几天之后也被处死刑。[8]

这一事件促使在柏林的密谋分子看到他们面临着的危险。这时，在密谋分子中间，某些领导人的轻举妄动，经常引起其他领导人的担心。格德勒本人嘴巴太不牢。波比茨在努力试探希姆莱和党卫军其他高级军官参加密谋集团的可能性，这是极端冒险的。为人十分独特的魏茨泽克在战后喜欢把他自己描绘成坚决的抵抗分子，但在当时他吓得同最亲密的朋友哈塞尔断绝一切来往。他指责哈塞尔（还有冯·哈塞尔夫人）“轻率得令人难以

置信”，还警告说，秘密警察正在跟踪哈塞尔。* 1023

秘密警察还在监视着其他许多人，特别是多嘴的、自信的格德勒。1943年3月，是密谋分子受挫折的月份，他们两次行刺希特勒的尝试都流产了。紧接着，秘密警察又给了他们一次打击。但是，很有讽刺意味的是，这一打击主要不是由于专门的追踪技术，而是两个情报机构，即武装部队谍报局和希姆莱的中央保安局倾轧的结果，中央保安局主管党卫军的情报机构还想把卡纳里斯海军上将撵走，接管他的谍报局。

1942年秋天，一个慕尼黑商人因为私运外币越境到瑞士而被捕。这个人实际上是谍报局的一个特务，但他长久以来运出国境的钱是给在瑞士的一群犹太难民的。在第三帝国，一个德国人的最大罪过莫过于此了，哪怕他是一个谍报局特务也罢。由于卡纳里斯没有营救，这个特务就开始向秘密警察供出他所了解的谍报局的情况。他攀出汉斯·冯·多赫南伊。多赫南伊同奥斯特上校一样，一直是密谋集团的核心分子。他告诉希姆莱手下的人，1940年约瑟夫·米勒博士到梵蒂冈去的任务，是通过教皇同英国人搭上关系。他透露了1942年潘霍华牧师用谍报局发的伪造护照到斯德哥尔摩去访问奇切斯特主教的事情。他还暗示出奥斯特想除掉希特勒的各种计划。

经过几个月的侦察，秘密警察行动了。1943年4月5日，多赫南伊、米勒和潘霍华被捕。奥斯特在这期间已经设法销毁了大部分罪证文件，在12月间被迫辞去谍报局职务，在莱比锡被软禁起来。†

这对密谋集团是一个沉重打击。施拉布伦多夫谈到奥斯特时说，他是“一个上帝要塑造的那种样子的人，头脑清楚而沉着，危险临头仍镇定如常”。从1938年试图搞掉希特勒以来，奥斯特一直是密谋集团中的关键人物之一。多赫南伊的职业是律师，他一直是一个足智多谋的助手。新教牧

---

* 哈塞尔在日记里描写了这个不好过的场面。哈塞尔写道：“他要求我别去见他，免得使他为难。我一辩解，他就粗鲁地打断我的话。”（《冯·哈塞尔日记》[*The von Hassell Diaries*]，第256—257页）魏茨泽克直到后来作为德国驻梵蒂冈大使在梵蒂冈安全地住下来之后，才催促密谋分子们采取行动。哈塞尔评论道：“从梵蒂冈这样做当然是容易的。”魏茨泽克活到了战后，写了他那可以说有点不体面的回忆录。哈塞尔的日记是在他被处死后出版的。

† 1945年4月9日，即德国投降前不到一个月，潘霍华、多赫南伊和奥斯特都被党卫军处决。消灭他们看来是希姆莱方面的一种复仇行为。只有米勒幸免一死。

师潘霍华和天主教神父米勒，不但为抵抗运动带来巨大的精神力量，而且在历次国外活动中，表现出个人英勇不屈的典范。他们被捕之后备受酷刑，但仍拒绝出卖他们的同志。

但最严重的是，谍报局瓦解之后，密谋分子失去了“掩护”，也失去了他们相互之间、他们同犹豫观望的将军们之间、他们同西方的朋友们之间互通声气的主要途径。

希姆莱警犬的追踪又有了更多的发现，几个月之内谍报局和它的首脑
1024 卡纳里斯就完全完蛋了。

有一个新发现是在1943年9月10日发生的，是在纳粹圈子里称为“佐尔夫夫人茶会”的事件引起的。安娜·佐尔夫夫人的已故丈夫曾在威廉二世手下做过殖民大臣，在魏玛共和国做过驻日本大使。她很久以来就是柏林一个反纳粹的沙龙的女主人。常到这个沙龙来的有许多高贵的客人，其中有：俾斯麦的孙女汉娜·冯·布雷多夫伯爵夫人、第一次世界大战时德国驻美大使的侄子阿尔布雷希特·冯·伯恩施托夫伯爵、著名的耶稣会神父埃克斯莱本，还有外交部一个高级官员奥托·基普和伊丽莎白·冯·塔登。奥托·基普曾因参加一次招待爱因斯坦教授的午宴，被免去德国驻纽约总领事的职务，但后来又设法复任外交官职。伊丽莎白·冯·塔登是一个有才华的、虔诚信教的妇女，在海德堡附近的魏布林根办着一所著名的女子学校。

9月10日在佐尔夫夫人家里的茶会上，冯·塔登小姐带来一位少年英俊的瑞士医生，名叫勒克西，在绍尔布鲁赫教授主持的柏林夏里特医院工作。同绝大多数瑞士人一样，勒克西博士表示了强烈的反纳粹情绪。在场的许多人都表示同感，特别是基普。茶会散场之前，这位好意的大夫自动提出，愿意为佐尔夫夫人或她的客人递送任何信件给他们在瑞士的朋友——德国反纳粹的流亡分子和英美外交官。在场的不止一个人很快接受了他的好意。

不幸的是，勒克西博士是秘密警察的特务。他把几封可以作为罪证的信件和关于这次茶会的报告一起交给了秘密警察当局。

冯·毛奇伯爵的一个在空军部工作的朋友偷听到了这个瑞士医生同秘密警察之间的几次电话。冯·毛奇伯爵从这一朋友那里得悉了这一情况，

立即对他的朋友基普发出警告，基普又通知了佐尔夫圈子里的其他人。但是希姆莱已经掌握了证据。他也许是希望把网再拉得大些，所以等了四个月才下手。1月12日，所有参加那次茶会的人，除了佐尔夫夫人和她的女儿巴勒施特雷姆伯爵夫人以外，都被逮捕、审讯和处决了。[*] 她们母女俩关在拉文斯布吕克集中营，最后幸免一死，真是奇迹。[†] 冯·毛奇伯爵为他的 1025
朋友基普所牵连，这次也被捕了。但这还不是基普被捕的唯一后果。它的影响远及土耳其，并为最后解散谍报局、把它的工作转移给希姆莱铺平了道路。

在基普的亲密的反纳粹朋友中，有埃里希·费尔梅伦和他的美貌绝伦的妻子，娘家姓名为伊丽莎白·冯·普莱滕贝格女伯爵。同其他反对现政权的人一样，他们参加了谍报局，被派在伊斯坦布尔工作。秘密警察召令他们回柏林在基普案中受审。他们知道回去以后的命运会怎么样，所以拒绝了这个命令，在1944年2月初同英国特务机关取得联系，飞到开罗，又从那里飞到英国。

柏林方面认为，费尔梅伦夫妇带了谍报局的全部密码逃亡，把它们都交给了英国人。虽然后来发现这是不确实的，但这却成了希特勒搞掉谍报局的最后一个借口。在多赫南伊和谍报局的其他人员被捕之后，加上对卡纳里斯越来越怀疑，他就想这样做了。1944年2月18日，他下令解散谍报局，由中央保安局接管它的工作。这是希姆莱又一件值得夸耀的事情。他同陆军军官团的斗争可以追溯到1938年诬告冯·弗里奇将军的事件。谍报局的解散，使武装部队完全失去了自己的情报机构，并且增加了希姆莱对将军们的权力。这也是对密谋分子的进一步打击，现在密谋分子已经没有

---

* 很明显，希姆莱在这四个月期间确实张大了他的网。据赖特林格说，由于勒克西博士的侦查而被捕的约有74人（赖特林格：《党卫军》[*The S. S.*]，第304页）。

† 起初日本大使出面说情，推迟了审讯。后来，在1945年2月3日，美国空军在一次白昼空袭中扔下的一颗炸弹，不但炸死了正在主持一次可怕的叛国案审讯的罗兰·弗莱斯勒，而且把“人民法庭”档案中关于佐尔夫母女的案卷也炸毁了。但这个法庭仍定于4月27日审讯她们，不过那时俄国人已经进了柏林。事实上，她们在4月23日就从莫阿比特监狱被释放了，这显然是由于差误所致（惠勒-本内特：《权力的报应》，第595页注；贝彻尔：《德国抵抗运动》[*Deutscher Widerstand*]，第88—93页）。

任何可以利用的特务机构了。[*]

但是他们没有打消杀害希特勒的图谋。从1943年9月到1944年1月，又组织了六次尝试。8月间，雅各布·瓦伦贝格到柏林来看格德勒。格德勒向他保证，一切准备工作都已经完成，可以在9月间发动政变。到那时，施拉布伦多夫将去斯德哥尔摩会晤丘吉尔先生的代表，进行和谈。

“当时我怀着提心吊胆的心情，等待9月的来临。”这位瑞典银行家后来对艾伦·杜勒斯说，“9月过去了，什么事情也没有发生。”[9]

一个月之后，施蒂夫将军——就是特雷斯科送给两瓶“白兰地酒”和希姆莱后来称作“中了毒的小矮子”的那个说话刻薄的驼子——设法在拉斯滕堡希特勒的午间军事会议上放一颗定时炸弹。但到最后关头，他又胆怯了。几天之后，他从谍报局拿来藏在大本营一个瞭望楼下面的那些英国炸弹爆炸了。幸亏希特勒命令负责调查这个案件的谍报局上校维尔纳·施
1026 拉德是参与密谋活动的人，密谋分子才没有暴露。

11月里，又组织了一次“大衣”行刺活动。密谋分子挑了24岁的步兵上尉阿克塞尔·冯·德·布舍试穿一种新的陆军大衣和一种新的作战背包，这两件装备都是希特勒下令设计的，现在他要亲自观看，以便批准生产。为了避免重蹈格斯多夫的覆辙，布舍决定在他试穿的大衣口袋里装上两颗点燃引线之后几秒钟就会爆炸的德国炸弹。他的计划是趁希特勒检查新大衣的时候一把抓住他，这样两人就将同归于尽。

但在预定的试穿日期前一天，盟军的一颗炸弹把这些新式的大衣和作战背包炸毁了。布舍就返回了俄国前线他的连队。12月间，他又来到希特勒的大本营，打算仍旧利用试样子的机会进行谋害。但元首忽然决定到贝希特斯加登去度圣诞节假日。不久，布舍在前线受了重伤，于是另一个在前线作战的年轻步兵军官调来代替他。这个年轻军官就是海因里希·冯·克莱斯特，资格最老的密谋分子之一埃瓦尔德·冯·克莱斯特的

---

* 卡纳里斯被任命为“商业和经济作战局”局长。挂上这个空衔之后，这位“小海军上将”就退出了德国历史舞台。他是一个不可捉摸的人物。他究竟是怎样一个人，如果他有信仰的话他究竟信仰什么，没有两个作者有一致的意见。他看透了一切，是个宿命论者。他仇恨魏玛共和国，秘密地进行反对活动，后来又同样地对待第三帝国。同谍报局所有其他显赫人物（只有拉豪森将军除外）一样，他的日子现在快到头了。下面我们就会看到。

儿子。试穿新大衣的日子定在1944年2月11日，但元首由于某种原因并没有来。据杜勒斯说是因为空袭。[*]

到了这时，密谋分子已经得出这样的结论：由于希特勒采取经常改变日程的手法，他们的计划必须大加修改。[†] 他们看到，希特勒肯定会出现的场合是每天两次同最高统帅部和陆军总司令部的将军们的军事会议。必须在这样的一次会议上杀掉他。1943年12月26日，一个名叫施陶芬贝格的青年军官，代表奥尔布里希特将军来到拉斯滕堡大本营，准备参加中午的会议，作关于陆军补充问题的报告。在他的皮包里，有一颗定时炸弹。这次 1027
会议临时取消了，因为希特勒到上萨尔茨山度圣诞节去了。

这是这个少年英俊的中校第一次进行这样的暗杀行动，但不是最后一次。因为反纳粹的密谋分子终于找到了冯·施陶芬贝格伯爵这样一个他们所需要的人。从此以后，他不但担负起用现在看来唯一可能的办法亲手来刺杀希特勒的任务，并且把新的生命和光辉、希望和热情注入密谋集团。他成了密谋集团真正的领袖，尽管从来不是名义上的领袖。

冯·施陶芬贝格伯爵的使命

冯·施陶芬贝格伯爵是个具有职业军官所需要的惊人才能的人。他于1907年出生于德国南部一个著名世家。他的姓名是克劳斯·菲利普·申

---

* 克莱斯特父子后来都被捕，其父于1945年4月16日被杀，其子幸免于难。

† 希特勒常同他的老党羽讨论这种手法。1942年5月3日他在大本营谈话，根据速记记录，他说："我完全懂得，为什么历史上的谋杀案件90%都能够成功。唯一能采取的预防办法就是不规则的生活——步行、乘车、旅行，都要在不规则的时间内进行，而且要出人意料……我尽量做到乘车外出时，出人意料地下车，并且事先不告诉警察。"（《希特勒秘密谈话录》，第366页）

前面曾经谈过，希特勒一直知道他可能遇刺。在1939年8月22日，即进攻波兰的前夕的一次军事会议上，他对他的将军们强调指出，虽然他个人是不可缺少的，但他"有可能随时遭到一个罪犯或白痴的杀害"。

1942年5月3日，在闲谈这个问题的时候，他又说："要防备狂热分子和理想主义者，是永远也不会有绝对的安全办法的……要是有什么狂热分子想开枪打死我或者用炸弹炸死我，那么我坐着不会比站着更安全些。"但他认为："为了某种理想而要谋害我的狂热分子，为数要比以前少得多了……唯一真正危险的分子，不是那些被卑怯的传教士煽惑起来的狂热分子，就是我们所占领的某一国家内有民族主义思想的爱国分子。即使对这些人，我多年的经验也会使他们的事情相当难办。"（同上书，第367页）

克。他的母亲是于克斯屈尔-吉伦布兰德女伯爵。他的外曾祖父是抵抗拿破仑的战争中的军事英雄之一格奈泽瑙，后者曾同沙恩霍斯特一起创建了普鲁士陆军参谋总部。在他母亲这方面，他又是另一个拿破仑时代名将约克·冯·瓦滕堡的后裔。他的父亲曾经做过符腾堡末代国王的枢密大臣。这个家庭是一个融洽的、虔诚地信仰罗马天主教、有很高文化教养的家庭。

克劳斯·冯·施陶芬贝格就是在这样的家庭背景和气氛中长大的。他体格健壮，所有见过他的人都说他十分英俊。他才气横溢，好学不倦，头脑冷静周密。他喜好驰骋养马和体育运动，也热爱文学和艺术，博览群书，涉猎颇广。他在青年时代接受了天才诗人斯特凡·格奥尔格的浪漫神秘主义的影响。这个年轻人一度想以音乐为职业，后来又想从事建筑，但在1926年19岁的时候，参加了陆军，在著名的第十七班贝格骑兵团当见习军官。

1936年，他进入柏林陆军大学。他的全面的才华引起了教官们和总司令部的注意。两年以后，他成为参谋总部的一名年轻军官。他虽然像许多同一阶级出身的人一样，思想深处是保皇派，但到那时为止，并不反对民族社会主义。显然是1938年的排犹行动使他第一次对希特勒产生了怀疑。1939年夏天，他看到元首正在把德国引向一场可能是长期的、伤亡惨重的、最后归于失败的战争，这时他的怀疑增长了。

尽管如此，当战争来临的时候，他仍以特有的精力投入了战争。在波兰和法国战役中，他在霍普纳将军的第六装甲师当参谋，声名卓著。看来是在到了俄国之后，他对第三帝国的幻想完全破灭了。1940年6月，即进
1028 攻敦刻尔克的前夕，他被调回陆军总司令部。在对俄国作战的最初18个月中，他的大部分时间是在苏维埃领土上，协助在俄国战俘中组织俄罗斯“志愿”部队和担任其他工作。据他的朋友说，施陶芬贝格这时认为，在德国人要推翻希特勒的暴政的时候，这些俄国人的军队可以用来推翻斯大林的暴政。也许这可以作为斯特凡·格奥尔格的糊涂思想给他的影响的一个例子。

党卫军在俄国的暴行，更不用说希特勒枪杀所有布尔什维克政治委员的命令，打开了施陶芬贝格的眼睛，使他清楚地看到他所为之服务的主子是个什么样的人。由于机缘巧合，他在俄国遇到了决心杀掉这个主子的两

个主要的密谋分子——冯·特雷斯科将军和施拉布伦多夫。据后者说，他们后来碰了几次面，就使他们相信施陶芬贝格是他们的人。施陶芬贝格于是成了一个积极的密谋分子。

但他还只是一个低级军官。他很快发现，那些陆军元帅们不是胆子太小，就是太没有主意，不可能有什么作为来推倒希特勒或者停止后方对犹太人、俄国人和战俘的可怕的屠杀。斯大林格勒的不必要的灾祸也使他感到厌恶。1943年2月，这次灾祸结束之后，他请求派往前线，被调到在突尼斯的第十装甲师当作战参谋。他参加了凯塞林山口战役的最后阶段，在这次战役中，他所属的部队把美国人赶出了山口。

4月7日，他乘的汽车开进一处布雷的阵地，也有人说，还受到低飞的盟军飞机的扫射。施陶芬贝格受了重伤。他的左眼瞎了，左手的两个指头和整个右手都炸掉了，左耳和左膝盖也受了伤。有几个星期，看来情况是即使幸而能活下来的话，他的右眼好像也很可能瞎掉。他进了慕尼黑一所医院，多亏绍尔布鲁赫教授的精心治疗，他重获生命。人们会认为，任何人处在他的境地，一定会在伤愈之后退伍，从而也就退出了密谋集团。但到了仲夏时节，他在反复练习用左手剩下的三个包扎起来的指头拿笔之后，写了一封信给奥尔布里希特将军，说他希望在三个月之内回去重新服役。在长期疗养中，他有时间思考许多问题，最后得到了这样的结论：虽然成了残废，但他还有一个神圣的使命要完成。

有一天，他的妻子尼娜伯爵夫人（他们有四个年纪还小的孩子）到医院去看他。他对坐在床边的妻子说："我觉得我现在必须做一点事情来挽救德国。我们参谋总部的所有军官必须担起我们应负的责任。"[10]

1943年9月底，他回到柏林，升任中校，担任陆军办公厅主任奥尔布里希特将军的参谋长。很快他就开始练习用他那只还没有完全残废的手的三个指头，拿一把夹子引发谍报局收藏的英制炸弹。

他所做的工作远不止于此。他的勃勃的生气、清楚的头脑、宽阔的思路和杰出的组织才能，为密谋分子们注入了新的生命和决心。但也产生了一些分歧。因为施陶芬贝格对于密谋集团的老朽的领导人如贝克、格德勒和哈塞尔所拟议的，一旦推翻了民族社会主义之后所要建立的因循保守、 1029
无声无色的政权很不满意。他比他那些参加克莱绍集团的朋友们讲求实际多了。他要实行一种新的、充满活力的社会民主主义，并且坚持要在拟议的反纳粹政府成员名单中，加入他的新朋友尤利乌斯·莱贝尔和威廉·洛伊施纳，前者是一个卓越的社会民主党人，后者是前工会干部，两人都是密谋集团的核心和积极分子。在这个问题上经过了许多争论，但施陶芬贝格很快就在密谋集团的政治领导人中取得了左右一切的地位。

在密谋集团的绝大多数军人中间，他也同样取得了成功。他曾经认为贝克将军在声望上是这些军人的领袖，对这位前任参谋总长表示了很大的尊敬。但在回到柏林之后，他看到刚经过一次癌症大手术的贝克已经失去往日的精神，显得疲惫并且有点沮丧。在政治上，贝克完全受格德勒的影响，没有什么头脑。在实行起义时，利用贝克在军界的很高声望是有好处的，甚至是必要的。但在提供和指挥所需要的部队方面，必须找服现役的青年军官来帮忙。施陶芬贝格很快就找到了他所需要的大部分关键人物。

除奥尔布里希特外，这些人是：施陶芬贝格的上司、陆军总司令部组织处长施蒂夫将军，陆军军需总监爱德华·瓦格纳将军，最高统帅部通信处长埃里希·菲尔基贝尔将军，军械署长弗里茨·林德曼将军，柏林卫戍司令保罗·冯·哈泽将军（他可以为接管柏林提供部队），外籍军队科科长冯·伦纳男爵上校，还有他的参谋长冯·马图施卡伯爵上尉。

还有两三个处于关键地位的将军，其中主要的一个是弗里茨·弗洛姆。他是补充军实际上的总司令。同克鲁格一样，他忽冷忽热，不能完全算数。

密谋分子们也还没有吸收到一个现役的陆军元帅。冯·维茨勒本陆军元帅是最早参加的密谋分子之一，内定为将来的武装部队总司令。但他现在已退为后备役，手下没有军队。他们曾向现在指挥西线所有部队的冯·伦德施泰特陆军元帅进行游说，但伦德施泰特拒绝背弃他效忠元首的誓言，或者说，这至少是他的借口。才能卓越然而看风使舵的冯·曼施坦因陆军元帅也是如此。

在这个当儿——1944年初——一个十分活跃而且受人爱戴的陆军元帅对密谋分子表示了某种接近的倾向。施陶芬贝格起初不知道这件事情。这个陆军元帅就是隆美尔。他参加反希特勒的密谋计划，使抵抗运动的领导人感到十分惊异。他们中间多数人把这个“沙漠之狐”看作纳粹分子和机会主义分子，认为他过去无耻地对希特勒献媚、争宠，现在只是因为看到

战争败局已定，才想背弃他。他们因而不同意要他。 1030

1944年1月，隆美尔就任西线B集团军司令，这支部队是用来抵御英美渡海进攻的主力的。在法国时，他开始同两个老朋友往来很密切，一个是比利时和法国北部的军事总督亚历山大·冯·法尔肯豪森将军，另一个是法国军事总督卡尔·海因里希·冯·施蒂尔普纳格尔将军。这两位将军都已经参加反希特勒的密谋集团，他们慢慢地把隆美尔也引进来。他们对隆美尔进行的工作，得到后者一个担任文职的老朋友卡尔·施特罗林博士的协助。施特罗林是斯图加特市长。同本书许多人物一样，他一度是一个热心的纳粹分子，但现在战争正走向失败，许多德国城市，包括他自己的城市，正在盟军轰炸下很快地成为一堆堆废墟，他就开始另作打算。他在这条道路上又得到了格德勒博士的帮助。1943年8月，格德勒曾劝他参加起草一个给内务部——现在由希姆莱担任部长——的备忘录，联名要求停止迫害犹太人和基督教会，恢复公民权利和重新建立一个不受党和党卫军-秘密警察干预的司法系统。施特罗林通过隆美尔夫人，把这个备忘录送给了这位陆军元帅，这个备忘录似乎对他产生了显著的影响。

1944年2月底，他们两个在乌尔姆附近赫林根的隆美尔家里促膝谈心。

> ［这位市长后来叙述道］我告诉他，东方战线上某些高级陆军军官提议逮捕希特勒，强迫他在电台上宣布退位。隆美尔同意这个想法。
>
> 我又告诉他，他是我国最伟大、最得人心的将领，在国外比任何其他将领都更受尊敬。我说："你是唯一能够使德国避免发生内战的人。你必须以你的大名来赞助这一运动。"[11]

隆美尔迟疑了一下，最后做了决定。

他对施特罗林说："我想，出来挽救德国是我的责任。"

在这次以及所有以后同密谋分子的会见中，他都反对谋杀希特勒——不是由于道德上的理由，而是由于实际考虑。他认为，这个独裁者如果被杀，就会成为一个烈士。他坚决主张由陆军逮捕希特勒，把他押上德国法庭，根据他对本国人民和占领区人民所犯的罪行加以惩治。[12]

这时，命运又为隆美尔带来另一个影响。这种影响来自汉斯·施派德尔将军。施派德尔在1944年4月15日担任这位陆军元帅的参谋长。他也是一个谋反分子，虽然与施陶芬贝格分属不同的密谋集团，但两人都是不同寻常的陆军军官。他不但是一个军人，还是一个哲学家，1925年以优异成
1031 绩得过蒂宾根大学哲学博士学位。他到任以后立即着手对他的上司做工作。只过了一个月，即5月15日，他就安排了隆美尔、施蒂尔普纳格尔以及他们的参谋长在巴黎附近的一所乡村别墅里开会。施派德尔说，会议的目的是拟定“停止西线的战争和推翻纳粹政权的必要措施”。[13]

这是一件大事情。施派德尔知道，在进行准备工作的时候，同国内反纳粹分子，特别是格德勒–贝克集团建立更紧密的联系，是迫切需要的。有几个星期，浮躁的格德勒一直要求设法让隆美尔同牛赖特举行一次会谈。不是别人，竟是牛赖特！我们知道牛赖特为希特勒的肮脏勾当尽过力，起初当外交部长，后来又当第三帝国驻波希米亚的保护长官。不过现在，由于可怕的灾难快要降临祖国了，他也开始清醒过来。隆美尔认为同牛赖特和施特罗林见面太危险，就决定派施派德尔将军去。5月27日，在弗罗伊登施塔特的施派德尔家里举行了会议。出席的三个人——施派德尔、牛赖特和施特罗林都是施瓦本*人，这种亲密关系不仅使会议开得融洽，并且很容易就达成了协议。他们的协议是这样的：必须尽快推翻希特勒，隆美尔必须准备出任国家的临时首脑或武装部队总司令。应该说明，隆美尔自己从来也没有想当这两个职务。他们还拟定了许多细节，包括同西方盟国接洽停战的计划以及国内密谋分子同隆美尔总部的通信密码。

施派德尔将军着重声明，当时隆美尔已经把要做的事情坦白地告诉了他在西线的顶头上司冯·伦德施泰特陆军元帅，而且还说，后者也已“完全同意”。不过，这个陆军高级军官的性格是有缺陷的。

> ［施派德尔后来写道］在讨论起草联名给希特勒的要求的时候，伦德施泰特对隆美尔说：“你年轻。你了解和热爱人民。你干吧。”[14]

后来，在春末又举行了几次会议，拟订了下面的计划。在参与密谋的

---

* 施瓦本是中世纪时的一个大公国，现在巴伐利亚的一部分仍称施瓦本。——译者

西线的陆军军人中，施派德尔几乎是唯一幸免于死的人。他这样叙述这个计划：

立即与西方盟国停战，但不是无条件投降。德国人从西线撤回本国。盟国立即停止对德国本土的轰炸。逮捕希特勒，由德国法庭进行审判。推翻纳粹统治。在贝克将军、格德勒和工会代表洛伊施纳领导下的各个阶层的抵抗力量暂时接管德国的行政权。不实行军事独裁制度。在“欧洲合众国”的结构内，准备实行“建设性的和平”。在东方，继续战争。缩短战 1032
线，守住多瑙河口、喀尔巴阡山、维斯杜拉河、梅梅尔一线。[15]

将军们似乎毫不怀疑，在实行这个计划之后，英美就会同他们一起进行反对俄国的战争，以防止——照他们的说法——欧洲布尔什维克化。

在柏林，贝克将军同意了这个计划，至少是在对东方继续进行战争这个限度以内。5月初，他通过吉斯维乌斯，给杜勒斯送去一个备忘录，提出了一个异想天开的计划。在英美进攻西欧之后，西线上的德国将军们将把他们的部队撤到德国边境。在这过程中，贝克要求西方盟国进行三项战术行动：派出三个空运师到柏林地区，协助密谋分子守住首都；在汉堡和不来梅附近的德国海岸，举行大规模海上登陆；派出相当大量的部队渡过英吉利海峡在法国登陆。与此同时，可靠的反纳粹的德国部队将占领慕尼黑地区，把希特勒包围在上萨尔茨山的山间别墅之中。对俄国的战争将继续进行。杜勒斯说，他毫不迟延地叫柏林的密谋分子别做梦了。他告诉他们，同西方单独媾和是不可能的。[16]

施陶芬贝格、他那些参加克莱绍集团的朋友以及像前驻莫斯科大使舒伦堡这样一些密谋分子，早已认识到了这一点。事实上，他们之中绝大多数人（包括施陶芬贝格在内）都是“东方派”——虽然反对布尔什维克，但是亲俄。有一个时期，他们认为同俄国达成较有利的和平协议，比同西方盟国还可能更容易一些。俄国通过斯大林本人的多次声明，在它的广播宣传中，曾经强调它不是对德国人民作战，而是对“希特勒分子”作战；而西方盟国却只是口口声声地讲“无条件投降”。* 但在1943年10月，苏联

---

* 丘吉尔和罗斯福在卡萨布兰卡会议时，于1943年1月24日发表了要求德国无条件投降的宣言。戈培尔自然大大利用这一点来驱使德国人民进入全面抵抗的状态。但照本书作者的意见，为数多得令人惊异的西方作者，对于戈培尔在这方面所得到的成功，未免估计过高了。

政府在盟国外长莫斯科会议上正式宣布完全赞同要求德国无条件投降的卡萨布兰卡宣言，这时密谋分子才放弃了这种主观愿望。

现在，当决定命运的1944年夏季快要来临的时候，他们认识到：由于红军迫近德国边境，英美军队也已经部署好大规模渡海进攻，而德国在意大利对亚历山大率领下的盟军的抵抗正在瓦解，他们必须赶快除掉希特勒和纳粹政权，才能够取得某种和议，以免德国被占领和消灭。

在柏林，施陶芬贝格和他的同伴终于拟就了他们的计划。这些计划总的代号是“瓦尔基里”。这是一个很恰当的名称，因为瓦尔基里是北欧-日
1033 耳曼神话中一些美丽而可怕的少女，据说她们飞翔在古战场上，寻找那些该杀死的人。这一次，要杀死的是阿道夫·希特勒。十分含有讽刺意味的是，卡纳里斯海军上将在垮台之前，使元首同意了这个“瓦尔基里”计划。原来他把“瓦尔基里”伪装成这样一个计划：一旦在柏林和其他大城市服劳役的千百万外国劳工暴动，国内驻防军就接管这些城市的治安工作。这样的暴动是很少可能发生的，简直是不可能发生的，因为那些外国工人既没有武器，也没有组织。但是好疑的希特勒这时已感到草木皆兵，而且当时几乎所有精壮的士兵都不在国内，有的在前线，有的在辽阔的占领区内镇压当地人民，因此他很容易地就接受了这个想法：国内驻防军应该有个防范这群心怀不满的奴隶劳工、保障国内治安的计划。这样，“瓦尔基里”计划成了军中密谋分子的一个绝好的掩护，使他们可以相当公开地拟订希特勒被暗杀后，国内驻防军接管首都和维也纳、慕尼黑、科隆等城市的计划。

在柏林，密谋分子主要的困难是手上的军队太少，人数不及党卫军部队。在城内和城外四周还有为数不小的空军防空部队。除非国内驻防军采取迅雷不及掩耳的行动，否则，即使希特勒死了，这些部队也将会继续忠于戈林，不惜为保持在他们的头目的领导下的纳粹政权而战。他们的高射炮可以当大炮用，来对付国内驻防军部队。另一方面，柏林的警察部队因为他们的头目冯·赫尔多夫伯爵参加了密谋集团，已为密谋分子所掌握。

鉴于党卫军和空军部队的实力，施陶芬贝格十分重视控制首都的行动时间。最初两小时将是最关键的时刻。在这短短的时间里，陆军部队必须

夺占全国广播总局和两个本市电台、电报局、电话局、总理府、政府各部和党卫军–秘密警察总部。戈培尔是唯一很少离开柏林的纳粹显要人物。他和党卫军军官必须加以逮捕。在这时间里，希特勒一死，他在拉斯滕堡的大本营必须立刻同德国其他地方隔绝，使得不论是戈林或是希姆莱，或是凯特尔、约德尔这样的纳粹将领，都不能接管政府或试图纠集警察或军队来支持纳粹政权的继续存在。这项工作由长驻元首大本营的通信处长菲尔基贝尔将军负责。

只有到了这个时候，在政变发动后两小时内完成了这一切事情之后，才能够通过广播、电话和电报，把先期拟好的公报发给其他城市的国内驻防军部队指挥官、在前线和占领区指挥军队的最高级将领，宣布希特勒已死，一个新的反纳粹政府已在柏林成立。在24小时内，起义就应该结束——成功地结束，新政府巩固地建立起来。否则，那些摇摆不定的将军 1034
们就可能会反悔，戈林和希姆莱可能把他们争取过去，那就会发生内战。在这种情况下，前线就会溃退，而密谋分子希望防止的混乱和崩溃就将不可避免。

一切都在于密谋分子有没有能力在希特勒被暗杀之后——这件事情将由施陶芬贝格亲自负责——以最快的速度和最大的努力，运用柏林市内和四周的国内驻防军部队，为他们的目的服务。这是一个困难的问题。

在一般的情况下，只有国内驻防军即补充军总司令弗里茨·弗洛姆将军，才能下令执行“瓦尔基里”计划。而他的态度如何，直到最后还是一个问号。1943年的整整一年里，密谋分子都在对他做工作。他们最后的结论是，这个谨小慎微的军官只有等他看到起事已经成功之后才能完全算数。但他们对起事成功自以为是有把握的，所以就瞒着他，动手起草了一系列准备以他的名义发布的命令。如果他在关键时刻动摇，就用霍普纳将军代替弗洛姆。霍普纳就是那个卓越的坦克部队指挥官，在1941年莫斯科战役之后被希特勒撤职，并且被禁止再着军服。

柏林的另外一个重要将领的问题也使密谋分子很伤脑筋。那就是冯·科茨弗莱施将军。他是一个彻头彻尾的纳粹分子，指挥着包括柏林和勃兰登堡在内的第三军区。密谋分子决定把他逮捕，由冯·廷根男爵将军代替。柏林卫戍司令保罗·冯·哈泽将军已经参加了这个密谋，可以指望他领导卫戍部队完成占领柏林的这个重要的第一步工作。

除了起草控制柏林的详细计划之外，施陶芬贝格和特雷斯科在格德勒、贝克、维茨勒本等人的合作下，起草了给各军区司令的命令，指示他们如何接管辖区的行政权、镇压党卫军、逮捕纳粹首要分子和占领集中营。此外，还写好了几个动人的文告，准备在适当时机发给武装部队、德国人民、报界和电台。这些文告有的由贝克以新的国家元首的名义签署，有的由冯·维茨勒本陆军元帅以武装部队总司令名义签署，有的由格德勒以新总理的名义签署。这些命令和文告都在班德勒街由两个参加密谋的勇敢的妇女在深夜里十分秘密地用打字机打出许多副本。这两个妇女，一个是对密谋活动贡献很大的特雷斯科将军的夫人埃里卡·冯·特雷斯科，另一个是玛格丽特·冯·奥芬，她是一位退休将军的女儿，多年担任两位前任陆军总司令冯·哈默施坦因将军和冯·弗里奇将军的忠实的秘书。这些文件准备好之后都藏在奥尔布里希特将军的保险柜里。

这样，计划都安排好了。事实上，这些计划在1943年底就已安排好了，但有好几个月，并没有为实现这些计划采取什么行动。然而形势的发展却不
1035 等待密谋分子。到1944年6月，他们意识到时间已经所余无几了。首先，秘密警察盯得很紧。参加密谋的人被逮捕，一星期比一星期多，其中有冯·毛奇伯爵和克莱绍集团成员，同时被处决的人也很多。密谋集团的核心分子贝克、格德勒、哈塞尔、维茨勒本等，因为希姆莱的秘密警察盯梢盯得太紧，连见面都越来越困难。这年春天，希姆莱曾警告已经下台的卡纳里斯说，他知道得很清楚，有些将军和他们的文职朋友正在图谋反叛。他提到正在监视贝克和格德勒。卡纳里斯把这个警告转达给了奥尔布里希特。[17]

对密谋分子来说，军事形势也同样有着不祥之兆。一般人都认为，俄国人就要在东线发动一次全面反攻。罗马已经放弃给盟军了。它是在6月4日失守的。在西线，英美登陆迫在眉睫。德国可能很快就要遭受军事失败——在还没有来得及推翻纳粹之前。也许是由于克莱绍集团的思想影响，确实有越来越多的密谋分子，开始认为还不如取消原定计划，让希特勒和纳粹分子去负担这场灾难的责任。现在推翻他们，可能只是重复“刀刺在背”的传说，第一次世界大战之后，“刀刺在背”的传说曾使许多德国人深信不疑。

英美的进攻：1944年6月6日

施陶芬贝格本人并不相信西方盟国会在那年夏天做登陆法国的尝试。从谍报局转到希姆莱的军事情报局工作的格奥尔格·汉森上校，曾经在5月初提醒过他，进攻可能在6月的任何一天发生，但他还是不相信。

德国陆军本身对于进犯的日期和地点也狐疑不定。在5月里，有18天工夫，不论气候或海洋、潮汐都适于登陆，但德国人注意到，艾森豪威尔将军没有利用这些有利条件。5月30日，西线总司令伦德施泰特向希特勒报告，没有迹象说明进犯已经“迫在眉睫”。6月4日，驻巴黎的空军气象站认为，由于气候恶劣，至少在半个月内盟军不会采取行动。

这时，德国空军已不能对英国南部海岸港口进行空中侦察，而艾森豪威尔的军队就是在这一时刻在这里大批登船的。德国海军也因为海浪太大，撤回了在海峡中的巡逻舰艇。因此隆美尔只能根据他所得的很少情报和驻巴黎的空军气象站的意见，在6月5日早晨起草了一份形势报告，向伦德施泰特报告说，进犯不会立刻发生，接着就乘汽车回到位于赫林根的家里，同家人一起过了夜，然后于第二天去贝希特斯加登，同希特勒会谈。 1036

隆美尔的参谋长施派德尔将军后来回忆道，6月5日是“平静的一天”。看来隆美尔这么优哉游哉地回德国去一趟，并不是什么不应该做的事。虽然德国特工人员发回来的一些例行报告提到盟军登陆的可能性，这一次说是在6月6日到16日之间，但是自从4月份以来，这样的报告已经有过上百份了，所以没有人认真地看待。6月6日，驻防诺曼底的第七军团司令弗里德里希·多尔曼将军竟下令暂时解除持续警戒状态，召集高级将领在离盟军即将登陆的这些海滩南边约125英里的雷恩，进行“图上作业”。

德国人对英美进攻的日期既心中无数，对入侵的地点也完全蒙在鼓里。伦德施泰特和隆美尔都肯定地认为，进攻的地点将在海峡最狭处的加来地区。他们在这里集中了最强的部队第十五军团，它的实力在春天里已由原来的10个步兵师增加到15个步兵师。但到3月底，阿道夫·希特勒的不可思议的直觉，使他感到进犯的主要地点可能在诺曼底。在以后几个星期，他命令大量增援部队开进塞纳河和卢瓦尔河之间的地区。他不断告诫他的将军们:“注意诺曼底!”

但德军实力的绝大部分，不论是步兵师还是装甲师，仍然留在塞纳河以北，在勒阿弗尔和敦刻尔克之间。伦德施泰特和他的将军们首先注意的还是加来海峡而不是诺曼底。在4、5月间，英美最高司令部又在这里举行了一系列虚张声势的行动，使他们更加相信自己的估计是正确的。

6月5日这一天是在比较平静的情况下度过的——就德国人方面来说是如此。英美的猛烈空袭，继续破坏着德国的军需库、雷达站、V-1飞弹发射场和交通运输线，但这样的空袭多少星期以来一直在日夜不停地进行，在这一天看来也不比以往更加紧张。

夜色初降，伦德施泰特的总部接到报告说，伦敦的英国广播公司正在给法国抵抗运动发出数量多得异乎寻常的密码电讯，从瑟堡到勒阿弗尔的德国雷达站遭到了干扰。夜间10点，第十五军团截获到英国广播公司发给法国抵抗运动的一份密码电讯，第十五军团相信内容是告诉他们进攻即将开始。该军团遂立即进入戒备状态，但伦德施泰特却认为不必对第七军团发出警报。而盟军在此刻——快到午夜时分——正在向这个军团防守的西端海岸（在卡昂和瑟堡之间）行进，千船齐发，蜂拥而来。

直到6月6日凌晨1点11分，第七军团才意识到正在发生什么事情。当时该军团司令在雷恩参加“图上作业”还没有回来。两个美国空降师和一
1037 个英国空降师已开始在他的防地着陆。1点30分发出了全面警报。

45分钟之后，第七军团参谋长马克斯·佩姆塞尔少将，用电话向隆美尔总部的施派德尔将军报告：这一次看来像是“大规模行动”。施派德尔不相信，但把情况转报给了伦德施泰特，后者也同样表示怀疑。这两名将军认为，空降伞兵只不过是盟军的一种声东击西的手法，它的主要登陆地点仍是在加来附近。他们在2点40分告诉佩姆塞尔，伦德施泰特“并不认为这是一次大规模行动”。[18] 6月6日拂晓后不久，在诺曼底海岸的维尔河口和奥恩河口之间的地区，在一个庞大舰队的猛烈炮火的掩护下，大批盟军部队正从无数船舰上登岸。当这一消息传到之后，这位德军西线总司令仍然认为，这不是盟军的一次主要攻击。施派德尔后来说，直到6月6日下午，情况才算判明。到了这时，美军已经在两处海滩、英军在一处海滩取得了立足点，并且向纵深推进了2到6英里。

施派德尔在早晨6点打电话到隆美尔的家中。这位陆军元帅立刻取消了谒见希特勒的计划，乘汽车从家里动身。但直到下午，他才回到B集团军司令部。*在这段时间里，施派德尔、伦德施泰特和伦德施泰特的参谋长布鲁门特里特将军，都在用电话同当时在贝希特斯加登的最高统帅部联系。由于希特勒发布过一个愚蠢的命令，即使是西线的总司令非经元首特许也不能调用装甲师。这三名将军在6日清晨要求批准急调两个坦克师到诺曼底去，约德尔答复说，希特勒先要看一看形势的发展。然后希特勒就上床了，尽管西线将领的告急电话响个不停，但没人敢去打扰他。

当下午3点这个纳粹统帅醒来时，已经传到的坏消息使他立刻行动起来。他批准派遣装甲教导师和党卫军第十二装甲师到诺曼底去，但后来事实证明，这个命令已下得太迟了。他还发了一道著名的命令，这道命令一直保存在第七军团的作战日志里，传给了后代：

1944年6月6日16点55分

西线指挥部参谋长着重指出，最高统帅部要求在6月6日傍晚前，消灭桥头阵地的敌军，因为存在着敌方部队继续由海空登陆进行支援的危险……滩头阵地必须至迟在今晚肃清。

希特勒几个月来一直在说，德国的命运将在西线决定。现在，他想从上萨尔茨山来指挥这场迄今为止最有关键性的战役。在阴凉的山间气氛中，发 1038
出这个异想天开的命令看来是当作一件十分严肃的事情来做的，命令还由约德尔和凯特尔副署。隆美尔在从德国回到总部一小时之后，于当天下午5点前不久用电话转达这个命令时，他似乎也是严肃对待它的。因为他命令第七军团总部派第二十一装甲师，也就是这个地区唯一的德国装甲部队立即发动攻击，“不管增援部队已否到达”。

这个师早在隆美尔下令之前就已经发动攻击了。当隆美尔同第七军团总部通话时，接电话的佩姆塞尔将军，对希特勒要求“至迟在今晚肃清”盟军滩头阵地（现在已有了三处）的命令，直截了当地回

* 由于盟军在西线的空中优势，希特勒禁止他的高级指挥官乘飞机旅行。

答道：

“这是不可能办到的。”

希特勒大肆宣传的“大西洋壁垒”在几小时之内就被突破了。一度吹嘘得不可一世的德国空军已经完全从天空中被赶走了，德国海军从海洋上被赶走了，德国陆军也冷不防受到袭击。战事还远没有结束，但它的结局已经不再有什么疑问。施派德尔后来说：“6月9日以后，主动权已落在盟军手中了。”

伦德施泰特和隆美尔认为，现在是当面把真相告诉希特勒并且要求他承受一切后果的时候了。他们劝诱他在6月17日到苏瓦松北面的马尔吉瓦勒同他们开会。开会的地点是在一所建筑坚固的地下避弹室里。这座避弹室原来是准备在1940年夏天进攻英国时作为元首的大本营的，但一直没有使用。现在，过了四个夏天，这个纳粹统帅在这里第一次出现了。

> ［施派德尔后来写道］他脸色苍白而疲惫，神经质地弄着他的眼镜和夹在手指里的许多彩色铅笔。他弯着腰坐在一只凳子上，陆军元帅们站着。他原来那种使人跟着走的魔力似乎消失了。他简单地、冷冰冰地同大家打了个招呼，然后愤愤地大声说，他对盟军登陆成功十分气恼，想让战地指挥官们对这件事情负责。[19]

但是，想到再一次遭到大败的前景，将军们的胆子壮了起来，至少隆美尔是这样。在希特勒疾言厉色的责骂告一段落的时候，伦德施泰特让隆美尔作主要发言人，当时在场的施派德尔说：“隆美尔毫不容情地坦率指
1039 出……对［盟军的］空中、海上和陆上优势，死拼硬斗是没有希望的”。*[20]
真的，如果希特勒放弃他的寸土不让、驱敌下海的荒唐决定，那么形势也许不会那么没有希望。在伦德施泰特赞同下，隆美尔建议德军撤至敌军猛

---

* 在不到两个月之前，4月23日，隆美尔给约德尔将军的信上曾说：“尽管敌人拥有空中优势，如果我们能够在最初几小时内，把我们机动部队的大部分，在受威胁的海岸防区内投入战斗，我相信敌人对海岸的攻击在第一天就会彻底崩溃。”（李德·哈特编：《隆美尔文件集》［*The Rommel Papers*］，第468页）。希特勒的严格命令使得装甲师“在最初几小时内”，甚至最初几天内，不可能投入战斗。它们最后到达时，又被分散使用，终告失败。

烈的海军炮火射程之外，把装甲部队暂时撤出战斗，加以整编，留作以后发动攻击之用。他认为，“在敌人海军炮火射程之外”进行一场战斗，可能会把盟军打败。

但是最高统帅对任何撤退的建议都听不进去。德国士兵必须坚持抵抗。他对后撤的问题显然感到不愉快，于是很快就转变了话题。施派德尔说希特勒当时的表现可谓是“犬儒主义和虚假直觉的奇怪混合”，他竟对将军们保证，新的V-1武器（或称嗡嗡飞弹）已在前一天第一次向伦敦发射，它“对大不列颠将起决定作用……使英国人愿意议和”。当这两名陆军元帅要希特勒注意德国空军在西线的惨败时，元首反驳说，“成群的喷气战斗机”——当时盟军还没有喷气机，而德国已在生产——很快就会把英美飞行员赶出天空。他说，那时英国就要垮台。谈到这里，盟军飞机来了，他们只好暂时停止会议，躲到元首的防空洞里。

进了钢筋水泥的地下室之后，谈话又继续进行。* 这时，隆美尔坚持要谈一谈政治问题。

> ［施派德尔说］他预言，德军在诺曼底的防线将要崩溃，盟军突入德境是难以阻止的……他对俄国方面的防线能否守住也表示怀疑。他指出德国在政治上的完全孤立地位……他最后……竭力主张结束战争。

在隆美尔说话的时候，希特勒打断了他好几次，最后索性不让他说下去：“你不用为战争的未来发展操心，还是为你自己受到进攻的防线操操心吧。”

不论在军事方面还是政治方面，这两名陆军元帅的意见都没有得到什么结果。约德尔将军后来在纽伦堡回忆说：“希特勒对他们的警告根本不加注意。”最后，两位将军请求最高统帅至少到隆美尔的B集团军总部去一次，同几个战地指挥官谈一谈他们在诺曼底的作战情况。希特勒勉强同意，日期定在两天之后，即6月19日。

---

* 会谈从上午9点一直延续到下午4点，中间只在吃午饭时中断了一下。施派德尔追述说：“午饭只是一盘连饭带菜的便餐。希特勒吃了满满一盘，吃之前先由别人尝过。他的面前摆满了各种药片和药水瓶子，他一样一样服下去。两个党卫军站在他椅子背后，担任警卫。”

但结果他并没有去。6月17日下午，两名陆军元帅从马尔吉瓦勒走后不久，一颗向伦敦发射的V-1飞弹因机件失灵，转过头来，掉在元首地下
1040 避弹室上面。没有人被炸死，甚至连受伤的人都没有，但是希特勒却吓坏了，他立刻动身向比较安全的地方转移，马不停蹄地一直奔进贝希特斯加登的山里。

在那里又接到更坏的消息。6月20日，期待已久的俄军攻势在中路开始了。攻势十分猛烈，希特勒集中了最精锐部队的德军中央集团军几天之内被完全击溃，防线被撕了一个很大的缺口，通往波兰的道路被打开了。7月4日，俄国人越过了1939年波兰东部边境，向东普鲁士推进。最高统帅部迅速调集所有可用的后备部队，赶去保卫祖国本土，在第二次世界大战中，这还是第一次。这使西线德军更加陷于无可挽救的命运，因为从现在起，他们不可能再指望得到任何为数较大的增援部队了。

6月29日，伦德施泰特和隆美尔再一次吁请希特勒面对东线和西线的现实，趁很大一部分德军部队还存在的时候，设法结束战争。这次会议是在上萨尔茨山举行的。在会上，最高统帅对两名陆军元帅冷若冰霜，干脆地拒绝了他们的请求，然后就来了长篇大论的独白，说他将用新的“奇迹般的武器”赢得战争。施派德尔后来说，希特勒的谈话“越说越远，越说越离奇，最后不知说到哪里去了”。

两天之后，冯·克鲁格陆军元帅代替伦德施泰特任西线总司令。[*] 7月15日，隆美尔写了一封长信给希特勒，用陆军电传打字机发出。他在信上写道：“部队正在各地英勇作战，但是这场寡不敌众的斗争即将结束。”他用亲笔写了一段附言：

---

* 伦德施泰特的被撤职，可能是前一天晚上他对凯特尔直率说话的结果。后者打电话问他前线情况。那时，德军四个党卫军装甲师对英军防线的一次全面进攻刚刚受挫，伦德施泰特心情很沉重。凯特尔大声问他：“我们怎么办？”伦德施泰特接口说：“议和，你们这些蠢材，你还能有什么别的办法？”绝大多数陆军战地指挥官都叫凯特尔为“搬弄是非的马屁精”，看来他马上把这些话告诉希特勒了。这时，元首正在同克鲁格谈话，克鲁格因翻车受伤，这几个月请了病假，他立即被命代替伦德施泰特。纳粹统帅就是这样更动高级指挥官的。布鲁门特里特将军把这次电话中的通话情形告诉了威尔莫特（《争夺欧洲的战争》[*The Struggle for Europe*]，第347页）和李德·哈特（《德国将领谈话录》，第205页）。

> 我必须请求您毫不迟延地做出恰当的结论。我作为集团军的司令官，感到有责任清楚地说明这一点。[21]

隆美尔当时对施派德尔说："我已经给了他最后的机会。如果他不利用这个机会，我们就要行动。"[22]

两天之后，7月17日下午，隆美尔在从诺曼底前线返回总部途中，他的军官轿车受到低飞的盟军战斗机的扫射，他身受重伤，当初以为活不过 1041
当天。这对密谋分子是个不幸，因为隆美尔这时已经义无反顾地下定决心，要在以后几天里，尽他的力量推翻希特勒对德国的统治，尽管他仍然反对暗杀希特勒。施派德尔说他敢保证隆美尔确已下了决心。[23]事实证明，陆军军官中间极其缺少隆美尔的魄力和勇气。而这些陆军军官，当东西两线德军在1944年7月都告崩溃的时候，好不容易终于想要打倒希特勒和纳粹党了。

施派德尔说，密谋分子"痛感自己失去了力量的支柱"。[*][24]

最后关头的密谋活动

盟军在诺曼底登陆成功，使柏林的密谋分子陷于极大的混乱。如前所述，施陶芬贝格并不认为盟军会在1944年登陆，即使登陆，成败的可能性也各居一半。他似乎希望登陆失败，因为美英政府在受到这样一次流血牺牲、代价重大的挫折之后，会更愿意在西线同他的反纳粹新政府议和，在这种情况下他的政府就可以取得更好的议和条件。

形势显示进攻已经成功，德国已经遭受又一次决定性的失败，在东线也有即将遭受一次新的失败之势。这个时候，施陶芬贝格、贝克和格德勒就开始考虑继续执行他们的计划还有没有用处。如果他们成功，他们只会受到促成最后的灾难的谴责。虽然他们明白这种灾难现在已经不可避免，

---

* 恩斯特·云格尔的作品曾在纳粹德国风行一时，但他最后转变了，而且参加了巴黎方面的密谋集团。施派德尔引述这个作家的话说："7月17日使隆美尔在利瓦罗路上倒下的打击，使我们的计划失掉了唯一有足够力量能同时承担内外战争的可怕重担的人。"（施派德尔：《1944年的入侵》[*Invasion 1944*]，第119页）

但德国人民群众一般还没有认识到这一点。贝克的最后结论是，虽然反纳粹的起事成功，现在也不能使德国免遭敌人的占领，但至少可使战事结束，使祖国不再流血和受到摧毁。现在议和还可以防止俄国人打进德国和使它布尔什维化。议和还可以向全世界表明，除了纳粹德国以外，还有“另一个德国”。而且——谁知道呢？——说不定至少是西方盟国，会对被征服的德国不至于过分苛刻，尽管它们提出了无条件投降的条款。格德勒同意这种看法，他对西方民主国家甚至还寄予更大的希望。他说，他知道丘吉尔多么害怕“俄国的全面胜利”的危险。

以施陶芬贝格为首的年轻人却没有完全被说服。他们去征求特雷斯科
1042 的意见。后者现在是驻防在崩溃中的俄国战线上的第二军团参谋长。他的答复使得那些踌躇不决的密谋分子重新走上正轨。

> 必须不惜任何代价进行刺杀的尝试。即使失败，在首都攫夺权力的尝试也必须进行。我们必须向全世界和我们的后代证明，德国抵抗运动的成员敢于走出决定性的一步，而且不惜为此冒生命的危险。同这个目标相比，其他任何事情都是无足轻重的。[25]

这个启发性的答复使问题得到了解决，使施陶芬贝格和他的青年朋友们的精神重新振作起来，怀疑也冰释了。俄国、法国和意大利战线的崩溃迫在眉睫，促使密谋分子立即行动。促使他们加紧执行计划的，还有另一个事件。

从一开始，贝克-格德勒-哈塞尔集团就拒绝同共产党地下组织发生任何关系，后者对前者也是如此。在共产党看来，密谋分子的反动性质不下于纳粹分子，如果他们获得成功，纳粹党德国虽然被推翻了，他们却会阻止一个共产党德国的出现。贝克和他的朋友们很明白这条共产党路线。他
1043 们也知道，共产党的地下活动是由莫斯科指挥的，它的主要作用是为俄国人提供情报。*他们还知道，共产党的地下组织中混进了不少秘密警察的特务。

---

* 这是从1942年的“红色交响乐队”事件中透露出来的，当时谍报局发现大批居要害岗位的德国人，其中许多人出身于名门世家，参加了为俄国人服务的一个规模很大的谍报网。有一个时期，他们通过设在德国本土和西欧占领区的约100座秘密（转下页）

秘密警察头子海因里希·米勒把这种特务分子称作“V人”。米勒本人是苏联内务部特务机关的仿效者和崇拜者。

6月间，密谋分子违背格德勒和一批老人的劝告，决定同共产党人接触。这是出于社会民主党方面，特别是阿道夫·赖希魏恩的建议。赖希魏恩是社会民主党的哲学家，以“候鸟”著称，时任柏林民俗博物馆馆长。他同共产党人保持着暧昧的关系。虽然施陶芬贝格本人对共产党人是怀疑的，他的社会民主党朋友赖希魏恩和莱贝尔却说服了他。他们说，同共产党人保持某些联系现在是必要的，因为这样可以了解他们在干些什么，以及如果政变成功，他们打算怎么办，而且还可以在最后时刻，如果可能的话，利用他们来扩大反纳粹抵抗运动的基础。施陶芬贝格勉强同意莱贝尔和赖希魏恩在6月22日同共产党的地下领袖们会见。但他警告他们，尽量少告诉共产党人有关的情况。

会见在东柏林举行。莱贝尔和赖希魏恩代表社会民主党人，名叫弗朗茨·雅各布和安东·塞夫科夫的两个人，自称是——也可能确实是——共产党地下组织的领袖。他们还有另一个同志作伴，他们介绍这个人名叫“兰博”。这些共产党人对反对希特勒的密谋看来知道不少内情，他们还想

（接上页）电台，把情报发给莫斯科。这个“红色交响乐队”的领袖是海军元帅冯·提尔皮茨的一个外孙哈罗德·舒尔策-博伊森。他是第一次世界大战后“迷失的一代”的一个不同凡俗的领袖，当年在柏林为人所熟悉的波希米亚式人物。他的黑色的运动衫、又浓又密的一头金发以及对革命诗歌和政治的热情，引起了人们的注意。当时他对纳粹主义和共产主义都表示反对，虽然他认为自己是左翼分子。战争爆发时，他通过母亲的关系，在空军里当一名中尉，钻进了戈林的“研究所”，这个机构如前面叙述德奥合并时所说，是专门偷听电话的。他很快就组织起一个为莫斯科服务的巨大谍报组织，在柏林各部和各军事机关都有可靠的同伙。在他的同伙中有：一个著名的神学家的侄子阿尔维德·哈纳克，在经济部工作，是个年轻有为的经济学家，妻子是他在威斯康星大学结识的一个美国妇女米尔德丽德·菲什；还有外交部的弗朗茨·舍利亚；宣传部的霍尔斯特·海尔曼；劳工部的埃里卡·冯·布罗克多夫伯爵夫人。

两个在德国跳伞降落的苏联特工在被捕之后，供出了“红色交响乐队”，接着就发生了大规模的逮捕。

在被控犯叛国罪的75名领导人中，50人被判死刑，其中有舒尔策-博伊森和哈纳克。米尔德丽德·哈纳克夫人和冯·布罗克多夫伯爵夫人被判有期徒刑，但希特勒坚持要处死刑，因此也被杀害。为了警诫那些可能叛国的人，元首命令对被判死刑的人绞刑处死。但是柏林没有绞架，那里传统的处死办法是用斧砍。因此，就在牺牲者的颈上套好绳索，绳头结在一个从屠宰场借来的卖肉的钩子上，然后慢慢地吊起来，就这样把人勒死。从此以后，对于胆敢对元首大不敬的人，就用这种办法绞死，作为一种特殊的酷刑方式。

做进一步的了解。他们要求在7月4日同密谋集团的军事方面负责人会见。施陶芬贝格拒绝了这个要求，但授权赖希魏恩代表他在那一天同他们继续会谈。赖希魏恩一到那里，就同雅各布、塞夫科夫一起被捕了。原来“兰博”是秘密警察的密探。第二天，莱贝尔也被捕了，而施陶芬贝格原来是指望他在新政府里成为主要政治力量的。*

施陶芬贝格对莱贝尔的被捕感到十分震动，因为他同莱贝尔已经建立了亲密的私人友谊，并且认为莱贝尔是拟议中的新政府所不可缺少的人物。不仅如此，他还立刻看到，现在希姆莱的部下已经紧紧跟踪，整个密谋组织已有随时败露的危险。他认为，莱贝尔和赖希魏恩是勇敢的人，可以期望他们即使在酷刑之下也不吐露任何机密。但他们到底能不能这样？有些密谋分子觉得并不能完全肯定。即使是最勇敢的人，当他们的身体被难以忍受的痛苦折磨的时候，他们能够保持沉默的时间或许也是有限度的。

莱贝尔和赖希魏恩的被捕是促使密谋分子立即采取行动的又一个动力。

1944年7月20日的政变

快到6月底时，密谋分子交上了一个好运。施陶芬贝格被提升为上校，
1044 而且被任命为国内驻防军总司令弗洛姆将军的参谋长。这个职位不但使他可以用弗洛姆的名义给国内驻防军发布命令，而且使他可以直接地和经常地见到希特勒。事实也确是如此，元首每星期总有两三次要召令国内驻防军司令或其代表到大本营去，要给在俄国伤亡惨重的师团补充兵员。施陶芬贝格想在一次这样的会议上放置炸弹。

施陶芬贝格现在成了密谋集团的中心人物。成功的唯一希望完全在他上。在密谋分子中，只有他能够进入警卫森严的元首大本营，因此杀掉希特勒非他莫属。由于弗洛姆还没有完全争取过来，不能肯定算数，所以在搞掉希特勒之后，指挥军队占领柏林也是他作为补充军参谋长的任务。他要

* 所有这四个人——莱贝尔、赖希魏恩、雅各布和塞夫科夫，都被处决。

在同一天里，在相距两三百英里的两个地方——元首在上萨尔茨山或拉斯滕堡的大本营和柏林——实现这两个目标。在第一个和第二个行动之间，他还须花两三个小时，乘飞机回首都，而他在飞机上的这段时间里，什么也不能做，只能指望他在柏林的同伙已经放手执行他的预定计划。我们在下面就会看到，这是困难之一。

还有其他的困难。其中之一是一种几乎完全不必要的考虑，但是在那些现在已决心豁出去的密谋分子心里却产生了这种考虑。他们得出了这样的结论，即仅仅把阿道夫·希特勒杀掉是不够的。他们必须同时杀掉戈林和希姆莱，以保证这两个人所掌握的兵力不会用来反对他们。他们还认为，如果把希特勒这两个主要的助手搞掉，在前线的那些还没有争取过来的高级将领会更快地响应他们。由于戈林和希姆莱常常在元首大本营参加每日军事会议，密谋分子觉得用一颗炸弹同时干掉这三个人也许并不是太困难的。这一愚蠢的决定，使施陶芬贝格丧失了两个宝贵的机会。

7月11日，他奉召到上萨尔茨山去向元首报告关于急需的补充兵员的供应的问题。他在到贝希特斯加登的飞机上带了一颗谍报局的英制炸弹。密谋分子前一天晚上在柏林举行的一次会议上决定趁这个机会杀掉希特勒——还有戈林和希姆莱。但希姆莱那天没有出席会议。施陶芬贝格抽出一会儿工夫，从会场出来，打电话给柏林的奥尔布里希特，告诉他这个情况，并强调说，他还是能把希特勒和戈林干掉的。但是这位奥尔布里希特将军却力劝他还是改日连希姆莱一起干掉。那天晚上，施陶芬贝格回到柏林，碰到贝克和奥尔布里希特，坚决主张下一次他一定要下手搞掉希特勒，不管戈林和希姆莱在场与否。贝克和奥尔布里希特都同意了。

下一次的机会很快就来了。7月14日，施陶芬贝格奉命在第二天向希
特勒报告补充兵员的情况，因为俄国战线上的中央集团军在丧失了27个师 1045
之后，已经不成其为一支作战力量了，所以必须征调每一个能够征调的新兵去填充俄国战线上的缺口。那一天——14日——希特勒已经把他的大营迁回拉斯滕堡的“狼穴”，亲自负责恢复中路战线的阵地。在中路战线，红军已经到达离东普鲁士只有60英里的地方了。

7月15日早晨，施陶芬贝格上校再度乘飞机到元首总部去*，皮包里装着一颗炸弹。这一次，密谋分子认为成功已有十分把握，所以一致同意第一个“瓦尔基里”信号——通知军队开始向柏林进军，坦克部队开始从克拉姆普尼茨装甲学校驰向首都——应在希特勒会议开始（预定下午1点）之前两小时发出。接管工作不得有丝毫延误。

7月15日星期六上午11点，奥尔布里希特将军对柏林发出“瓦尔基里”一号指示。中午以前，军队就向首都中心移动，奉命占领威廉街。下午1点，施陶芬贝格挟着皮包，来到元首的会议室，做了关于兵员补充的报告，然后离开会议室，去同柏林的奥尔布里希特将军通电话，用事先准备好的密语告诉后者说希特勒在场，他打算回到会场，让炸弹爆炸。奥尔布里希特通知他，柏林的军队已在移动。这件伟大事业的成功似乎终于就要到手了。但是，当施陶芬贝格回到会议室的时候，希特勒已经走了，而且没有再回来。闷闷不乐的施陶芬贝格赶快再打电话，告诉奥尔布里希特这一新的情况。这位将军马上撤销了“瓦尔基里”信号，命令军队尽快地、尽可能不引人注意地回到军营。

还有一个失败的消息也沉重地打击了密谋分子。施陶芬贝格回到柏林之后，他们集会商讨下一步怎么办。格德勒主张采取所谓“西方解决办法”。他向贝克建议，他们两人飞到巴黎去，同冯·克鲁格陆军元帅计议在西线停战，由西方盟国同意不再推进到德法边界线以东，这样就可以把西
1046 线的德军腾出来而开到东线去，使德国免于沦入俄国人和他们的布尔什维主义之手。贝克的脑筋比较清醒。他知道，现在还认为能同西方单独媾和的想法完全是白日做梦。贝克的意见是，即使从挽救德国的荣誉考虑，杀

---

* 关于施陶芬贝格是去拉斯滕堡还是去上萨尔茨山的问题，历史学家的说法不一。在这方面最有权威的两位德国作者埃伯哈德·策勒和格哈德·里特教授的叙述是矛盾的。策勒认为希特勒仍在贝希特斯加登，但里特认为这是错误的，元首已经回到拉斯滕堡了。不幸的是，本书作者在以上各章中赖以作为主要依据的希特勒的记事日历，在缴获时已残缺不全，没有这一时期的记载。但最好的材料，包括7月22日元首大本营所写的关于施陶芬贝格动态的一个报告，都确切地指明，7月15日希特勒是在拉斯滕堡，施陶芬贝格正是计划在那里谋杀他。当时柏林被炸得很厉害，希特勒是难得在那里的。他常在拉斯滕堡或贝希特斯加登指挥战事。这两个地方同柏林的距离都差不多远，但贝希特斯加登位置更适中一些，而且靠近慕尼黑。慕尼黑的陆军卫戍部队据信是忠于贝克的，所以贝希特斯加登对密谋分子来说，在某些方面比拉斯滕堡有利一些。

1944年7月15日，施陶芬贝格（照片最左侧）在狼穴觐见希特勒，五天之后，他将在这里再次尝试行刺。最右为拿着文件袋的凯特尔。

害希特勒和推翻纳粹主义的计划，也必须不计一切代价地实行。施陶芬贝格表示同意。他发誓说，下一次他绝不会失败。奥尔布里希特将军因为把军队调进柏林，受到了凯特尔的责备，所以表示他不能再干这样冒险的事情，这样做会使整个密谋暴露。他说，他用“这是一次实际演习”的话好不容易在凯特尔和弗洛姆面前才把上次的事情勉强搪塞过去。在确切知道希特勒已死的消息之前再也不敢下令调动军队，这种心理，将在下一个关键性的星期四造成灾难性的后果。

7月16日星期天晚上，施陶芬贝格邀请了一些知友和亲戚到他在万湖的家里去。其中有他的弟弟伯特霍尔德，一个不大说话的、内向的、有学者风度的年轻人，在海军总司令部任国际法顾问。有恺撒·冯·霍法克中校，他是施陶芬贝格的表兄弟，密谋集团同西线将领的联系人。有弗里茨·冯·德·舒伦堡伯爵，他是一个前纳粹分子，现在仍任柏林警察局副局长。还有特罗特·佐·佐尔茨。霍法克刚从西线回来，他曾在那里同法尔肯豪森、施蒂尔普纳格尔、施派德尔、隆美尔和克鲁格等许多将领进行过商谈。他报告说，德国在西线马上就要完全崩溃，但更重要的是，隆美尔虽然仍旧反对杀害希特勒，但不管克鲁格跳向哪一边，他都将支持密谋集团。经过长时间讨论之后，这些青年密谋分子一致同意，结束希特勒的生命现在是唯一的出路。他们现在已经没有这样的幻想，即认为他们孤注一掷的行动会使德国免于无条件投降。他们甚至一致认为，德国不但要向西方民主国家也要向俄国人无条件投降。他们表示，重要的是，让德国人自己而不是他们的外国征服者把德国从希特勒的暴政下解放出来。[26]

但是他们已经太晚了。纳粹暴政已经存在了11年，到了德国在一次自己发动的战争中败局已定的形势下，他们才开始采取行动。而在这以前，他们并没有用实际行动来反对过这次战争的发动，在许多情况下，也根本没有表示反对。不过，晚行动总比不行动好。无论如何，他们的时间已经不多了。前线的将领告诉他们，在东线和西线的崩溃可能只是几星期里的事情。

对密谋分子来说，行动时间看来只有很少几天了。7月15日那次过早地往柏林调兵已经引起了最高统帅部的怀疑。在这一天，传来了密谋集团在西线的领袖之一冯·法尔肯豪森将军突然被免去比利时和法国北部地区军事总督的职务的消息。他们担心，一定有人出卖了他们。7月17日，他们听说隆美尔受伤甚重，他们得无限期地不能把他考虑在计划内了。第二天，格德勒在警察总部的朋友传消息给他，希姆莱已经下了逮捕他的命令。虽然格德勒不同意躲藏，但由于施陶芬贝格的坚持，他也只得躲藏起来。 1047
同一天，施陶芬贝格的一个在海军工作的朋友，也是极少几个参加密谋集团的海军军官之一阿尔弗雷德·克兰茨费尔德上校告诉他，柏林流传着谣言，说是元首的大本营将在以后几天内被炸毁。这再一次使人感到，密谋集团中一定有人泄露了风声。一切都显示出，秘密警察正在向密谋集团的核心进逼。

7月19日下午，施陶芬贝格再度奉召去拉斯滕堡，向希特勒报告关于编组新的“国民掷弹兵师”的进展情况。补充军正在匆忙地训练这些师，以便投入正在瓦解的东线。他要在第二天即7月20日的下午1点，在元首大本营举行的第一次每日会议上提出报告。[*] 施陶芬贝格通知住在柏林远郊的冯·维茨勒本陆军元帅和霍普纳将军，必须及时进城。贝克将军做了最后的准备工作，以便在施陶芬贝格进行暗杀工作后飞回柏林前负责指挥政变。柏林城内和四周驻军的重要军官都接到了通知，7月20日是**那个日子**。

施陶芬贝格在班德勒街起草给希特勒的报告，直到黄昏时分。8点稍过，他离开办公室回到在万湖的家中。在回家途中，他在达勒姆的一座天主教堂做了祷告。[†] 他平静地在家中同他的弟弟伯特霍尔德一起度过了这个晚上，很早就休息了。每个在那天下午和晚上见过他的人都回忆道，他的态度和蔼可亲，心情平静镇定，看不出有什么不寻常的事情就要发生。

---

* 陆军总司令部作战处长阿道夫·豪辛格将军叙述道，7月19日，乌克兰战线的消息很坏，他询问最高统帅部，补充军有没有任何正在波兰训练的部队可以投入东线作战。凯特尔建议说，第二天把施陶芬贝格召来和他们商量（豪辛格：《互为矛盾的命令》[*Befehl im Widerstreit*]，第350页）。

† 菲兹吉朋说（《7月20日》[*20 July*]，第150页）：“据信他以前曾做过忏悔，但当然不能得到免罪。”作者叙述道，施陶芬贝格曾告诉柏林的普雷辛枢机主教他想做什么。主教回答说，他尊敬这位青年人的动机，并且觉得没有理由用宗教的立场去约束他（同上书，第152页）。

1944年7月20日

1944年7月20日早晨，阳光灿烂，天气很热。6点刚过，施陶芬贝格上校由他的副官维尔纳·冯·哈夫登中尉陪同，驱车经过柏林城里一排排被炸毁了的房屋，到朗斯多夫机场去。在他那鼓鼓的皮包里，装着有关新的“国民掷弹兵师”的文件。他将根据这些文件于下午1点在东普鲁士拉
1048 斯滕堡的“狼穴”向希特勒做报告。在这些文件中间，用一件衬衣裹着的是一颗定时炸弹。

这颗炸弹同去年特雷斯科和施拉布伦多夫放在元首飞机里、后来没有爆炸的那一颗是完全一样的。如前所述，这种英国制造的炸弹的爆发装置是这样的：先打破一个玻璃管，让里面的药水流出来，把一根细的金属线腐蚀掉，于是撞针就弹出来，击发雷管。金属线的粗细决定从发动到爆炸所需时间的长短。这天早上，炸弹里装的是最细的线，腐蚀掉它最多只要10分钟。

在机场上，施陶芬贝格碰到了昨天晚上给他炸弹的施蒂夫将军。他们在机场上找到一架等候他们的飞机。这是陆军军需总监、密谋集团首脑分子之一爱德华·瓦格纳将军的私人座机。他特意安排好让他们使用这架飞机来担任这次极端重要的飞行。7点钟，飞机起飞，10点刚过就到了拉斯滕堡。哈夫登嘱咐驾驶员在过了中午12点钟之后，准备好随时起飞回去。

一辆军官轿车把他们从机场载往“狼穴”大本营。它位于东普鲁士一处阴暗、潮湿、林木茂密的地方。这地方要进去颇不容易，而且正如施陶芬贝格无疑曾经注意到的那样，要出来也是不容易的。它的建筑分成内外三层，每层都围以布雷的阵地、地堡群和通电的带刺铁丝网，日夜不停地由忠心的党卫军士兵巡逻。要进入防卫森严的希特勒起居和工作的内院，即使是最高级的将领也必须持有只能一次有效的特别通行证，并且要由党卫军大队长拉滕胡贝尔（希姆莱负责保安的头子兼党卫军队长）或他的副手之一亲自查验。但是由于施陶芬贝格是希特勒本人召见的，他和哈夫登虽然被挡住查验通行证，却没有什么困难就通过了三道检查哨。施陶芬贝格同大本营营地司令的副官冯·默伦多夫上尉共进早餐之后，就找到了最

高统帅部通讯处长弗里茨·菲尔基贝尔将军。

菲尔基贝尔是密谋集团中的关键人物之一。施陶芬贝格同他约妥，他随时准备好把爆炸的消息很快传给柏林的密谋分子，以便他们立即开始行动。菲尔基贝尔随后就切断所有电话、电报和无线电交通，使元首大本营同外界隔绝。要做这些工作，再没有人比最高统帅部通信网主管人处在更有利地位的了，所以密谋分子都觉得把他争取了过来是十分幸运的。整个密谋计划的成功，没有他是不行的。

访晤了陆军驻最高统帅部代表布勒将军、讨论了补充军的事情之后，施陶芬贝格走到凯特尔的办公处，把他的帽子和皮带放在会客室，就走进这位最高统帅部长官的办公室。他在那里发现他必须比原定计划更急速地行动才行。现在是中午12点刚过。凯特尔告诉他，因为墨索里尼要在下午2点半坐火车到达，元首的第一次每日汇报会从下午1点提前到12点半举行。凯特尔叮嘱他，必须报告得简短一些。希特勒要求会议尽快结束。 1049

在炸弹爆炸之前就结束吗？施陶芬贝格心里一定感到纳闷：命运是不是要在他做可能是最后一次的尝试时，又一次把成功从他手上夺去。他原来显然还希望，这次会议会在元首的地下避弹室举行，在那里炸弹的爆炸力将会比在地面建筑中增加几倍效力。但是凯特尔告诉他，会议将在会议室举行。*这个会议室远不像一般所说的那样是一间简陋的木头结构的小屋。在上一年冬天，希特勒已下令在这座原来的木头结构房屋四周筑起了18英寸厚的钢筋水泥墙，以防止起火和防御可能落在近处的炸弹碎片。这些厚实的墙壁将会增加施陶芬贝格的炸弹的威力。

他必须马上就发动炸弹内的装置。他把准备向希特勒报告的内容先对凯特尔简述了一下。快说完的时候，他注意到这位最高统帅部长官在不耐烦地看表。离12点半还有几分钟，凯特尔说，他们必须马上去开会了，否则就会迟到。他们走出屋子没有几步，施陶芬贝格说他把帽子和皮带忘在

---

* 许多作者都说，希特勒在拉斯滕堡的每日军事汇报会，一般是在他的地下室举行的，7月20日开会时因为地下室正在修理，而且天气又热又潮湿，所以搬到地上的屋子里举行。布洛克说："这一偶然的改换地点救了希特勒的命。"（《希特勒》［*Hitler*］，第681页）是否偶然改换了地点是可怀疑的。像它的名称所显示，会议室根据我所掌握的材料，是每日汇报会经常开会的地方。只有在空袭将临的时候，会议才移到地下室去举行。而且，在这炎热的日子，在地下室要比在地面房屋里还更凉快一些（见策勒：《自由魂》［*Geist der Freiheit*］，第360页注4）。

会客室了，乘凯特尔还来不及要他的副官（一个名叫冯·约翰的中尉，这时正和他们在一起走着）替他去取，就马上转身跑回去。

在会客室里，施陶芬贝格很快地打开皮包，用他仅有的三个指头拿住镊子，打破玻璃管。除非再发生机械故障，这类炸弹只在10分钟之内就要爆炸。

惯于媚上欺下的凯特尔为这一耽误很生气。他转身回到房子外面，叫施陶芬贝格快一点。他喊道，我们要迟到了。施陶芬贝格为这一耽误表示歉意。凯特尔无疑是知道像上校这样肢体伤残的人束起皮带来会比别人要慢一点的。当他们走向希特勒的小屋的时候，施陶芬贝格看来情绪很好，凯特尔那点小小的不快也消散了。他还没有丝毫起疑心的迹象。

但是，正如凯特尔所担心的，他们迟到了。会议已经开始，当凯特尔和施陶芬贝格进屋的时候，施陶芬贝格在前厅停了一下，对管电话总机的
1050 上士说，他在等候他在柏林的办公室打来的紧急电话，电话里要告诉他最新的材料，补充他的报告（这是说给凯特尔听的），电话一来立刻去叫他。这也是很不寻常的，因为凡是希特勒在场的时候，即使是一个陆军元帅，除非是叫他离开或在会议结束、最高统帅已经退席之后，一般也是不敢随便走开的。但这也没有引起凯特尔的怀疑。

他们两人走进了会议室。从施陶芬贝格把手伸进皮包、拿镊子夹破玻璃管之后，已经过去4分钟了。还有6分钟。房间很小，大约30英尺长、15英尺宽，有10扇窗户，都敞开着，因为天气闷热，这样可以有点风吹进来。这么多的窗户开着，当然会减少任何炸弹爆炸的效力。房间正中有一张长方形桌子，18英尺长，5英尺宽，是用很厚的橡木板做的。这张桌子的构造很特别，它不是用几条腿支起来，而是在桌子的两头，用差不多和桌面同样的两块很大、很厚的底座支起来的。这个有趣的构造对往后的历史将起到它的作用。

当施陶芬贝格进去的时候，希特勒正坐在桌子一条长边的中央，背对着门。他的右首是陆军副参谋总长兼作战处长豪辛格将军、空军参谋总长科滕将军和豪辛格的参谋长海因茨·勃兰特上校。凯特尔马上站到元首的左边，他的旁边是约德尔将军。还有三军和党卫军的其他18个军官站在桌子四周，但戈林和希姆莱没有在场。只有希特勒和两个速记员坐着。希特

勒在弄着他的放大镜。他现在需要用放大镜才能看清楚摊开在他面前的地图上印的细线条。

豪辛格正在做一个黯淡的报告。他谈到俄国中路战线被突破的最新情况，以及由此产生的在中路以及北路和南路战线上德军的危险处境。凯特尔插进去报告冯·施陶芬贝格到会和他今天来的任务。希特勒对这个只有一条肩膀、一只眼还蒙上罩子的上校看了一眼，冷淡地打了个招呼，接着说他要听完豪辛格的报告之后再听施陶芬贝格的。

施陶芬贝格于是站到桌子旁边，在科滕和勃兰特的中间，离希特勒右边约几英尺远。他把皮包放在地上，把它推到桌子下面，让它靠着那个坚实橡木底座的里面一边。它离希特勒的腿约6英尺远。时间现在是12点37分。还有5分钟。豪辛格继续讲，不时指着摊在桌上的作战形势地图。希特勒和军官们俯身在地图上仔细地看着。

没有人注意到施陶芬贝格这时已偷偷溜了出去，也许除了勃兰特上校之外。这位军官正在全神贯注地听他的将军讲话。他俯身到桌子上去，想更清楚地看一看地图，发现施陶芬贝格那只鼓鼓囊囊的皮包碍事，先用脚想踢到旁边去，最后还是用一只手把它捡起来放到桌子那个厚厚的底座的**靠外**一边。这样一来，在炸弹和希特勒之间就隔着这个厚厚的底座了。* 也 1051
许就是这个看来无足轻重的举动救了元首的命，而送了勃兰特的命。这是难以解释的命运在作怪。读者当还记得，勃兰特上校就是1943年3月13日晚上，特雷斯科骗他在乘希特勒的飞机从斯摩棱斯克回拉斯滕堡时带两瓶“白兰地酒”的那个蒙在鼓里的军官。他当时那样做，丝毫没有怀疑这两瓶酒实际上是一颗炸弹，那颗炸弹同他现在随手在桌子底下挪得离最高统帅远一些的这颗炸弹有着同样的装置。它的化学药水此时已经快要蚀尽拉住撞针的金属线了。

最高统帅部长官凯特尔是负责召见施陶芬贝格这件事情的。他沿着桌子往这位上校原先站的地方看去，因为豪辛格的黯淡的汇报快讲完了，他要暗示施陶芬贝格，准备好接下去汇报。也许施陶芬贝格还要别人帮忙把

---

* 据那时在场的库尔特·阿斯曼海军少将对盟军审讯人员的叙述，施陶芬贝格曾小声对勃兰特说：“我要去打电话。留神我的皮包，那里面有机密文件。”

文件从皮包里拿出来。但使他十分生气的是，年轻的上校并不在那里。凯特尔想起施陶芬贝格在进来的时候对电话接线员说过的话，就悄悄地退出房间，打算去把这个行动奇突的青年军官找回来。

施陶芬贝格并不是在打电话。管总机的上士说，他匆匆忙忙地走出大楼去了。凯特尔无可奈何地回到会议室。豪辛格正在结束他的关于当天的不利形势的汇报。他正在说："**俄国人正以强大兵力在道加瓦河西面向北推进。他们的前锋已到杜纳堡西南。如果我们在佩普西湖周围的集团军不立即撤退，一场灾祸**……"[27]

这句话永远没有说完。

就在这一瞬间——中午12点42分，炸弹爆炸了。

施陶芬贝格看到了当时发生的情况。他正和菲尔基贝尔将军站在后者在第八十八号地下室的办公室前面，离会议室有200码远。他先是焦急地看看手上的表，秒针在一秒秒过去，然后抬头看会议室。他看到会议室在轰然一声中烟火大作。他后来说，当时的情景像是会议室中了一个155毫米的炮弹。人体从窗户里被抛出来，碎片飞到空中。在施陶芬贝格兴奋的心里，以为毫无疑问，会议室里每一个人都已经被炸死或者命在旦夕了。他匆忙地同菲尔基贝尔告别。现在暗杀已经成功，菲尔基贝尔要立即通知
1052 柏林的密谋分子，然后切断通信线路，直到首都的密谋分子接管柏林，并且宣布新政府的成立。*

施陶芬贝格的下一个任务是安全而迅速地走出拉斯滕堡大本营。检查哨的卫兵已经看到或者听到元首会议室的爆炸，立即封锁了所有出口。在离菲尔基贝尔的地下室几码远的第一道岗哨，施陶芬贝格的汽车被挡住了。他跳下车子，要求见哨所的值班军官。在后者的目击下，他给什么人——不知道是谁——打了个电话，简短地说了几句话，挂上电话，转身对那个军官说："尉官先生，我被批准通行了。"

---

* 许多作者说，菲尔基贝尔将军应该在这时把通信中心炸毁。他没有能这样做，因而给密谋集团带来了灾难性的后果。惠勒-本内特（在《权力的报应》一书第643页中）写道："菲尔基贝尔将军可悲地未能完成他的任务。"由于各种通信中心分别设置在几处地下室里，由党卫军严密戒备，施陶芬贝格的计划要求把它们炸毁，是十分不可能的——这是菲尔基贝尔不可能完成的任务。他答应做的是在他把爆炸的消息发给柏林之后，把大本营同外界的联络切断两三个小时。这一点他是做到了，除了有一两个难免的疏忽。

这完全是蒙人的，但起了作用。这个尉官负责地在他的登记簿上记下了“12点44分，施陶芬贝格上校通过”之后，还通知了下一个检查哨，让汽车通过。到了第三个也是最后一个检查哨，困难就更大了。这里已经收到了警报，挡车的栏杆已经放下，卫兵加了双岗，不准任何人出入。施陶芬贝格和他的副官哈夫登中尉发现他们的汽车被一个名叫科尔勃的很顽固的上士挡住了。施陶芬贝格又要求打电话，向营地司令的副官默伦多夫上尉抱怨，“因为发生了爆炸”，卫兵不让他通过。“我有急事。弗洛姆将军正在飞机场等我。”这也是蒙人的。施陶芬贝格知道得很清楚，弗洛姆在柏林。

上校挂上电话，转身对上士说：“上士，你听到了，批准我通行。”但上士不管他那一套，自己打电话给默伦多夫核对。默伦多夫上尉证实了施陶芬贝格的话。[28]

他们的汽车于是向飞机场飞驰而去。在路上，哈夫登中尉急急忙忙地把他带在**自己**皮包里的另一个炸弹拆开，把零件丢在路边（后来都被秘密警察找到）。机场场长还没有收到任何警报。当这两个人的汽车开进机场的时候，他们的飞机已经发动。一两分钟之内，飞机便腾空而去。

现在是1点刚过。后来这三个小时，在施陶芬贝格一生中一定是最长的三小时。当这架速度不高的亨格尔飞机在平坦多沙的德国平原上向西飞去的时候，他只能希望：菲尔基贝尔已经同柏林联系上并且传递了最重要的讯号；他在首都的同伙已经立即行动起来接管这座城市，并且正在发出早已准备好的给德国本土和西线的军事指挥官的文告；他的飞机不会被接到了警报的德国空军战斗机或者被在东普鲁士上空越来越活跃的四出巡弋的俄国飞机所迫降。除了这样希望以外，他什么也不能做。他自己的飞机没有长距离的无线电通信设备，如果有这种设备，也许能使他听到从柏林发出的最早的一些激动人心的广播。他预期在柏林降落之前，这样的广播 1053
一定已经播出。因为没有这种设备，他也不能亲自同首都的盟友们通信，把菲尔基贝尔将军也许没有能发出的讯号发给他们。

他的飞机在这个夏日的下午继续飞行。它在下午3点45分在朗斯多夫机场降落。施陶芬贝格兴高采烈地奔向机场上最近处的一个电话，打电话给奥尔布里希特将军，以便确切了解在这决定命运的三小时里（一切都靠这三小时）已经完成了哪些工作。当他一听说什么也没有完成时，不禁大惊失色。原来1点刚过，菲尔基贝尔的电话就来了，告诉了柏林的密谋分子关于爆炸的消息，但是因为线路不好，他们没听清楚，究竟希特勒被炸死了没有。因此，他们什么也没有做。“瓦尔基里”命令是从奥尔布里希特的保险箱里拿出来了，但是并没有发出去。在班德勒街，大家都无所事事地在等待施陶芬贝格回来。在新政府里将分别担任国家首脑和武装部队总司令的贝克将军和冯·维茨勒本陆军元帅，本来预定在得讯之后要立即开始发出准备好的文告和命令，并且通过广播宣告德国新时代的开始的，但此时他们还没有露面。

施陶芬贝格在朗斯多夫机场上给奥尔布里希特打电话时表示肯定相信希特勒已被炸死了。但事实与此相反，希特勒并没有死。勃兰特上校把皮包推到结实的橡木桌子底座外面，这一几乎是无意识的行动救了希特勒一命。他受了极大的惊吓，但受的伤并不重。他的头发烧焦，两腿受伤，右臂拧伤后暂时不能动作，耳膜震坏，脊背也被落下来的一根椽子划破了。有一个目击者后来回忆道，当希特勒由凯特尔搀扶着从这所被炸坏了的、正在燃烧的屋子里走出来的时候，几乎认不出是他了——脸是黑的，头发在冒烟，裤子撕成碎片。凯特尔丝毫没有受伤，也真是奇迹。但在炸弹爆炸的桌子那一头的那些人，绝大多数不是已死或命在旦夕，就是受了重伤。*

在惊魂未定的最初时刻，大家对爆炸的来源有过几种猜测。希特勒起初认为可能是由一架敌方的战斗轰炸机偷袭而引起的。约德尔按着溅满了血的头——吊灯架子和别的东西正掉在他头上——说，他相信是些建筑工人在屋子地板下放了定时炸弹。施陶芬贝格的炸弹在地板上炸了个很深的窟窿，所以看起来颇有点像。过了一些时候，人们才怀疑到这个上校身上。希姆莱听见爆炸就奔到现场，他也被弄得完全莫名其妙。他的第一个行动
1054 就是在菲尔基贝尔关闭通信联络之前一两分钟打电话给柏林刑事警察头子阿图尔·内贝，要他派一批侦探乘飞机来进行侦查。

---

* 速记员贝格尔当场炸死。勃兰特上校、希特勒的副官施蒙特将军和科滕将军伤重而死。其他人包括约德尔将军、戈林的参谋长包登夏茨将军和豪辛格都受了程度不等的重伤。

在惊惶和混乱之中，起初没有人记起施陶芬贝格刚在爆炸发生之前溜出会议室。起初人们以为他一定在房子里，一定是在那些受了重伤、急送医院的人里面。希特勒要求对医院进行检查，但当时他还没有怀疑到施陶芬贝格。

大约在爆炸发生之后两小时，渐渐有了线索。在会议室管理电话交换台的上士报告说，有一个曾经对他说在等柏林长途电话的“独眼上校”从会议室出来，不等电话就急急忙忙地出了房子。参加会议的有些人这时想起来，施陶芬贝格曾经把他的皮包放在桌子底下。检查哨的卫兵室报告，施陶芬贝格和他的副官在爆炸刚刚发生之后通过了这些岗哨。

希特勒对施陶芬贝格开始怀疑了。同拉斯滕堡机场通话后，他了解到这个十分有意思的情况：施陶芬贝格在下午1点刚过就从机场起飞，说是去朗斯多夫机场。希姆莱立即下令，等他在那里一降落就加以逮捕。但由于菲尔基贝尔关闭通信联络的勇敢行动，这个命令始终没有传到柏林。直到这时，大本营似乎还没有人怀疑到柏林会发生什么不幸的事情。大家都认为这是施陶芬贝格的单独行动。除非他像有人怀疑的那样在俄国敌后降落，抓到他是不难的。在当时那种情况下，希特勒看来是表现得够镇静的。他心上还有别的事情。他还要去迎接墨索里尼。墨索里尼乘的火车误点，下午4点才能到达。

1944年7月20日下午，这两个法西斯独裁者举行的最后一次会见是颇为怪诞可笑的。他们视察了已经成为瓦砾场的会议室，却还在欺骗他们自己，认为他们首创的、要统治欧洲大陆的轴心，并没有同样成为一片瓦砾。曾经趾高气扬、不可一世的意大利领袖现在只不过是被纳粹打手从监禁中救出来、由希特勒和党卫军支撑起来的一个伦巴底的地方领袖而已。但是元首对这个已经垮台的意大利暴君的友谊和尊敬从来没有动摇过。他尽自己身体条件所允许的限度热烈地接待他，带他看那还在冒烟的、几小时前他几乎在这里送命的会议室残迹，而且预言他们的共同事业，不管遭到多少挫折，将很快取得胜利。

当时在场当翻译的施密特博士回忆了这个场面：[29]

墨索里尼简直吓坏了。他不懂这种事情怎么能在大本营发生…… 1055

［希特勒追叙道］“我当时正站在这张桌子旁边；炸弹就在我脚前爆炸……很明显，我绝不会碰到什么不幸的意外。这无疑是命运要我继续前进，完成我的事业……今天在这里发生的事情是一个顶点！大难已经过了……我现在比过去更加确信，我所从事的伟大事业必然将渡过目前的危机，一切都会得到很好的结果。”

墨索里尼过去经常一听希特勒的话就像喝了迷魂汤，据施密特说，这次也是这样，表示同意。

［他说］“我们的处境很坏，也许甚至于可以说是近乎绝望。但是今天在这里发生的事情给了我新的勇气。在［这一］奇迹之后，不能想象我们的事业会遭到不幸。”

这两个独裁者和他们的随从走去喝茶。这时大约是下午5点钟。跟着就出现了一个滑稽的场面，这个场面使我们看到了狼狈不堪的纳粹头子们在第三帝国发生最大危机时的一幅很有启发性的，如果说不是令人意想不到的景象。这时，根据希特勒的手令，拉斯滕堡的通信系统已经恢复，开始收到来自柏林的报告，说明在柏林，同时也可能在西线，已经爆发了军事叛变。元首手下高级将领之间爆发了压抑已久的互相埋怨。他们争吵的声音震动屋顶，而希特勒本人起初则沉默地坐着，心里在盘算，墨索里尼则不好意思地红着脸。

邓尼茨海军上将听到谋刺案的消息就乘飞机赶到拉斯滕堡。他到达的时候，茶会已经开始。他一来就大骂陆军的背叛行为。戈林代表空军对他表示支持。但邓尼茨接着又向戈林开火，责骂德国空军一败涂地。那个肥胖的帝国元帅为自己辩护了一阵，转而攻击他的老政敌里宾特洛甫，说德国的外交政策完全破产。说到一个地方，他威胁说要用他那根元帅杖把这个妄自尊大的外交部长揍一顿。戈林大喊：“你这下流的卖香槟酒的小掮客！闭上你的臭嘴！”这是里宾特洛甫受不了的，他要求对他尊重一点，即使是帝国元帅也罢。他喊道：“我现在还是外交部长，我的姓名是冯·里宾

7月20日事件后，希特勒带领墨索里尼视察已成瓦砾场的会议室。

特洛甫！”[*]

接着有人提起过去的一次反对纳粹政权的“叛乱”，就是1934年6月30日的罗姆“阴谋”案。希特勒本来愁眉不展地待着，吞服江湖医生特奥多尔·莫雷尔给他的各种颜色的药片，一听说这件事情，就火冒三丈。据当
1056 时在场的人说，他从椅子上跳起来，满嘴唾沫，尖声叫喊，大发雷霆。他说，同他这一次将要对付叛徒们的手段比较起来，他过去对付罗姆和其他叛国从犯的手段根本就不算什么。他要把他们全都连根铲除。他咆哮说：“我要把他们的老婆孩子都关进集中营，一点也不宽恕！”在这一点上，同在其他许多类似的情况中一样，他是说到做到的。

半是由于声嘶力竭，也由于柏林来的电话开始传来军事暴动的更多情况，希特勒中止了他那发狂的独白，但是怒气并未平息下去。他送墨索里尼上了火车，这是他们最后一次分别。然后他回到住处。大约6点钟的时候，据报告政变还没有平定。他抓起电话，尖声地命令柏林的党卫军，对任何可疑分子格杀勿论。“希姆莱在哪儿？他为什么不在那里！”他大喊着，忘记了刚刚一小时以前，当他们坐下来喝茶的时候，他才命令这个党卫军头子飞往柏林对叛乱进行无情镇压，此刻他的头号警察还没有赶到那里哩！[30]

施陶芬贝格于下午3点45分在朗斯多夫降落时大为沮丧地获悉，经过长期周密准备的柏林起义迟迟没有开始。关系重大的宝贵的三个小时白白过去了，而在这段时间里，元首大本营同外界是隔绝的。

施陶芬贝格永远没有弄清楚这究竟是什么原因，任何历史学家也不能把这命运攸关的一天内发生的事件系统地整理出来。天气闷热，这也许起了一定影响。主要的密谋分子知道施陶芬贝格在当天早上去拉斯滕堡，参加下午1点的元首大本营汇报会，而且像有人告诉霍普纳将军的那样，施陶芬贝格“皮包沉重”。尽管如此，快到中午的时候，只有少数几个主要的密谋分子，而且大部分是低级军官，开始懒懒散散地跨进班德勒街上的补

---

* 里宾特洛甫曾经做过香槟酒推销员，后来娶了德国最大的酒厂老板的女儿。1925年，他32岁的时候，过继给姨母格特鲁德·冯·里宾特洛甫，因此在姓上有了“冯”字。（德国贵族的姓前面都有“冯”[von]字。——译者）

充军总部，也是密谋集团的总部。我们记得，在施陶芬贝格上次在7月15日打算谋害希特勒的时候，奥尔布里希特将军曾在预定炸弹爆炸时间之前两小时下令柏林卫戍部队开始进军。但在7月20日，也许是鉴于上次所冒的风险吧，他并没有发出同样的命令。在柏林以及在附近的德贝里茨、于特博格、克拉姆普尼茨和温斯多夫的训练中心的部队指挥员，曾在前一天晚上得到通知，他们很可能在20日会接到“瓦尔基里”命令。但是奥尔布里希特决定在收到拉斯滕堡的菲尔基贝尔发来的确凿消息之后，再让他的部队行动。霍普纳将军在皮包里带着希特勒禁止他穿着的制服，在12点半钟，正好是施陶芬贝格打破炸弹装置内的玻璃管的时候来到班德勒街。他和奥尔布里希特一同出去午餐，互相敬酒，祝贺他们的事业成功，一共喝了半瓶。

他们回到奥尔布里希特的办公室不久，陆军总司令部通信处长弗里茨·蒂勒将军冲了进来。他激动地说，他刚刚同菲尔基贝尔通了电话，虽然线路不好，加以菲尔基贝尔讲得非常含蓄，听来爆炸已经发生，但希特
勒并没有被炸死。既然如此，蒂勒认为“瓦尔基里”命令不应该发。奥尔 1057
布里希特和霍普纳都表示同意。

因此，从下午1点15分到3点45分，即施陶芬贝格在朗斯多夫降落并匆忙赶去打电话的时候，根本没有采取什么行动。部队没有集结，给其他城市军事司令部的命令没有发出，而且最奇怪的是，没有人想到要去占领无线电广播局或者电话局、电报局。两个主要的军事首领贝克和维茨勒本还没有露面。

施陶芬贝格的到达，终于推动密谋分子们行动起来。他在朗斯多夫打电话敦促奥尔布里希特将军立即按“瓦尔基里”行事，不必等他到达班德勒街再动手，因为从飞机场到那里要走三刻钟。密谋分子最后总算有了发号施令的人，开始行动了。而没有命令，一个德国军官，即使是一个反叛的德国军官，即使是处在这样关键性的日子，似乎也不知怎么才好。奥尔布里希特的参谋长、施陶芬贝格的密友梅尔茨·冯·基尔海姆上校取来“瓦尔基里”命令，开始用电传打字机和电话发出这些命令。这些命令都是好几个月之前准备好的。第一道命令要求柏林城内和四郊的部队立即戒备。第二道命令由维茨勒本以“武装部队总司令”名义签署、由冯·施陶芬贝

格上校副署，宣布元首已经死亡，维茨勒本“把行政权力转移”给国内的各军区司令和前线的战斗部队司令。这时冯·维茨勒本陆军元帅还没有到达班德勒街。他到远在柏林西南20英里的措森去会晤军需总监瓦格纳了。于是派人去请他和贝克将军。密谋集团中这两个高级将领在这决定命运的一天，行动竟这么从容不迫。

命令发出去了。有些命令是在弗洛姆将军本人并不知情的情况下用他的名义发布的。奥尔布里希特接着就到这位补充军总司令的办公室去告诉他，据菲尔基贝尔报告，希特勒已经遇刺，劝他负责“瓦尔基里”行动，保证国内的治安。密谋分子认为，弗洛姆的命令会自动得到遵守。他此刻对他们是十分重要的。但弗洛姆同克鲁格一样，有骑墙的天才；他是那种骑在墙上先要看清楚自己将落在什么地方之后才跳下去的人。他要求得到希特勒已死的确切证明再决定行动。

在这关头，奥尔布里希特犯了密谋分子在这一天所犯的又一个灾难性错误。根据施陶芬贝格从朗斯多夫打来的电话，他认为元首已死无疑。他也知道，这天整个下午，菲尔基贝尔已经成功地切断了通往拉斯滕堡的电话线路。因此，他大胆地拿起电话，要总机给他接通一个“闪电”电话给凯特尔。使他大吃一惊的是，他不知道通信已经恢复，凯特尔几乎立刻就
1058 来听电话了。

弗洛姆：大本营出了什么事情？柏林流传着许多耸人听闻的谣言。

凯特尔：你问的是什么？这里一切如常。

弗洛姆：我刚收到报告，说元首被刺死了。

凯特尔：胡说八道。确实有人行刺，但幸运的是行刺失败了。元首安全，只是受了点轻伤。顺便问你，你的参谋长施陶芬贝格伯爵上校在哪儿？

弗洛姆：施陶芬贝格还没有回来。[31]

从这一刻起，密谋集团就失去了弗洛姆，由此而产生的后果很快就可看出是极其严重的。奥尔布里希特怔了一下，一言不发地溜出了办公室。这时，贝克将军到了。他穿着一身深色的便服来负责全局，也许这是为了

使这次起事减少一些军事色彩。但是，正如大家很快所意识到的那样，真正负责大局的是冯·施陶芬贝格上校。他在下午4点半钟的时候，帽子也不戴，气喘吁吁地奔上前战争部的楼梯。他简短地报告了爆炸的情况，着重指出，他是在相距200码的地方亲眼看见爆炸的。奥尔布里希特插进来说，凯特尔本人刚刚接了电话，发誓说希特勒只受了轻伤。施陶芬贝格答道，这是凯特尔说谎，为的是借此争取时间。他说，最低限度希特勒一定受了重伤。他接着说，不论情况怎么样，他们现在能做的只有一件事情，那就是抓紧时间来推翻纳粹政权。贝克同意这个意见。他表示，这个专制魔王是死是活，对他说来并没有什么两样。他们必须干下去，摧毁他的罪恶统治。

当前的困难在于：在使事情遭到致命的延误之后，目前又处于混乱之中，他们虽然计划周密，这时竟不知下一步应该如何进行是好。即使蒂勒将军带来了消息，说是希特勒遇刺无恙的新闻即将通过德国全国广播网广播，这些密谋分子竟仍然没有想到，他们该做的第一件事情就是立即占领广播电台，阻止纳粹广播他们的消息，而让他们自己的新政府文告响彻四方。要是他们手上没有部队来做这个工作，柏林的警察也能够干得了。密谋集团的核心人物之一、警察局长冯·赫尔多夫伯爵，从中午过后就不耐烦地等待着要带领他那支不小的、已经处于戒备状态的部队投入行动。但一直没有命令传来。最后在4点钟的时候，他乘车赶到班德勒街，去看看究竟是怎么一回事。奥尔布里希特告诉他，他的警察部队要听陆军的指挥。但是现在还没有一支反叛的军队——只有一些不知所措的军官们在总部里打转转，却没有兵士可以指挥。

这件事，施陶芬贝格该做而不做，反而忙于打紧急电话给他的表兄弟——在巴黎的冯·施蒂尔普纳格尔将军总部工作的恺撒·冯·霍法克中校，敦促那边的密谋分子行动起来。这一着无疑是重要的，因为密谋集团的工作在法国组织得比较好，并且得到柏林以外其他地方的 1059
更为重要的陆军军官的支持。施蒂尔普纳格尔确实比他在起事中心的同僚表现得更有魄力。在天黑之前，他已经逮捕和禁闭了巴黎的全部1 200名党卫军和党卫军保安处的官兵，包括他们的那个可怕的司令官、党卫军少将卡尔·奥贝格。如果这天下午柏林表现出同样的魄力，把这种魄力用在正确的方面，历史的发展可能会有所不同。

对巴黎发出警报之后，施陶芬贝格就把注意力转移到顽固的弗洛姆身上。他是弗洛姆的参谋长。自从弗洛姆从凯特尔那里听说希特勒还活着的消息之后，他就拒绝同叛乱分子合作。这样就使密谋计划的成功受到严重的危害。贝克不敢在这场赌局中这样早就同弗洛姆争吵，所以在施陶芬贝格和奥尔布里希特去看他的时候，托词不同他们一起去看弗洛姆。奥尔布里希特对弗洛姆说，施陶芬贝格能够证实希特勒的死亡。

“这是不可能的。”弗洛姆说得很干脆，“凯特尔对我证实的正相反。”

施陶芬贝格插进来说：“凯特尔是在撒谎，他向来是撒谎的。我亲眼看见希特勒的尸体抬出来的。”

这话是出自他的参谋长又是目击者之口，弗洛姆不能不想一想。他沉默了一阵。奥尔布里希特想利用他的犹豫不决，对他说，不管怎么样，“瓦尔基里”信号已经发出去了。弗洛姆一听就跳了起来，大声喊道：“这简直是犯上！谁发布这命令的？”听说是梅尔茨·冯·基尔海姆上校发的，他就把这个军官召来，宣布加以逮捕。

施陶芬贝格为争取他的上级做了最后一次努力。他说：“将军，是我自己在希特勒开会时爆炸这颗炸弹的。这次爆炸就像中了一颗155毫米炮弹一样。屋子里没有人能够幸免。”

但是，弗洛姆这样一个机灵的见风使舵的人是不会上当的。他答道：“施陶芬贝格伯爵，行刺已经失败了。你立即自杀吧。”施陶芬贝格冷然加以拒绝，弗洛姆这个红脸胖子立即宣布把他所有这三个客人——施陶芬贝格、奥尔布里希特和基尔海姆——逮捕。

奥尔布里希特答道：“你在欺骗自己。现在是我们要来逮捕你。”

袍泽之间接着发生了一场不合时宜的厮打。据一个说法，弗洛姆打了独臂的施陶芬贝格一记耳光。但这个将军很快就被制服，关在他的副官的房间里。路德维希·冯·莱昂罗德奉命看守。[*]密谋分子采取了切断室内电
1060 话线的预防措施。

---

* 几星期之前，莱昂罗德曾经问他的朋友、随军神父赫尔曼·韦尔勒，天主教是不是宽恕杀戮暴君。他得到的答复是否定的。人民法庭审讯莱昂罗德时，他供出了这一情节。韦尔勒神父因没有向当局报告而被捕，同莱昂罗德一样被处决。

施陶芬贝格回到办公室，正碰上党卫军大队长庇弗雷德来逮捕他。庇弗雷德是一个党卫军流氓，最近在俄国人推进到波罗的海区域之前，特别行动队赶紧杀害了221 000名犹太人，他就是因为监督焚尸灭迹的工作而出了名的。庇弗雷德和他的两个党卫军保安处便衣特务被锁进了旁边一间空的办公室。接着，负责指挥柏林–勃兰登堡区（第三军区）军队的冯·科茨弗莱施将军来到，询问到底发生了什么事情。这个彻头彻尾的纳粹将军坚持要见弗洛姆。他被带去见奥尔布里希特，但拒绝同后者谈话。于是，贝克接见了他。他由于顽固不化，也被锁了起来。按照预定计划，冯·廷根将军奉派接替他的职位。

庇弗雷德的出现提醒了施陶芬贝格，密谋分子忘记在这座建筑物四周布置警卫。于是从大德意志警卫营（这时它应该担任警戒任务，但却没有值勤）调来了一个分遣队在大门口担任警卫。这样，下午5点多，密谋分子总算控制了他们的总部。但这是柏林城中他们唯一能够控制的地方。那些预定要占领首都并把它交给新的反纳粹政府的陆军部队，究竟遇到了什么事情呢？

下午4点刚过，当密谋分子终于在施陶芬贝格回来之后活跃起来的时候，柏林卫戍司令冯·哈泽将军打电话给驻在德贝里茨的精锐的大德意志警卫营营长，命令他下令全营戒备，并立即到菩提树下大街的司令部来报到。警卫营营长是新近任命的奥托·雷默少校。他在这一天要起关键作用，虽然他并不是密谋分子原来指靠的人。他们已对他进行过审查，因为该营被分派担任一项极端重要的任务。他们调查了以后，认为他是一个不问政治的军官，只知服从顶头上司的命令。他的勇敢是无可置疑的。他曾负伤八次，最近还得到希特勒亲手颁发的橡叶骑士十字勋章——这是难得的荣誉。

雷默遵命下令全营戒备，并且立即进城来接受哈泽的具体指示。将军告诉他，希特勒遇刺，党卫军企图发动政变；命令他封锁威廉街的政府各部以及设在附近的安哈尔特车站的党卫军保安处总部。下午5点半钟，行动迅速的雷默已经完成了任务，回来向菩提树下大街报告，等候新的任务。

现在另一个次要人物挤到这个戏剧性事件中来，帮助雷默成为密谋集团的送命阎王。一个名叫汉斯·哈根博士的中尉，是一个容易激动和自视甚高的年轻人，担任着雷默的警卫营的纳粹党指导员。他也在宣传部的戈
1061 培尔博士手下担任工作。这时他实际上被宣传部派驻在拜罗伊特，协助希特勒的秘书马丁·鲍曼写一本名叫《民族社会主义文化史》的书。他在柏林出现是很偶然的。他是来为一个在前线牺牲的不知名作家发表纪念演说的，同时他想乘这个机会在下午给全营官兵作一个关于“民族社会主义指导问题”的报告。虽然这天天气闷热，但他十分喜欢在公共集会上讲演。

在去德贝里茨途中，这个容易激动的中尉确信自己从一辆驶过的陆军汽车里看到了身着全副军装的冯·布劳希奇陆军元帅。他立刻想到，这些老将军们一定在干什么叛国的勾当。布劳希奇很久以前就被希特勒一脚踢出了他的司令部，不管有没有穿军装，那一天其实并不在柏林，但是哈根发誓说他见到了布劳希奇。在雷默少校接到占领威廉街的命令的时候，他正同少校谈着话。这个命令引起了他的怀疑，他向雷默要了一辆带车斗的摩托车，上车立即赶到宣传部去向戈培尔报信。

部长刚接到希特勒打来的第一个电话。希特勒告诉他发生了谋刺的事情，命令他尽快把谋刺失败的消息在电台上广播。这似乎是一向警觉的宣传部长所得到的关于在拉斯滕堡发生的事情的最初消息。不一会儿，哈根给他带来了柏林即将发生的事情的最新消息。戈培尔起初还有点不信，他认为哈根有点无事生非。有一种说法是，正当他要把这个客人赶走的时候，中尉请他亲自看看窗外发生的事情。他见到的情景比哈根那些歇斯底里的话更有说服力。陆军部队正在宣传部四围布哨。戈培尔虽然是个愚蠢的人，这次脑子却转得特别快。他要哈根通知雷默立刻来见他。哈根遵命办了。在这以后这个人就退出了历史舞台。

这样，当班德勒街的密谋分子正在同全欧洲的将军们联系，完全没有注意像雷默这样一个担负着重大任务的低级军官的时候，戈培尔却在同这个人联系，不管他的军阶多么低，在这个特定的时刻他却占了举足轻重的地位。

他们之间的接触是不可避免的，因为这时雷默奉命去逮捕这个宣传部长。这样，少校的手上既有抓戈培尔的命令，又有戈培尔邀请他去会见的通知。雷默带了20个人走进宣传部。他嘱咐他们，如果过了几分钟他不出

来，他们就到部长办公室去接他。然后他同副官握着手枪，走进办公室，去逮捕当天在柏林的最重要的纳粹官员。

约瑟夫·戈培尔在德意志第三帝国之所以能够飞黄腾达，原因之一是他在困难局面下有快速讲话的天才，而现在正是他充满风浪的一生中最困难最危急的局面。他提醒这个青年少校对最高统帅的效忠宣誓。雷默干脆 1062
地答称：希特勒已经死了。戈培尔说，元首生龙活虎似的活着，他刚同元首通过电话。他可以证明这一点。他一面说一面就拿起电话同拉斯滕堡的最高统帅紧急通话。密谋分子没有占领柏林的电话总局或者至少切断它的线路，这个失误再一次加重了灾难。* 只有一两分钟时间，希特勒便在电话里说话了。戈培尔很快地把话筒递给雷默。少校听得出他的声音吗？最高统帅问道。在德国，人们千百次在无线电里听到他讲话，谁听不出他那嘶哑的声音呢？而且，在几星期之前受勋的时候，他还直接听到过元首讲话。据说，少校在电话里听到希特勒的声音立刻立正。希特勒命令他镇压叛乱，并且只服从戈培尔、希姆莱（他已被任命为补充军总司令，正乘飞机去柏林）和赖内克将军（他正巧在柏林，已奉命接管全市所有部队的指挥权）的命令。元首还立即提升少校为上校。

对雷默来说，这就够了。他已经接到了最高当局的命令，接着就要以班德勒街的人们所缺乏的魄力去执行这些命令。他从威廉街撤回全营部队，占领了菩提树下大街的卫戍司令部，派出巡逻队去阻挡任何其他可能正向柏林进发的部队，自己则出发侦查密谋集团的总部所在地，以便把首犯一网打尽。

反叛的将军们和上校们为什么把这样重大的任务交给雷默，他们为什么不在最后关头用一个全心全意支持密谋集团的军官去替代他的位置，他们为什么连派一个可靠的军官同警卫营一起行动以监视雷默是否执行命令这样的事情都没有做——这些问题都是7月20日事件中的谜。还有，为什么当时不立即逮捕在柏林的最重要、最危险的纳粹官员戈培尔？宣传部一个武装警卫也没有，只要冯·赫尔多夫手下的两名警察就可以在两分钟之内

---

* 据说，戈培尔后来曾经这样叫喊过："这些革命党甚至于连切断电话线这点聪明都没有！我的小女儿也会想到这一点的。"（库尔特·里斯：《约瑟夫·戈培尔：魔鬼的辩护士》[*Joseph Göbbels: The Devil's Advocate*]，第280页）

完成这个工作。还有，为什么密谋分子不占领位于阿尔布雷希特亲王街的秘密警察总部，这样不仅能镇压住秘密警察，还可把关在那里的他们的许多同伙（包括莱贝尔在内）释放出来？秘密警察总部事实上并没有武装警卫，党卫军和党卫军保安处的神经中枢——德国中央保安局的办公处也是这样。人们会认为，这些机关一定会被首先占领的，但却没有这样做。这些问题也都无法解释。

雷默的迅速转变，班德勒街的人们过了一些时间之后才知道。很显然，
1063 柏林发生的情况，他们知道得太少，也知道得太迟了。由于目击者的报道充满了令人莫名其妙的矛盾，即使今天也难以弄清一些问题的真相。例如：坦克部队到哪儿去了呢？在城外驻防的部队到哪儿去了呢？

下午6点半钟刚过，全欧洲都能听到的发报力很强的德意志广播电台播送了一则简短的公告，宣布有人行刺希特勒，但已失败。这对班德勒街那些心神不定的人们是一个严重的打击，但这也是一个警告，使他们知道原定占领广播大厦的部队没有能完成任务。戈培尔在等待雷默的时候，已把公告的内容用电话通知了广播电台。7点45分，施陶芬贝格用电传打字机给陆军司令官们发出一个通报，告诉他们，广播的公告是假的，希特勒已经死了。但是这则广播对政变分子造成的损失是怎么也补救不了的。在布拉格和维也纳的司令官们本来已经着手逮捕党卫军和纳粹党的首领，现在又开始缩回去了。接着在晚8点20分，凯特尔设法通过陆军电传打字机，给陆军各部队的司令部发出一个元首大本营的通告，宣布希姆莱已被任命为补充军总司令，“只许服从他和我本人所发的命令”。凯特尔又加上一句：“由弗洛姆、维茨勒本或霍普纳所发的任何命令均属无效。”德意志广播电台宣布希特勒无恙的公告以及凯特尔要求只服从他的指挥而不是密谋分子指挥的干脆的命令，对于远在法国、正要投向密谋分子一边的冯·克鲁格陆军元帅起了决定性的作用。这一点下面就要谈到。*

---

* 关于柏林电台为什么没有加以占领，有许多相互矛盾的说法。有一种说法是，指定担负这个任务的是在德贝里茨的步兵学校的一支队伍，由它的司令官、参加了密谋集团的希茨菲尔德将军负责。但密谋分子事前没有通知他在7月20日这天起事，因此他到巴登参加一个亲戚的葬仪去了。他的副司令官，一个名叫米勒的上校，也因为军事任务出差去了。当米勒终于在晚8点回来之后，他发现最精锐的一营人已经出发去做夜间演习了。等他把人集合起来，已是深夜，时间来不及了。另一种说法是，一个名叫雅各布的少校成功地带着步兵学校的（转下页）

就是反叛军官们寄予很大希望的坦克部队也没有能到达。有人可能以为，著名的装甲部队将军霍普纳会抓得住坦克，但他并没有做到这一点。1064
密谋分子曾下令克拉姆普尼茨装甲兵学校校长沃尔夫冈·格莱泽默上校把他的坦克开进城，他本人也应到班德勒街报到待命，但这个坦克兵上校不愿意参加任何反纳粹的军事政变。奥尔布里希特劝说无效，只好把他也拘留在大厦里面。但格莱泽默还是有机会小声地指示他那没有被捕的副官去对柏林装甲兵总监部（它对坦克部队有管辖权）报告情况，并叫他只服从装甲兵总监部的指挥。

这样，迫切需要的坦克虽然有几辆开到了市中心动物园的胜利纪念柱附近，但大部分没有落入叛乱分子手中。格莱泽默后来用欺骗手段逃脱禁闭。他对卫兵说，他决定接受奥尔布里希特的命令，打算亲自去指挥坦克，于是就溜出了大厦。坦克很快从城里撤退了。

在那些因为拒不参加谋反而被马马虎虎、客客气气地看管起来的人中间，这个装甲兵上校并不是唯一溜走的军官。这种情况对叛乱的迅速平息也有影响。

冯·维茨勒本陆军元帅在快到8点钟的时候终于来了。他身着正式制服，挥动着元帅节杖，准备接受武装部队新任总司令的职务。但他似乎立即发觉，政变已经失败了。他对贝克和施陶芬贝格大发脾气，说他们把事情全都搞糟了。在被审讯的时候，他对法官说，当他听说连广播电台都未占领时，他已清楚看出，起事没有得手。其实，这时他以陆军元帅的权威本来是可以号召柏林和国外的更多的部队司令官的。但他并没有尽到力量，他在班德勒街那座大楼里只待了45分钟，就又大踏步地离开了——离开了现在看来败局已定的谋反。他乘着他的梅赛德斯牌汽车，回到他在这决定性的一天曾白白消磨掉7小时的措森。他对军需总监瓦格纳将军说，起事

（接上页）士兵包围了广播大厦，但得不到奥尔布里希特关于具体行动的明确指示。当戈培尔打电话发来第一次文告全文的时候，雅各布让它广播出去，未加干涉。后来这个少校争辩说，如果奥尔布里希特给了他必要的命令，德国广播网可以轻而易举地不让纳粹使用，而由密谋分子掌握。第一种说法出自策勒（《自由魂》，第267—268页），此人是熟悉7月20日密谋的最权威的德国历史学家。第二种说法出自惠勒-本内特（《权力的报应》，第654—655页注）和鲁道夫·扎姆勒（《戈培尔：仅次于希特勒的人》［*Göbbels: The Man Next to Hitler*］，第138页），他们都说雅各布少校证实了上述说法。

已经失败，然后又乘车回到30英里外他的乡村别墅。第二天，他在那里被一个名叫林纳茨的陆军将领逮捕了。

现在，最后一幕的幕布拉开了。

晚9点过后不久，德意志广播电台宣布，元首将在当天深夜向德国人民广播。到处碰壁的密谋分子听到这个消息，不禁呆若木鸡。几分钟之后，他们获悉柏林卫戍司令，也就是当初错派雷默少校——现在已是上校了——的冯·哈泽将军已被捕，纳粹将军赖内克在党卫军支持下已接管对
1065 柏林所有部队的指挥权，正在准备袭击班德勒街。

党卫军终于集结起来了。这主要得归功于剽悍的党卫军头子奥托·斯科尔兹内，他曾把被俘的墨索里尼救出，由此可见他的勇敢。他根本不知道那天出了什么事情，所以在下午6点搭上了去维也纳的夜间快车。当火车在利希特费尔德郊区停靠的时候，他在党卫军保安处的第二号头子、党卫军将军舍伦贝格的敦促下下了车。斯科尔兹内发现毫无戒备的党卫军保安处总部正处在一种极其歇斯底里的状态。但他是一个头脑冷静的人，而且又是一个能干的组织者，很快就把他的武装队伍集合起来，着手工作。最先说服坦克学校的队伍仍旧效忠希特勒的就是他。

拉斯滕堡的有力对策、戈培尔争取雷默和利用无线电的迅速决定、党卫军在柏林的恢复活动，以及班德勒街方面密谋分子的令人难以置信的混乱和无所作为——这一切使得许多正要投向密谋分子一边或者甚至已经这样做了的军官踌躇起来。其中之一是奥托·赫尔福特将军，此人是已被逮捕的科茨弗莱施将军的参谋长。他开始时已同班德勒街合作，设法集合部队，后来看到风势不对，就改变了立场，于晚9点半左右打电话给希特勒大本营，说他正在镇压军事政变。*

弗洛姆将军的拒绝参加，曾使起义一开始就陷入危机，因此遭到拘禁。他现在却活跃起来了。约在晚8时，即当他在副官的房间里被拘禁了四小时之后，他请求允许他到楼下自己的房间里去休息。他以一个军官的荣誉保证绝不想法逃跑或同外界通消息。霍普纳将军不但同意了，而且由于弗

---

* 他的变节并没有能救自己一命，仍然因参加谋反而被捕并被绞死。

洛姆说他又饥又渴，还给他送来了夹肉面包和一瓶酒。在此以前不久，弗洛姆的幕僚中有三个将军到了这里，他们拒绝参加叛乱，并且要求把他们送到他们的上司那里去。令人费解的是，他们居然被送进弗洛姆的屋子里，虽然也是被拘禁起来。他们一到，弗洛姆就告诉他们，这屋子有一个很少使用的后门，他们可以从那里逃走。他背弃了对霍普纳的誓言，命令这些将军们出去组织力量，攻打这座大厦，把他救出来，并平定叛乱。这些将军们乘人不备，溜了出去。

奥尔布里希特手下的一群低级军官，起初有的附和了叛乱分子，有的留在班德勒街观看风色，到了这时已经开始看到，叛乱正在失败。他们还开始意识到，如果叛乱失败，而他们没有及时起来反对叛乱，他们就都会被作为叛徒绞死。他们之中就有一个人后来这么说。有一个弗朗茨·赫贝尔中校，原本是一个警官，又是一个真心实意的纳粹分子。他从施潘道军火库搞来了一些冲锋枪和弹药，秘密地放在二楼。大约10点半钟的时候， 1066
这些军官会见奥尔布里希特，要求他明确地告诉他们，他和他的朋友们究竟想达到什么目的。这位将军做了说明，他们也不争辩，就退了出来。

过了20分钟，他们又回来了。大约有六个或者八个人，由赫贝尔和博多·冯·德·海德中校带头，手里举着武器，要求奥尔布里希特做进一步的解释。施陶芬贝格听见声音，进来观看究竟，就被抓住了。当他夺门而逃，走下楼梯的时候，他那仅有的一条胳臂中了枪弹。这些反叛乱分子开始胡乱地开枪，虽然除了施陶芬贝格以外，他们并没有打着什么人。接着他们在曾经被密谋集团用作总部的那层楼上跑来跑去，搜捕谋反分子。贝克、霍普纳、奥尔布里希特、施陶芬贝格、哈夫登和梅尔茨都被赶进了弗洛姆那间空的办公室。一会儿，弗洛姆本人在他的办公室里出现了，手里拿着手枪。

“诸位先生，”他说，“我现在要以你们对待我的办法来对待你们。”但他并没有这样做。

“放下武器！”他命令说，并且告诉刚才逮捕他的这些人，他们已经被捕了。

贝克平静地回答，伸手去摸手枪：“我是你从前的司令官，你不能这样要求我。我自己对这个不幸局面的后果负责。”

“好，让枪对准你自己。”弗洛姆警告说。

这个才能出众、文雅有礼的前参谋总长非常缺乏行动的意志力。这使他在一生中最重大的考验面前最后归于灭亡。直到临死，他都是如此。

“在这一刻，我想起了从前……”他开始说，但弗洛姆不让他说下去。

“我们现在不想听你这一套。我要求你停止说话而采取行动。”

贝克采取了行动，他扣动扳机，但是子弹只擦伤了他的头。他倒在椅子上流了一点血。

“给这位老先生帮点忙。”弗洛姆命令两个青年军官。但当他们去拿武器的时候，贝克不让他们开枪，请求再给他一次机会。弗洛姆点头同意。

接着，弗洛姆转向其他谋反分子。“你们各位，如果想要写信的话，我给你们几分钟时间。”奥尔布里希特和霍普纳要了纸笔，坐下来给他们的妻子写封短短的诀别信。施陶芬贝格、梅尔茨、哈夫登和别人沉默地站着。弗洛姆大步走出了房间。

他很快下定决心要消灭这些人。他虽然拒绝积极参加谋反活动，但好几个月以来他对谋反活动一直是知情的，并且庇护了行刺的凶手，也没有上报他们的计划。因此他要消灭这些人，不但为了灭口，还要使自己成为铲平叛乱的人，向希特勒邀功。在纳粹匪徒世界里，要想这样做已经太迟了，但当时弗洛姆并没有意识到这一点。

过了五分钟，他又回来，宣布他已“以元首的名义”举行了一次“军法审判”（至今没有发现有什么证据证明他曾这样做过），判处以下四名军
1067 官死刑：“参谋总部上校梅尔茨·冯·基尔海姆、奥尔布里希特将军、这个我不再知道他姓名的上校［指施陶芬贝格］和这个中尉［指哈夫登］。”

那两位将军奥尔布里希特和霍普纳还在给妻子写信。贝克将军瘫在椅子上，子弹擦伤处流出来的血满脸都是。那四个“被判死刑”的军官像电线杆似的沉默地站着。

弗洛姆对奥尔布里希特和霍普纳说：“先生们，你们准备好了吗？我必须要求你们快一点，这样才不至于使别人太为难。”

霍普纳写完信，把信放在桌上。奥尔布里希特要了一个信封，把信放进去，封好口。贝克现在恢复了一点神智，要求再给他一支手枪。施陶芬贝格（他那只好胳臂的袖子浸透了枪伤流出来的血）和他的三个“被判死

刑”的同伴被带了出去。弗洛姆叫霍普纳跟出去。

在楼下的院子里，一部陆军汽车用防空布罩罩上的车灯射出了微弱的光线。这四个军官很快被行刑队打死了。目击者说，当时人声嘈杂，主要是卫兵们的吆喝声。他们急急忙忙，因为怕空袭。那年夏天，英国飞机几乎每晚都飞临柏林上空。施陶芬贝格在临死时喊道:“我们神圣的德国万岁!”[32]

这时，弗洛姆给霍普纳将军自己选择。三星期之后，在绞刑架的阴影下，霍普纳对“人民法庭”说出了当时的经过。

> “[弗洛姆说]唉，霍普纳，这件事情真使我伤心。你知道，我们一直是好朋友和好同志。你让自己卷进了这件事情，不能不承担它的后果。你要同贝克走同样的路吗？要不，我就要立即逮捕你。”

霍普纳当时回答说，他并“不感到这样有罪”，他认为他能为自己“辩白”。

弗洛姆握一握他的手回答:“我理解。”霍普纳被送进了莫阿比特的军人监狱。

当他被带走的时候，他听见从隔壁房间门口传来贝克的疲惫的声音:“这次要是不行，那就请帮忙吧。”接着传来手枪射击的声音。贝克第二次尝试自杀又告失败。弗洛姆从门口伸进头去，再一次要一个军官“给这位老先生帮一帮忙”。这个不知姓名的军官拒绝帮这个忙，而让一个上士去做。这个上士把第二次受伤后昏迷过去的贝克拉出房间，颈上加了一枪，结果了性命。[33]

这时已过午夜。在德意志第三帝国11年半的时间中，这仅有一次的反希特勒严重叛乱，在11个半小时内就被平息了。斯科尔兹内带了一队武装党卫军来到了班德勒街。他是一个警官，知道不应该杀掉那些人，因为他 1068
们如加以严刑拷打会供出关于谋反活动规模的十分有价值的证据。因此，他禁止再处决人，把另外的密谋分子加上手铐，送进了阿尔布雷希特亲王街的秘密警察监狱。他又命令侦探们收集那些谋反分子来不及毁掉的犯罪文件。希姆莱在这以前已经到了柏林，在戈培尔的宣传部里成立了一个临时总部，宣传部现在已由雷默的警卫营的一支部队保卫着。他打电话给希特勒，报告叛乱已经平定。在东普鲁士，一辆广播车正从柯尼斯堡向拉斯滕堡疾驰，以便元首发表预告已久的广播演说。德意志广播电台从晚9点起，每隔几分钟就预告一次元首即将发表广播演说。

快到深夜1点的时候，阿道夫·希特勒的嘶哑的声音在夏天夜空中响起来了。

我的德国同志们！

我今天对你们讲话，第一是为了使你们听到我的声音，知道我安然无恙；第二是为了使你们了解在德国历史上从未有过的一次罪行。

由一些野心勃勃的、不负责任的同时又是愚蠢无知的军官组成的一个很小的集团，合谋杀害我，以及与我一起的武装部队最高统帅部的将领。

施陶芬贝格伯爵上校放置的炸弹在离我右边两米的地方爆炸。它使我的许多真正的、忠贞的合作者受了重伤，其中一人已经去世。我本人除了一些很轻微的碰伤、擦伤和烧伤之外，安然无恙。我把这看作是上天降大任于我的证明……

这些篡夺者的圈子是很小的。它同德国武装部队，特别是同德国人民的精神毫无共同之处。这是一个犯罪分子的匪帮。这个匪帮将被加以无情消灭。

因此，我现在命令，任何军事当局……都不得服从这群篡夺者的命令。我同时命令，人人都有义务逮捕任何散发或持有他们命令的人，如果遇到抵抗，可当场格杀勿论……

这一次，我们将以民族社会党人常用的方法来对他们实行清算。

血腥的报复

这一次，希特勒也是说到做到的。

纳粹对待自己的德国同胞的野蛮，这时达到了顶点。在疯狂的逮捕之后，接着就是令人毛骨悚然的严刑拷打、草率的审判和死刑的宣布。死刑的执行大多数是缓慢地绞死，把死难者用钢琴琴弦吊在从肉铺和屠场借来的肉钩子上。嫌疑犯的亲戚朋友成千上万地被抓起来送进集中营，许多人 1069
就死在集中营里。少数有勇气掩护逃犯的人都被立即处死。

希特勒在万分震怒和难以餍足的报复欲望支配之下，拼命督促希姆莱和卡尔滕布伦纳，更加努力去搜捕所有敢于谋害他的人。他亲自定下了处理这些人的办法。

在拉斯滕堡爆炸发生后举行的最初几次会议中，有一次他咆哮说："这回对罪犯要毫不客气地干掉。不用开军事法庭。我们要把他们送上人民法庭。别让他们发表长篇演说。法庭要用闪电速度进行审判。判决宣布两小时之后立即执行。要用绞刑——别讲什么慈悲。"[34]

这些来自上面的指示，都由"人民法庭"庭长罗兰·弗莱斯勒严格地执行了。弗莱斯勒是一个卑鄙恶毒的狂人。在第一次世界大战期间，他当了俄国的战俘，成了一个狂热的布尔什维克。后来，即使在1924年他成了一个同样狂热的纳粹分子以后，他还是苏联赤色恐怖的热烈崇拜者和这种恐怖统治方法的热心仿效者。在1930年代中，在莫斯科曾举行过多次审判，许多"老布尔什维克"和大部分高级将领都以"叛国罪"被清算。这些审判的总检察长是安德烈·维辛斯基。弗莱斯勒就曾专门研究过维辛斯基的技术，所以希特勒在上面提到的那次会议上曾赞叹道："弗莱斯勒是我们的维辛斯基。"

人民法庭的第一次审讯于8月7日、8日在柏林举行。受审判的7月20日事件的密谋分子有冯·维茨勒本陆军元帅、霍普纳将军、施蒂夫将军和冯·哈泽将军，还有一些同自己所崇拜的偶像施陶芬贝格密切合作的下级军官——哈根、克劳辛、伯纳第斯、彼得·约克·冯·瓦滕堡伯爵。由于在秘密警察的刑讯室里饱受折磨，他们已经不像样子了。又由于戈培尔下令把审判的每一个细节都拍摄下来，使这部电影在军队和社会上放映时可以作为一个教训——也作为一个警告——所以更是千方百计地把被告弄得狼狈不堪。他们穿着破烂的衣服，旧衣服和旧绒衫，走进法庭的时候胡子也没有刮，没有领子，不带领带，裤子上没有背带，也没有腰带，只好提着。特别是曾经威风凛凛的那位陆军元帅，看去像是一个精神颓丧、牙齿脱光的老头子。他的一口假牙被拿掉了。当他站在被告席上受尽恶毒的首

路德维希·贝克（左）和埃尔温·维茨勒本。从1938年秋到1944年7月20日，这两位将军组织军官团反对希特勒。

席法官刻薄揶揄的时候，他一直用手抓着裤子，怕它掉下来。

弗莱斯勒对他喊道："你这不要脸的老家伙，为什么老弄着你的裤子？"

尽管他们知道自己的命运已定，这些被告在弗莱斯勒的不停侮辱前面，还是表现出了尊严和勇气。最勇敢的大概要算施陶芬贝格的表兄弟、年轻的彼得·约克。他冷静地回答那些最侮辱性的问题，而且从不掩饰他对民族社会主义的鄙视。 1070

弗莱斯勒问道："你为什么没有入党？"

伯爵回答："因为我不是而且永远不可能是一个纳粹分子。"

当弗莱斯勒怔了一阵之后又追问这个问题的时候，约克想做解释。"庭长先生，我在侦讯时已经说过，纳粹主义是这样一种思想，我——"

法官打断他。"——不能同意……你不同意民族社会主义关于根除犹太人的公正思想？"

约克答道："重要的是，造成这一切问题的是国家对个人的集权主义要求，这种要求迫使个人放弃他在道德上和宗教上对上帝的责任。"

"废话！"弗莱斯勒大声叫道，他不让这个年轻人说下去。这样的话可能破坏戈培尔博士的电影，也可能让元首生气，因为元首已经下令："别让他们发表长篇演说。"

法庭所指定的辩护律师简直可笑极了。从审判记录可以看到，他们的卑怯是令人难以置信的。例如，维茨勒本的律师，一个名叫魏斯曼的博士，比国家检察官还厉害，几乎同弗莱斯勒一样地申斥由他辩护的人是一个"谋杀的凶手"，完全有罪，应受极刑。

8月8日审判一结束，就宣判了极刑。希特勒曾经命令，"他们全都该像牲口那样被绞死"。他们确实这样被绞死了。在普洛岑湖监狱，这八个被判死刑的人被赶进一个小房间，房里天花板上挂着八个肉钩子。他们一个一个被剥光上衣，绑起来，用钢琴琴弦做成一个圈子套在他们脖子上，另一头挂在肉钩子上。当一台电影摄影机沙沙响起的时候这些人被吊起来绞死了。他们身上那没有腰带的裤子，在他们挣扎的时候终于掉了下来，使他们赤身裸体地现出临死时的痛苦。[35]审讯的照片和电影都奉命立即冲洗出来，赶送给希特勒，使他在当天晚上就可以看到。据说，戈培尔看这些影

片时用双手按住眼睛，才没有晕过去。* 36

这年的整个夏天、秋天和冬天，直到1945年初，狰狞的人民法庭一直在开庭，匆匆忙忙地进行阴风惨惨的审讯，罗织罪状，判处死刑。1945年2月3日早晨，正当施拉布伦多夫被带进法庭的时候，一颗美国炸弹炸死了弗莱斯勒法官，炸毁了当时还活着的被告中大多数人的案卷。这样审讯才
1071 算停止。施拉布伦多夫奇迹似的保住了性命。他是交上好运的极少几个密谋分子之一。最后美国军队在蒂罗尔把他从秘密警察的魔爪中解放了出来。

另外那些人的下落应该在这里做个交代。

在7月20日事件发生之前三天，准备在新政权中担任总理的格德勒由于得到警告，说秘密警察已经对他发出逮捕的命令，就躲起来了。他在柏林、波茨坦和东鲁普士之间流浪了三个星期，很少在同一个地方住上两夜。那时希特勒已悬赏100万马克通缉他，但总还有朋友或是亲戚冒着生命危险掩护他。8月12日早晨，他在东普鲁士日夜不停地步行了几天之后，已经筋疲力尽、饥肠辘辘，就撞进马林韦尔德尔附近康拉斯瓦德村的一家小客店里。当他正在等候给他端来早点的时候，他发现有一个穿着德国空军妇女辅助队制服的女人正在注意他，于是他也不等早点了，溜出店铺，走向近处的树林。这时已经太迟了。这个女人名叫海伦·施韦策尔，是格德勒家里的一个老相识。她很容易地就认出了他，偷偷地告诉了同她坐在一起的几个空军人员。格德勒很快就在树林里被捕了。

人民法庭在1944年9月8日把他判处死刑，但直到第二年的2月2日，他才同波比茨同时被处死。† 希姆莱之所以迟迟没有绞死他们，显然是因为

---

* 虽然审讯的影片给盟军找到了（并在纽伦堡放映，作者也是在那里第一次看到这些影片的），但是行刑的影片却一直没有发现，据推测可能是希特勒怕它落入敌人手中，下令销毁了。据艾伦·杜勒斯说，戈培尔把这两部影片的胶片放在一起，原长30英里，压到8英里，拿到某些部队中去放映，作为教训和警告。但是士兵们不愿意看。在利希特费尔德士官学校，它一开演，观众就走出场。这些影片后来很快就停止放映了（杜勒斯：《德国的地下运动》[*Germany's Underground*]，第83页）。

† 克莱绍集团的成员、耶稣会神父阿尔弗雷德·德尔普和他们同时被处决。格德勒的兄弟弗里茨几天后被绞死。克莱绍集团的首脑冯·毛奇伯爵虽然同暗杀案无关，也在1945年1月23日被处死。这个集团和密谋集团的领袖人物之一特罗特·佐·佐尔茨于1944年8月2日被绞死。

考虑到他们，特别是格德勒，通过瑞典和瑞士同西方盟国建立的联系，可能会对自己有帮助，如果他要来收拾国家残局的话——这个前景这时已开始在他心里滋长。[37]

前驻莫斯科大使弗里德里希·维尔纳·冯·德·舒伦堡伯爵和前驻罗马大使哈塞尔，原定在新的反纳粹政府中接管指导外交政策的权力，分别在11月10日和9月8日被处死。弗里茨·冯·德·舒伦堡伯爵在8月10日死于绞刑架下。最高统帅部通信处长菲尔基贝尔将军也在同一天被处决，7月20日他在拉斯滕堡所起的作用前面已经谈过。

死者的名单是很长的。有一个材料说，共处死了4 980人。[38]秘密警察的记录上是7 000人被捕。在本书提到过的抵抗运动领导人中，被处死的有弗里茨·林德曼将军、冯·伯泽拉格尔上校、迪特里希·潘霍华牧师、谍报局的格奥尔格·汉森上校、冯·赫尔多夫伯爵、冯·霍法克上校、延斯·彼得·耶森博士、奥托·基普、卡尔·朗本博士、尤利乌斯·莱贝尔、冯·莱昂罗德少校、威廉·洛伊施纳、阿图尔·内贝（刑事警察头子）、阿道夫·赖希魏恩教授、伯特霍尔德·冯·施陶芬贝格伯爵（克劳斯的兄弟）、蒂勒将军（陆军总司令部通信处长）和冯·廷根将军（在政变的那天 1072
贝克任命他继任冯·科茨弗莱施将军的职务）。

还有一批共20个被判死刑的人，希姆莱迟迟没有执行，显然是因为他认为，如果他接管政权并进行议和的话，这些人可能对他有用处。但在4月22日夜间，当俄国人开始打到首都中心区的时候，他们都被匆匆枪毙了。这批罪犯们当时从利尔特街监狱被转移到阿尔布雷希特亲王街的秘密警察地牢中去——在第三帝国的末日期间，许多罪犯都在这时利用灯火管制的机会逃跑了——一队党卫军人员见到他们，就让他们排在一堵墙前面，开枪扫射了一阵。只有两个人逃出性命。事情的经过就是他们说出来的。这次被杀的有阿尔布雷希特·冯·伯恩施托夫伯爵、克劳斯·潘霍华（潘霍华牧师的兄弟）和阿尔布雷希特·豪斯霍费尔（赫斯的好友，他的父亲是一个著名的地缘政治学家，不久便自杀了）。

弗洛姆将军虽然在决定命运的7月20日晚上有那些表现，但还是没有逃掉一死。第二天，希姆莱接替弗洛姆的补充军总司令职务，下令逮捕了他。他于1945年2月间被押上人民法庭，以“怯懦”罪受审，并被判处死刑。*也许是作为对他协助挽救纳粹政权有功的一点小小的补偿，他没有像被他在7月20日晚上逮捕的那些人一样用肉钩子吊死，而是在1945年3月19日由行刑队枪毙。

被革职的谍报局局长卡纳里斯海军上将，对密谋分子有过许多帮助，但是并没有直接参加7月20日事件。他的神秘莫测的生涯，使他死亡的情况多年不明。人们只晓得，在谋杀希特勒的事情发生之后，他被捕了。但是凯特尔设法不让他被送上人民法庭。凯特尔在最高统帅部的工作中只做过很少几件好事，这是其中一件。元首对于这一延误大发雷霆，命令把卡纳里斯交给一个党卫军的即决法庭审判。这个程序也拖延了一个时期，直到1945年4月9日，即大战结束之前一个月，卡纳里斯和他从前的助手奥斯特上校以及其他四个人，才终于在弗洛森堡集中营受审，并被判处死刑。但是卡纳里斯是否已被处决则不能肯定。十年之后，这个谜才被解开。1955年，处理这个案件的秘密警察检察官被捕受审，许多目击者出庭证明，他们看见卡纳里斯在1945年4月9日被绞死。有一个目击者丹麦人伦丁上校说，他看见卡纳里斯光着身子，从牢房里被拖到绞架上。奥斯特也同时被处决了。

有些被捕的人死里逃生，最后被盟军先头部队从秘密警察手中解放出来。在这些人中有哈尔德将军和沙赫特博士。沙赫特同7月20日的叛乱并
1073 没有关系，但他在纽伦堡法庭上说，他曾“加入过”。哈尔德被关在一个不见天日的单人牢房里几个月。这两个人以及一批著名的德国和外国犯人，包括许士尼格、莱昂·布鲁姆、施拉布伦多夫和冯·法尔肯豪森将军，都是1945年5月4日在南蒂罗尔的下多夫被美军解救出来的，当时看守他们的秘密警察正打算把他们全部处决。法尔肯豪森后来被比利时人作为战犯审讯，在监狱中候审，关了四年。1951年3月9日，他被判12年劳役，但两个星期之后就被释放回国。

许多牵涉进这次谋反事件中的陆军军官，为了不让自己被送上人民法庭受罪，都自杀了。海宁·冯·特雷斯科将军是密谋集团在东线军官中的

---

* 施拉布伦多夫在阿尔布雷希特亲王街监狱里同弗洛姆常常见面。他后来叙述道：“这个判决使弗洛姆感触很深。他没有想到落得这样下场。”（施拉布伦多夫：《他们几乎杀死了希特勒》[*They Almost Killed Hitler*]，第121页）

灵魂，他在同他的朋友和副官施拉布伦多夫诀别时说了一些话。施拉布伦多夫记得最后几句话是：

> 现在，大家都会来攻击我们，咒骂我们。但是我的信心并没有动摇——我们做的事情是正当的。希特勒不但是德国的头号敌人，也是全世界的头号敌人。几小时之内，我将要在上帝面前，就我的行为和失责进行申辩。我认为，我能带着一颗无愧的良心，为我在反对希特勒的战斗中所做的一切进行辩护……
>
> 参加抵抗运动的人没有不穿上涅索斯的衬衫的。*一个人只有甘愿为他的信仰而牺牲自己的生命，他才是有价值的。[39]

那天早晨，特雷斯科乘车到第二十八步枪师的阵地，悄悄地到前沿无人地带，拉响了一颗手榴弹，炸掉了自己的脑袋。

五天之后，陆军军需总监瓦格纳也自尽了。

在西线的陆军高级将领中，有两个陆军元帅和一个将军自杀。前面已经叙述，在巴黎，当驻法军事总督海因里希·冯·施蒂尔普纳格尔将军逮捕了党卫军和党卫军保安处-秘密警察的全部人马时，起义开头进行得很好。现在一切都要看冯·克鲁格陆军元帅的动向了。克鲁格是新任西线总司令。特雷斯科在俄国战线工作时，曾对他做了两年工作，想努力使他成为一个积极的密谋分子。虽然克鲁格忽冷忽热，但最后总算同意——或者说，密谋分子这样认为——等希特勒一死，他将支持叛乱。

7月20日晚上，在拉罗什吉永的B集团军总部——隆美尔出事后，这个集团军也由克鲁格指挥——举行了一次决定命运的晚餐会。克鲁格想同他的一些主要的顾问讨论一下关于希特勒存亡的相互矛盾的消息。这些顾问是：
他的参谋长君特·布鲁门特里特将军、B集团军参谋长施派德尔将军、施蒂 1074
尔普纳格尔将军和冯·霍法克上校。施陶芬贝格在下午稍早一些时候曾用电话通知霍法克关于爆炸和柏林起事的消息。当这些军官们齐集进晚餐的时候，

---

* 涅索斯（Nessus）是希腊神话中半人半马的怪物。它想诱拐赫拉克勒斯的妻子，被赫用毒箭射中。它谎告赫妻把它的衬衫给赫穿能保持爱情，赫因此中残余箭毒。此处喻无法逃避的命运。——译者

至少其中有些人觉得，这位素来谨慎的陆军元帅眼看就要下决心和叛乱分子同命运了。晚餐快要开始的时候，贝克和他通了电话，恳求他的支持，不管希特勒是死是活。接着就接到了冯·维茨勒本陆军元帅签署的第一号通令。克鲁格深受震动。

但是，他还想得到有关形势发展的更多消息。对叛乱分子来说，不幸的是，新的消息来自施蒂夫将军。施蒂夫在当天早上同施陶芬贝格一起到拉斯滕堡，对他表示了祝福，还看到了爆炸，但他判定希特勒并没有被杀。现在，到了晚上，他正想法灭迹。布鲁门特里特接通了施蒂夫的电话，施蒂夫就告诉了他已经发生的事情或者说并没有发生的事情的真相。

“这样看来，已经失败了。”克鲁格对布鲁门特里特说。他似乎是真的很失望，因为他接着说，如果计划成功，他就要马上与艾森豪威尔接触，要求停战。

在晚餐的时候，气氛是阴森森的，施派德尔后来回忆说：“他们好像坐在一间死神降临的屋子里。”克鲁格听着施蒂尔普纳格尔和霍法克热烈地申述他们为什么认为即使希特勒还活着也必须要起事的理由。布鲁门特里特描写了当时的情况：

> 当他们申述了理由以后，克鲁格带着显然失望的语气说：“先生们，尝试已经失败了。一切全完了。”施蒂尔普纳格尔喊道：“元帅，我想你是知道原定计划的。必须要有所行动。”[40]

克鲁格否认他知道任何计划。他命令施蒂尔普纳格尔释放在巴黎被捕的党卫军保安处人员。然后，他又劝施蒂尔普纳格尔说：“我看你最好换上便服躲藏起来。”

但是有着像施蒂尔普纳格尔这样军阶的自尊的将军是不会选择这样的出路的。在巴黎的拉菲尔旅馆举行了令人不可思议的通宵的香槟酒会，会上由奥贝格将军率领的被释放的党卫军和保安处军官与曾经逮捕他们的陆军将领们握手言欢（如果叛变成功，这帮党卫军人员肯定要被枪决）。施蒂尔普纳格尔在酒会结束以后便坐车回德国去，因为他原已接到命令要他回柏林去报到。他在凡尔登停了下来，第一次世界大战时他曾在那里指挥过一个营，他打算再看一看这个著名的战场，但也是为了执行一个个人的决定。他的司机和警卫员听到一声枪响。他们发现他在一条运河里挣扎。子弹打穿了一只眼睛，另一只也受了重伤。他被送到凡尔登陆军医院，受伤的那只眼睛也被切除了。 1075

但这并没有使施蒂尔普纳格尔免于厄运。在希特勒的火急命令下，这位双目失明、处于绝望之中的将军被押解到柏林。他被押上人民法庭，躺在一张小床上听弗莱斯勒的辱骂。8月30日，他在普洛岑湖监狱被绞死了。

冯·克鲁格元帅拒绝参加叛变，这一决定性行动并没有能够使他得救，正如弗洛姆在柏林所采取的类似的行动不能使自己得救一样。施派德尔在评论这位迟疑不决的将军时说道："命运不会饶恕那些虽有信念但没有足够的决心把信念付诸实行的人。"现在已经得到证明，12月20日才被处决的冯·霍法克上校在严刑拷打之下招出克鲁格、隆美尔和施派德尔曾参与叛变计划。据布鲁门特里特说，奥贝格曾对他说过，霍法克在初次提审中"招出"了克鲁格。布鲁门特里特还说，这位元帅从奥贝格那里亲自听到这一消息后"开始显得越来越忧虑起来"。[41]

从前线来的消息也不能使他精神振奋起来。

7月26日，布莱德雷将军率领的美军已经突破在圣洛的德军阵地。四天以后，巴顿将军率领的新建立的第三军团越过这一缺口到达阿夫朗什，打开通往布列塔尼和南方的卢瓦尔河的道路。这是盟军进攻的转折点。7月30日，克鲁格报告希特勒大本营说："整个西线已被突破……左翼已经崩溃。"到8月中旬，所有留在诺曼底的德军都被围在法莱斯附近的狭小的袋形阵地内，希特勒下令不得再往后退。元首现在已十分讨厌克鲁格，责怪他使西线遭受挫败，并且疑心他想要带着队伍投降艾森豪威尔。

8月17日，瓦尔特·莫德尔元帅来接替克鲁格。克鲁格事先并不知道自己已被免职，只是到莫德尔突然出现后才知道的。希特勒通知克鲁格，要他报告在德国的行踪。这是一个警告，说明他已被怀疑与7月20日的叛变有关。第二天他写了一封长信给希特勒，然后就驱车回家了。他走到梅茨附近服了毒药。

在缴获的德国军事档案中发现了他致希特勒的遗书。

当您看到这封信的时候，我已不在人间了……生命对我已经失去了意义……隆美尔和我……早已预见到今天的形势。我们的话没有人听……

我不知道在各方面都受过考验的莫德尔元帅是否能控制目前的局势……如果他控制不住，如果您所期望的新武器不能成功，那么，我的元首，下定决心结束这一场战争吧。德国人民所遭受的苦难实在太大了，现在已经到了结束这种恐怖的时候了。

我一直敬佩您的伟大……如果说命运比您的意志和天才还要强大的话，那么上帝也是如此……希望您现在也表现足够的伟大，在必要
1076 时结束这一场毫无希望的斗争……

根据约德尔在纽伦堡的口供，希特勒一声不响地看完了这封信，然后未加评论地交给约德尔。几天以后，在8月31日的军事会议上，希特勒说："有充分的理由认为，克鲁格如果没有自杀的话，也无论如何要被逮捕的。"[42]

接着就轮到德国群众的偶像隆美尔陆军元帅。

当冯·施蒂尔普纳格尔将军自杀未遂，双目失明，神志不清地躺在凡尔登医院手术台上的时候，他喃喃地道出了隆美尔的名字。后来冯·霍法克上校在柏林阿尔布雷希特亲王街的秘密警察的监狱中受不了酷刑，也招认隆美尔曾参与7月20日密谋。霍法克引证隆美尔元帅曾经对他说过的话："告诉柏林的人，他们可以指望我。"希特勒听了这句话以后十分震惊，他因此做出决定：他所宠信的也是在德国最受欢迎的这位将军必须死去。

隆美尔当时住在贝尔奈的野战医院里。他的头盖骨、两个太阳穴和颧骨受了重伤，左眼也受了严重的损害，脑袋上尽是炸弹碎片。为了避免遭到进攻中的盟军的俘虏，他先从这个野战医院被迁至圣日尔曼，在8月8日那天又迁到乌尔姆附近赫林根的自己的住宅里。他从前的参谋长施派德尔到赫林根去拜访他。第二天，9月7日，施派德尔就被捕了。这对隆美尔是第一个警告，说明会有什么下场等待着他。

“那个病态的撒谎者现在已经完全疯了！”隆美尔在与施派德尔的谈话中谈到希特勒的时候这样说，“他正在对7月20日案件的密谋分子发泄他的虐待狂！他不会就此罢手的！”[43]

隆美尔现在注意到，保安处的人员正在监视他的住宅。他的15岁的儿子原来在高射炮中队服役，现在暂时告假回家来服侍他。当他和他的儿子一同在附近森林中散步的时候，他们两人都带着手枪。希特勒在拉斯滕堡大本营收到霍法克招出隆美尔的证词副本后，就下令处决隆美尔。但是办法与众不同。后来凯特尔对纽伦堡的提审人员解释说，元首认识到，“如果这个赫赫有名的元帅，德国最得人心的将军，被逮捕并押上人民法庭的话，这将是一件非常丢脸的事”。因此希特勒同凯特尔商量好，让隆美尔知道控告他的证据，让他选择要么自杀，要么以叛国罪在人民法庭受审。如果他选择自杀的话，他死后可以获得具有全副军事荣典的国葬仪式，而且可以保全他的家属。

于是在1944年10月14日中午，希特勒大本营有两名将军驱车来到被党卫军用五部装甲车团团围住的隆美尔的住宅。一名将军是威廉·布格多夫，一个长着酒糟鼻子、同凯特尔一样对希特勒唯命是从的酒鬼；另一名是与他有着同样性格的他的陆军人事处的助手恩斯特·迈赛尔将军。他们 1077
事先通知隆美尔，他们是从希特勒那里来的，准备同他谈一谈他“未来的职务”问题。

凯特尔后来作证说：“我在希特勒的指使下，叫布格多夫带着一份招出隆美尔的证词到他那里去。如果证词是真的，他要对后果负责；如果是假的，他会得到法庭的开释。”

“你还命令布格多夫带一点毒药给他，是不是？”检察官问凯特尔。

“是的。我告诉布格多夫带上毒药。假如有此需要，隆美尔也好使用它。”

在布格多夫和迈赛尔到达以后，事实真相就清楚了：他们不是前来商谈隆美尔的未来职务的。他们要求和这位元帅单独谈话，于是三人去了隆美尔的书房。

“几分钟以后，”曼弗雷德·隆美尔后来追述道，“我听见父亲上楼到母亲的房间去。”他接着说：

父亲同我走进我的房间。他开始缓慢地说：“我刚才不得不告诉你的母亲，我将在15分钟内死去……希特勒指控我犯了叛国大罪。鉴于我在非洲服役有功，给了我一个服毒自杀的机会。那两位将军带来了毒药。这种毒药在3秒钟之内就能置人于死命。如果我接受的话，对我的家庭将不会采用在这种情况下的例行措施……我还可以得到国葬待遇。一切都准备停当了。在15分钟内你将接到从乌尔姆的医院打来的一个电话，说我在赴会途中因脑病发作死去了。”

事情果然就是如此。

隆美尔穿着他那件旧的非洲团皮夹克，手里拿着元帅的节杖，跟着两位将军上了车。车行一二英里后在森林旁的路上停下来，迈赛尔将军和党卫军司机走下车来，隆美尔和布格多夫仍留在车上。一分钟以后，当下车的那两个人回来的时候，隆美尔已直挺挺地死在座位上。布格多夫不耐烦地走来走去，似乎担心会误了他的午间餐饮。隆美尔夫人在与丈夫告别15分钟以后，接到预期的从医院打来的电话。主治大夫报告说，两位将军带来了元帅的尸体，他是因大脑栓塞致死的，这显然是前次他头盖骨受伤的结果。实际上布格多夫横蛮地禁止解剖尸体。“不要动尸体，”他大叫道，“柏林已经把一切都安排好了！”

一切的确是已经安排好了。

莫德尔元帅发布了一道冠冕堂皇的命令，宣布隆美尔因“7月17日受伤”不治身死，对“我国最伟大的指挥官之一”的牺牲表示哀悼。

希特勒给隆美尔夫人的电报说：“您丈夫的死给您带来巨大的损失，请接受我最真挚的吊唁。隆美尔元帅的英名将永远和北非英勇的战役联系在
1078 一起。”戈林在电报中表示了“默哀”：

我们都希望您的丈夫能继续活在德国人民之中，但是他却因伤英勇地与世长辞了，这深深使我伤心。

希特勒下令举行国葬。德国陆军高级将领冯·伦德施泰特在举行国葬仪式时致悼词。他站在裹着“卐”字旗的隆美尔尸体面前说：“他的心是属

埃尔温·隆美尔的国葬。

隆美尔的遗孀和儿子在接受吊唁。

于元首的。”[*]

施派德尔说："在那些在场的人看来，这个老军人［指伦德施泰特］似乎精神颓丧，心情惶惑……在这里，命运给了他担当马克·安东尼这一角色的独特机会。他一直保持着他这种道义上的无动于衷的态度。”[†][45]

德国陆军骄矜自负的军官团所受到的耻辱是很大的。它的三个卓越的元帅——维茨勒本、克鲁格和隆美尔——牵连在试图推翻希特勒的阴谋里，一个被绞死，另外两个被逼自杀。它不得不眼看着它的数十名高级将领被押进秘密警察的监牢，在人民法庭上通过公审丑剧被合法地谋杀。军官团虽然有着自豪的传统，但在这史无前例的形势下，并不能团结一致。它力图要保持它的"荣誉"，但其方法，至少在一个外国观察家看来，只能使它丢脸和堕落。在那个奥地利下士出身的人的淫威下，惊慌失措的军官团领袖们只好
1079 摇尾乞怜，卑躬屈膝。

因此，冯·伦德施泰特元帅站在隆美尔尸体前面致悼词的时候精神颓丧、心情惶惑，就毫不足怪了。他同其他的将领一样，已经够低三下四了，但是希特勒现在还要逼着他们受尽一切屈辱。伦德施泰特亲自接受了所谓军事"荣誉法庭"执行法官的任务，希特勒设立这个法庭的目的是要把所有参与7月20日案件的军官嫌疑犯全部从陆军中开革出去，这样他们就不能受军事法庭的审问，而是作为平民不光彩地移交给草草审判的人民法庭。

---

* 应该公平地说明一下，伦德施泰特也许并不知道隆美尔死亡的情况，显然，直到凯特尔在纽伦堡法庭上作证时，他才有所了解。他在庭上作证说："我当时没有听到这种谣传，否则我会拒绝在国葬时做希特勒的代表；那简直是无法形容的丧尽廉耻的行为。”[44]可是，隆美尔的家人注意到，这位旧派的绅士拒绝在追悼仪式之后像其他大多数将军一样去参加火葬典礼并且到隆美尔的家里去向他的夫人表示哀悼。

† 虽然施派德尔将军被监禁在柏林的阿尔布雷希特亲王街的秘密警察监狱的地牢里，而且受到不断的讯问，但他的精神却没有颓丧，心情也没有惶惑。也许，他是军人同时又是哲学家这一点对他有所帮助吧。他没有上保安处折磨他的人的当，既未招供，也没有出卖别人，只是在他和冯·霍法克上校对质时有点难过。因为他相信，霍法克不但受到严刑拷问，而且是用了迷药才开口的。但是这一次霍法克没有出卖他，并且否认了他以前说过的话。

施派德尔被关在秘密警察的监牢里达七个月之久，可是从来没有公审过。当美军即将到达德国南部康斯坦茨湖附近他被监禁的地方时，他同另外20个人设法逃出了监牢，躲在一个天主教神父那里，那个神父一直掩护他们到美军到达。施派德尔在其用第三者口吻所写的那本十分客观的书中略去了他的这一段经历，但是他却将这件事告诉了德斯蒙德·扬。扬所写的《隆美尔——沙漠之狐》(*Rommel–The Desert Fox*) 一书中对此事有所描写（平装本，第251—252页）。

施派德尔的不凡经历的最高峰，是他在1950年代后期曾在北大西洋公约组织中担任要职。

这个“荣誉法庭”不允许被控告的军官为自己辩护，它只是按秘密警察所提供的“证据”行事。伦德施泰特对于这种限制并没有提出过抗议，另一个法官古德里安将军也没有抗议过。古德里安在炸弹案发生以后被任命为陆军参谋总长，在他的回忆录中，他曾承认过这是一个“不愉快的任务”，法庭的审问是“凄惨的”，而且提出了“最困难的良心问题”。这无疑是实情，因为伦德施泰特、古德里安和其他法官——都是将军——把数以百计的军官从陆军中开革出去，这样侮辱他们不算，还要让他们去送死。

古德里安干的勾当还不止于此。他以参谋总长的名义发布过两道堂皇的命令，向最高统帅保证全体军官对他永远效忠。第一道命令是7月23日发布的，它谴责谋反分子不过是“很少数的军官，其中有一些是已经退休了的。这些人丧失了一切勇气。他们由于怯懦和软弱，宁愿走耻辱的道路，而不走一个高尚军人应该走的唯一的道路——尽职和荣誉的道路”。因此他庄严地向元首保证“陆军中将军、军官和士兵的团结一致”。

同时，那个早已被黜的冯·布劳希奇元帅赶紧发表了一个强烈谴责这次政变的声明，保证继续向元首效忠，对一向瞧不起将军们、连布劳希奇也不放在眼中的希姆莱被任命为补充军司令表示欢迎。另一个失宠的人，退休了的雷德尔海军元帅，因为怕自己被人怀疑至少曾同情过这些密谋分子，也急急忙忙赶到拉斯滕堡当面向希特勒表示忠诚。7月24日，老式的军礼被强迫废除了，代之以纳粹式的敬礼，以“作为陆军对元首的不可动摇的效忠和陆军与纳粹党之间最紧密的团结的象征”。

7月29日古德里安警告参谋总部的所有军官，从此以后必须带头做效忠于元首的好纳粹分子。

> 参谋总部的每一个军官必须是一个民族社会主义的军官领袖……这不仅要表现在他对政治问题的模范态度上，而且要表现在根据元首的主义对年轻指挥官进行政治教育的积极合作上……
>
> 上级军官在评定和遴选参谋总部军官的时候，应该首先考虑他们性格和精神的特征，其次才是才智。一个坏蛋也许永远是非常狡猾的，但在患难时期，他就经不起考验，因为他是坏蛋。 1080
>
> 我希望参谋总部的每一个军官马上表示他自己已接受我的看法，

并且当众宣布。凡是办不到这一点的人，应该申请辞去参谋总部的职务。*

据现在知道的材料，并没有人申请辞职。

一个德国军事历史学家评论道，这样一来，“参谋总部作为一个独立自主的整体的历史，可以说就此结束了”。[46]参谋总部这个由优秀军事人才组成的组织，是由沙恩霍斯特和格奈泽瑙所创立并由毛奇发展成为国家支柱的。它曾经在第一次世界大战时统治德国，控制过魏玛共和国。它甚至逼使希特勒摧毁冲锋队，除掉其领袖，因为他们反对它。但是，到了1944年夏天，它却被贬低到成为一群摇尾乞怜的、吓破了胆的人的可怜团体。对于希特勒不会再有任何反抗，连批评也不会再有了。曾经不可一世的陆军，同第三帝国的所有其他机构一样，与希特勒同流合污了。陆军的将领们现在已麻木不仁，十分缺乏当时发动政变时的那几个人所具有的勇气，以至于连提高嗓子说话（更不必说采取行动）来拦住那个独夫的手都不敢。虽然他们现在完全认识到，这个独夫正在迅速地把他们和德国人民带到他们可爱的祖国有史以来最可怕的灾难道路上去。

这些人都是作为基督教徒培养成人的，受过旧道德的熏陶，以爱惜荣誉自豪，在战场上能视死如归，然而他们精神上和意志上的麻木不仁一至于此，实在令人惊异。不过，如果读者还记得本书最初几章扼要叙述过的德国历史的进程的话，这也许并不是难于理解的。这一进程把盲目服从尘世间的统治者看作日耳曼民族的最高道德，并且鼓励奴颜婢膝。现在这些将军们认识到他们对之匍匐在地的人的罪过了。古德里安后来回忆起希特勒在7月20日事件以后的情况。

在他身上，严厉已变成残酷，虚声恫吓已变成干脆撒谎。他常常毫无顾忌地撒谎，却一口咬定别人在撒谎。他再也不信任任何人。同他打交道一向是够麻烦的，现在简直成了一种痛苦，并且是越来越加

---

* 古德里安在回忆录里经常强调他如何敢反抗希特勒并严厉地批评他，但对于自己所发布的这些命令却只字未提。

> 剧的痛苦。他经常失去一切自我克制的能力，使用的语言越来越粗暴。他周围的亲信中，现在已没有人能起约束的影响了。[47]

虽然如此，现在只有这个人，这个半疯癫的、在身心方面迅速堕落了的人，能够把败退中的军队振作起来，并且使这个被打得一塌糊涂的国家打起精神来，正如他在1941年大雪纷飞的冬天在莫斯科所做的那样。他运用了那种令人难以置信的、在德国任何其他人——陆军、政府和人民中间——都缺少的意志力量，几乎是匹马单枪地把这场痛苦的战争拖延了差不多一年之久。 1081

1944年7月20日叛变的失败，不仅是由于陆军中和文职人员中最能干的一些人的难以理解的愚蠢、弗洛姆和克鲁格性格上的致命弱点、这些叛变者在每一关头碰到的坏运气。它的失败还由于所有使这个伟大的国家得以继续维持的人：将军们和文官们，穿军服和穿便服的德国人民群众，没有进行革命的准备。事实上，尽管他们受尽苦难，有被击败和为外国占领的悲惨前景，但他们并不想革命。他们仍然接受并且支持民族社会主义，虽然它给德国和欧洲带来了堕落。他们仍然把希特勒看作是国家的救星。

> ［古德里安后来写道］当时，无可驳辩的事实似乎是，大多数德国人民仍然相信阿道夫·希特勒。如果希特勒死了，他们会认为谋杀者杀害的是唯一能够使战争胜利结束的人。[48]

布鲁门特里特将军虽然没有参加叛变计划，但是如果他的上司克鲁格能够坚强些，他一定也会支持叛变的。他在战争结束之后还发现，至少“在平民中有一半人在听到德国的将军们参加了推翻希特勒的计划时大吃一惊，因此他们痛恨这些将军们。在陆军中间也表现出同样的情绪”。[49]

希特勒用一种无法解释的催眠术——至少在我这个非德国人看来是如此——始终得到这一伟大民族对他的忠诚和信任。不可避免地，德国人民像一群不会说话的牲畜一样，但是怀着一种使他们不同于牲畜的虔诚的信念，甚至热情，盲目地跟着他跳下悬崖，投向国家的灭亡。 1082

注 释

1. 多萝西·汤普森：《听着吧，汉斯》，第137—138，283页。

2. 哈塞尔：《冯·哈塞尔日记》，第283页。

3.《希特勒和斯大林之间》。里宾特洛甫的证词，见《主要战犯的审讯》，第10卷，第299页。

4. 乔治·贝尔：《教会和人性》，第165—176页。另见惠勒-本内特：《权力的报应》，第553—557页。

5. 艾伦·杜勒斯：《德国的地下运动》，第125—146页。杜勒斯书中提供了雅各布·瓦伦贝格为他写的关于与格德勒会见情况的一份备忘录。

6. 所有这段插话主要是根据施拉布伦多夫的报告写的，见《他们几乎杀死了希特勒》，第51—61页。

7. 致鲁道夫·贝彻尔信件，他在他的《德国抵抗运动》一书中详细引用了他的话。

8. 关于学生暴动，有许多记载，有些是第一手的：英格·朔尔：《白玫瑰》（1952年法兰克福出版）；卡尔·伏斯勒：《致慕尼黑大学牺牲者的悼词》（1947年慕尼黑出版）；里卡达·胡赫在苏黎世出版的《新瑞士评论》月刊上所写的《慕尼黑大学中反希特勒的行动》一文，1948年9—10月；《现代报》上《2月18日：德国抵抗运动概况》一文，发表于1940年10月30日；贝彻尔：《德国抵抗运动》，第96—104页；惠勒-本内特：《权力的报应》，第539—541页；杜勒斯：《德国的地下运动》，第120—122页。

9. 杜勒斯：《德国的地下运动》，第144—145页。

10. 康斯坦丁·菲兹吉朋在《7月20日》一书中引用过，第39页。

11. 德斯蒙德·扬：《隆美尔》，第223—224页。施特罗林曾对扬亲自叙述了会议的情况。另见施特罗林在纽伦堡的证词，《主要战犯的审讯》，第10卷，第56页，以及他的《大战末期的斯图加特》一书。

12. 施派德尔在他的《1944年的入侵》一书中强调了这一点，见第68，73页。

13. 同上，第65页。

14. 同上，第71页。

15. 同上，第72—74页。

16. 杜勒斯：《德国的地下运动》，第139页。

17. 施拉布伦多夫：《他们几乎杀死了希特勒》，第97页。

18. 第七军团总部的电话日记。这个透露秘密的文件于1944年8月被完整无缺地缴获。关于在盟军进攻欧陆开始日和随后的诺曼底战役期间，德国人所叙述的希特勒陆军的情况，这是一个极有价值的来源。

19. 施派德尔：《1944年的入侵》，第93页。

20. 同上，第93—94页，这个情况主要就是根据这本书的材料写的。伦德施泰特的参谋长布鲁门特里特将军也留下一些材料，另外，在李德·哈特所编的《隆美尔文件集》中也有材料，见该书第479页。

21. 这封信的全文见施派德尔：《1944年的入侵》，第115—117页。在《隆美尔文件集》一书中说法略有不同，见该书第486—487页。

22. 施派德尔：《1944年的入侵》，第117页。

23. 同上，第104—117页。

24. 同上，第119页。

25. 施拉布伦多夫：《他们几乎杀死了希特勒》，第103页。他当时仍然是特雷斯科的僚属。

26. 关于密谋分子在7月16日会议情况的材料，根据的是审讯维茨勒本、霍普纳等人的速记记录；卡尔滕布伦纳关于7月20日事件的报告；埃伯哈德·策勒：《自由魂》，第213—214页；格哈德·里特，《卡尔·格德勒和德国抵抗运动》，第401—403页。

27. 豪辛格：《矛盾的命令》，第352页，叙述了当天他最后一句话。

28. 策勒：《自由魂》，第221页。

29. 施密特：《希特勒的译员》，第275—277页。

30. 参加这次茶会的许多意大利和德国客人写下了当时他们目睹的情况。欧根·多尔曼是与墨索里尼联系的党卫军联络官，他在下列两个文件中对当时情况做了全面的叙述：一个是他所著的《罗马纳粹分子》一书，第393—400页；另一个是他在受盟国提审人员提审时所作的口供，这个口供已由杜勒斯扼要整理出来，见《德国的地下运动》，第9—11页。策勒：《自由魂》，第367页，注释69，以及惠勒-本内特：《权力的报应》，第644—646页。在这两本书中都有生动的描写，它们主要是根据多尔曼的材料写的。

31. 这次电话谈话的抄本，已在"人民法庭"上作为证据提出来。施拉布伦多夫在《他们几乎杀死了希特勒》的第11页上曾援引过。

32. 策勒在《自由魂》的第363页注中，引用了两个目击当时执行死刑情况的人的叙述，一个是陆军司机，他从附近的窗口看到当时情况，另一个是弗洛姆的女秘书。

33. 这里叙述的那天晚上在班德勒街发生的情况，主要材料来源是霍普纳将军、维茨勒本及其他六名军官在"人民法庭"上受审时霍普纳的坦率的供词，这些审讯是在1944年8月6日和7日举行的。"人民法庭"的记录已经在1945年2月3日美军一次轰炸中炸毁了。但是审讯庭上有一个速记员在这次轰炸前偷走了速记记录（他说他冒了生命危险），于战争结束以后交给了纽伦堡国际军事法庭。这些记录都逐字逐句地以德文刊载在《主要战犯的审讯》，第33卷，第299—530页。

关于7月20日密谋事件，有许许多多材料，很多材料互相矛盾，有些材料混淆不清。策勒曾对事件经过做了整理，他在《自由魂》中对材料来源开了一个很长的单子，见该书第381—388页。格哈德·里特的叙述格德勒情况的《卡尔·格德勒和德国抵抗运动》，虽然不免集中谈一个主题，但却是很有价值的贡献。惠勒-本内特的《权力的报应》是最有用的英文材料，这本书和策勒的书一样，都引用了奥托·约翰的未出版的备忘录。战后与波恩政府不合因而遭到囚禁的约翰，那天正在班德勒街，他大量记述了目睹的情况和施陶芬贝格对他讲的话。康斯坦丁·菲兹吉朋在《7月20日》中，曾对7月20日事件做过生动的叙述，他根据的大部分是德国材料，特别是策勒的材料。

党卫军保安处和秘密警察对这个阴谋进行调查的每日报告也有价值，只是阅读时要谨慎一点，报告的日期是从1944年7月21日到12月15日。这些报告由卡尔滕布伦纳签字后送给希特勒，用的是特大号字体，以便元首阅读时不必使用眼镜。它们是"1944年7月20日事件特别委员会"的努力成果，这个委员会有四百名党卫军保安处和秘密警察的官员，他们分成十一个调查小组。卡尔滕布伦纳的报告是缴获文件之一。它的显微胶卷副本藏于华盛顿的国家档案馆——T-84号，第39组，第19—21卷。另见第40组，第22卷。

34. 策勒：《自由魂》，第372页，注10，引用当时在场的一个军官的话。

35. 这些处决的情况是监狱看守汉斯·霍夫曼后来叙述的，他是副典狱长兼摄影员。另见惠勒-本内特所著《权力的报应》，第683—684页，以及其他等书。

36. 维尔弗莱德·冯·奥芬：《和戈培尔一起到最后》，第2卷，第118页。

37. 里特在《卡尔·格德勒和德国抵抗运动》第419—429页中，对这个有趣的侧面情况写得很详细。

38. 这个数字引自《海军事务元首会议记录》的注释（《海军事务元首会议记录》，1944年，第46页）。策勒在《自由魂》中采用了这个数字，见该书第283页。贝彻尔曾发现官方的"处决登记簿”，他在所著《德国抵抗运动》的第327页中说，据1944年记载，共处决了3426人，虽然其中少数人也许与7月20日密谋事件无关。

39. 施拉布伦多夫：《他们几乎杀死了希特勒》，第119—120页。我对这里引用的英文译文做了一些改动，以便与德文原文一致。

40. 这个情况是布鲁门特里特将军告诉李德·哈特的（《德国将领谈话录》，第217—223页）。

41. 同上，第222页。关于这次密谋在巴黎方面的结局，有很多材料来源，其中包括施派德尔的著作以及目击当时情况的人在德国杂志上发表的无数文章中的叙述。全面叙述以威廉·冯·施拉姆的最好，他是德国陆军驻西欧的档案保管员，书名叫《7月20日在巴黎》。

42. 费利克斯·吉尔伯特：《希特勒指挥他的战争》，第101页。

43. 施派德尔：《1944年的入侵》，第152页。我叙述的隆美尔的死亡情况，根据的是施派德尔的材料，他曾问过隆美尔夫人及其他目击当时情况的人。其他材料来源是：隆美尔的儿子曼弗雷德所写的两份报告，第一份报告是给英国情报部门写的，许尔曼引用过，见上引书，第138—139页，第二份报告是为《隆美尔文件集》写的，此书由李德·哈特编辑，见该书第495—505页；凯特尔将军于1945年9月28日在纽伦堡受约翰·H.阿门上校提审的记录（《纳粹的阴谋与侵略》，附件B，第1256—1271页）；德斯蒙德·扬在《隆美尔》中，也有全面叙述，所根据的材料得自与隆美尔家属和朋友的谈话以及迈赛尔将军的战后整肃纳粹分子的审讯记录。

44.《主要战犯的审讯》，第21卷，第47页。

45. 施派德尔：《1944年的入侵》，第155，172页。

46. 戈利茨：《德军总参谋部》，第477页。

47. 古德里安：《装甲部队的领导人》，第273页。

48. 同上，第276页。

49. 李德·哈特：《德国将领谈话录》，第222—223页。

第六编

第三帝国的覆亡

第三十章

征服德国

战争打到了德国本土。

希特勒还没有来得及从7月20日炸弹案的震动中恢复过来，便又面临着法国和比利时的丢失及东战场的巨大攻势。敌军以压倒优势兵力从四面八方向帝国进逼。

从1944年6月10日开始的俄国夏季攻势节节胜利，到8月中旬，红军打到了东普鲁士边境，在波罗的海地区包围了德国50个师，深入到芬兰的维堡，消灭了中央集团军，而且在六个星期内在这条战线上推进了400英里，到达维斯杜拉河与华沙隔河相望。同时，在南线从8月20日开始发动新攻势，月底就占领了罗马尼亚和供给德军天然汽油唯一重要来源的普洛耶什蒂油田。8月26日，保加利亚正式退出战争，德军开始从该国仓皇撤退。9月间，芬兰也退出战争，并向拒绝撤离其领土的德军开火。

在西线，法国迅速解放了。在新近成立的美国第三军团司令巴顿将军身上，美国人找到了一位坦克将军，与在非洲的隆美尔一样骁勇善战。7月30日他攻克了阿夫朗什之后，即让布列塔尼自生自灭，而开始向在诺曼底一线的德军进行大包抄，向东南推进到卢瓦尔河畔的奥尔良，然后转师向东推进到巴黎南面的塞纳河。8月23日盟军抵达巴黎东南方和西北方的塞纳河，两天以后，雅克·勒克莱尔将军所率的法国第二装甲师和美国第四

1944年7月17日，57 000名投降的德军士兵穿过莫斯科。

步兵师就攻进了巴黎。被德国占领了四年之久、有法兰西荣誉之称的这一伟大城市解放了。人们发现法国抵抗运动部队已经基本上控制了巴黎，还
1085 发现塞纳河上的桥梁——其中有许多都是艺术品——均未遭受破坏。*

在法国的德军残余部队现在正在全线撤退之中。在北非战胜隆美尔的蒙哥马利，于9月1日晋升为元帅，率领加拿大第一军团和英国第二军团在四天内挺进200英里，从塞纳河下游通过有历史意义的1914—1918年和1940年的战场进入比利时。9月3日攻陷布鲁塞尔，次日又攻克安特卫普。盟军进展神速，德军甚至来不及破坏安特卫普的港口设备。这对盟军来说是一件大喜事，因为该港障碍一旦扫清之后，即可成为英美军队的一个主要供应基地。

在英加军队的南面，考特尼·H.霍奇斯将军率领的美国第一军团以同样的速度攻入比利时的东南方，到达默兹河，（1940年5月，德军致命的突

---

* 根据施派德尔的说法，8月23日希特勒下令毁坏所有巴黎的桥梁和其他重要设备，“即使艺术纪念物遭受破坏也在所不惜”。施派德尔拒绝执行这一命令。大巴黎市的新任卫戍司令冯·肖尔蒂茨将军也拒绝了这个命令，他放了几枪，满足了自己的荣誉感之后便投降了。为此肖尔蒂茨在1945年4月以叛国罪受到缺席审判，但是他的同僚把这一审判案一直拖到战争结束。施派德尔还揭露说，巴黎失守以后，希特勒马上命令用重炮和V-1飞弹摧毁该城，但是施派德尔也拒绝了这一命令（施派德尔：《1944年的入侵》，第143—145页）。

1944年8月26日，戴高乐将军与勒克莱尔将军在巴黎圣母院前。

破就是从那里开始的），攻占那慕尔和列日的堡垒，使得德军没有时间进行防守。在第一军的南面，巴顿的第三军团攻占了凡尔登，包围梅茨，进抵摩泽尔河，并在贝尔福山峡与法美第七军团会师；该军团在亚历山大·派契将军指挥下于8月15日在法国南部海岸一带登陆，迅速挺进到罗讷河流域。

到8月底，西线德军已损失50万人，其中半数是被俘的；并且损失了几乎全部的坦克、重炮和载重汽车。已经没有什么东西能用来保卫祖国了。曾经大肆吹嘘过的齐格菲防线实际上已无人防守，也没有武器防守。西线绝大多数德军将领都认为大势已去。施派德尔说："地面部队已经不再存在了，更不要说空军。"[1]于9月4日重新被任命为西线总司令的伦德施泰特在战后对盟军提审人员说："就我个人来说，战争在9月间就结束了。"[2]

但对阿道夫·希特勒来说，却不是如此。8月31日，他在大本营对一些将军们训话，试图给他们灌输铁的意志并鼓舞士气。

> 我们在必要时将在莱茵河上作战。这没有什么了不起。我们在任何情况之下都要战斗下去，正如腓特烈大王所说，要一直打到那些该死的敌人之中有一个精疲力竭不能再战为止。我们要作战到底，一直打到赢得在今后50到100年内能够保障德国民族生命安全的一个和平局面为止，这个和平局面，首先不能像1918年那样再一次地玷污我们的荣誉……我活着就是为了领导这一战斗，因为我知道，如果在这一
> 1086 战斗的背后没有铁的意志，这场战斗是不能胜利的。

希特勒在严厉批评陆军参谋总部缺乏铁的意志之后，对他的将军们透露了他坚信前途有望的一些理由。

> 盟军之间的关系变得十分紧张的时候，他们决裂的日子就要到来了。历史上所有的联盟迟早都是要垮台的。不管怎样艰难，唯一的办法是等待恰当的时机。[3]

戈培尔受命组织"总动员"的工作。新被任命为补充军司令的希姆莱，

动手建立了25个国民掷弹兵师以防守西线。在纳粹德国，关于“总体战”的计划和言论尽管很多，但是国家的资源却远远没有全部利用起来。由于希特勒的坚持，在整个战争时期日用品的生产仍然维持着庞大的数字，这显然是为了保持民心和士气。而且他仍然迟迟未实行战前制订的动员妇女进工厂工作的计划。1943年3月，当施佩尔打算要妇女进工厂时，他说：“牺牲我们最珍贵的理想，这个代价太高了！”[4]纳粹思想认为德国妇女应该待在家里，而不是在工厂里，因而她们就一直待在家里。在战争的头四年，当英国有225万妇女从事战时生产的时候，德国只有18.2万妇女干着同样的工作。德国在和平时期有150万人当家庭佣工，战时还始终保持这一数字。[5]

现在敌人已经打到大门口，纳粹首脑们慌起来了。15岁到18岁的孩子和50岁到60岁的男子都应召入伍。在大学、中学、机关和工厂里到处搜寻入伍者。1944年9月到10月有50万人参加了陆军，但是没有规定要妇女进机关、工厂去替代这些入伍者。军备和战时生产部部长阿尔伯特·施佩尔向希特勒抗议说，技术工人的应征入伍严重影响到军火生产。

自从拿破仑时代以来，德国士兵就从来没有需要去保卫祖国的神圣领土。自那时以后，普鲁士的和德国的战争都是在别国领土上进行的，受到破坏的也是别国的领土。现在军队已陷入困境，因此对他们进行了大张旗鼓的激励士气的工作。

西线战场的士兵们！

……我希望你们保卫德国的神圣领土……坚持到底！……

元首万岁！

陆军元帅

冯·伦德施泰特 1087

集团军的士兵们！

……只要我们一息尚存，就绝不放弃德国一寸土地……任何人不战而退，都是民族的叛徒……

士兵们！我们的家乡，我们的妻室儿女的生命系此一战！

我们的元首和我们的亲人对他们的士兵是有信心的！

我们的德国和亲爱的元首万岁！

陆军元帅

莫德尔

虽然如此，可是由于大势已去，逃兵的数目一天比一天多。希姆莱为了防止逃亡，采取了严厉措施，9月10日他下了一道命令。

某些不可靠的分子似乎相信，只要他们向敌人投降，战争对他们来说就结束了……

每一个逃兵……都将受到应得的惩罚。而且他的可耻的行为会给他的家属带来极其严重的后果……他们统统要被枪毙。

第十八步兵师的霍夫曼-舒恩福恩上校对部下说：

我们队伍里的叛徒逃到敌人那边去了……这些杂种泄露了重要军事秘密……骗人的犹太造谣者用小册子来哄骗你们，想要把你们都变成杂种！让这些犹太人放毒吧！……至于那些忘掉荣誉的可耻叛徒，他们的家庭必须为他们的叛国行为抵罪。[6]

9月间，发生了一件使德国将军大惑不解的、他们称之为“奇迹”的事情。在施派德尔看来，这是“1914年法国的‘马恩河奇迹’在德国的变相重演。盟军的猛烈进攻突然沉寂下来”。

盟军的司令官，上自艾森豪威尔将军开始，一直到今天还在争论为什么当时进攻会沉寂下来；而对德国的将领们来说，这是完全不可理解的。到9月的第二周，美军已经进到亚琛前面和摩泽尔河上的德国边境。德国已暴露在盟军面前。蒙哥马利在9月初已经催促艾森豪威尔把他的全部供应和储备物资交给英加军队、美国的第九军团和第一军团，以便在他的指挥下在北方发起猛烈攻势，急速插进鲁尔区，夺取德国的主要兵工厂，打

开通往柏林的道路并结束战争。艾森豪威尔拒绝了这一建议。* 他要求在一条“宽阔的战线上”向莱茵河推进。 1088

但是他的军队进展太快，供应不上。每一吨汽油和军火必须要从诺曼底海滩上运进来，或者从瑟堡的唯一的港口运进来，再由汽车运三四百英里才能到达前线。9月的第二周，艾森豪威尔的军队便因缺乏供应停足不前，同时又碰到出乎意料的德军的抵抗。伦德施泰特在两处重要据点集中了他能调动的兵力，因此在9月中旬能够至少暂时阻止巴顿第三军团在摩泽尔河的前进和霍奇斯第一军团在亚琛前面的前进。

在蒙哥马利的催促下，艾森豪威尔同意了一个大胆的计划：夺取阿纳姆附近下莱茵河畔的桥头堡，从而取得从北面包抄齐格菲防线的阵地。这一计划和原来蒙哥马利挺进鲁尔区直捣柏林的意图相差很远，但它也可以提供一个战略基地，以备日后之用。这一进攻是9月17日开始的，第一步行动是把从英国基地起飞的两个美国空降师和一个英国空降师大批空投下来。但是由于气候不佳，由于空降部队恰恰降落在他们事先没弄清楚的两个党卫军装甲师之间，再加上没有充足的陆军从南面接应，进攻因此失败了。经过10天猛烈的战斗之后，盟军撤出阿纳姆。降落在这一城市附近的英国第一空降师约9 000人，只剩下2 163人。在艾森豪威尔看来，这次挫折“充分证明更加艰苦的战斗还在后面”。[7]

可是他仍然没有料到，在那年冬天圣诞节到来之前，德军力量已经充分恢复，可以在西线发动一次令人猛吃一惊的袭击了。

希特勒垂死的孤注一掷

1944年12月12日的晚上，一群西线战场上的德国高级指挥官被召到伦德施泰特的总部去，他们被搜走了腰间佩带的武器和手里的公事包，然后被装进一辆大汽车里，在没有亮光的乡野雪地里开了半个钟头，目的是弄得他们晕头转向，最后停在一个很深的地下室通道前，原来这是希特勒在

* 艾森豪威尔在他的回忆录（《欧洲十字军》[*Crusade in Europe*]，第305页）中写道：“我确信蒙哥马利元帅会根据后来所发生的情况，同意这一意见是错误的。”但是读过蒙哥马利的回忆录的人都知道，情况完全不是这样。

法兰克福附近泽根贝格的大本营。在那儿，这些人第一次知道了少数最高参谋官和指挥官一个月前就已经知道的事：元首准备在四天内在西线发动一次强大的反攻。

自从9月中旬艾森豪威尔的军队在莱茵河以西德军前线受阻以来，希特勒的脑子里就盘算着反攻的念头。虽然美军第九、第一和第三军团在10月间就曾试图再度发起攻势，如艾森豪威尔所说，要“猛扑”莱茵河，但是遇到了阻碍，进展缓慢。10月24日，在一场苦战之后，一度是查理大帝
1089 的帝国古都的亚琛向盟军投降了，这是盟军占领的第一座德国城市，但是美军还是不能突破，攻到莱茵河的防线。不过，在整条战线上，美军以及在北方的英军和加拿大军正以消耗战拖住越打越弱的德军。希特勒意识到继续这样保持守势只不过是拖延末日的到来。他那发热的脑子里涌现出一个大胆设想的计划：夺回主动权，发动攻势，切断美军第三和第一军团，深入安特卫普，夺取艾森豪威尔的主要供应基地，压迫英加军队沿比利时和荷兰边境撤退。他认为这一攻势不但会使英美联军遭受惨败，从而使德国西部边疆不再感受威胁，而且使他能转过来对付俄国军队。俄国军队虽然在巴尔干半岛方面仍在前进，但从10月以来已在波兰和东普鲁士的维斯杜拉河上受阻了。这一攻势还会很快地打通阿登森林，1940年德军的大突破就是从这里开始的；而且德国情报人员知道这里只有四个很弱的美军步兵师防守着。

这是一个大胆的计划。希特勒认为这个计划一定会使盟军措手不及，在他们有机会整顿以前击溃他们。* 但是有一个弱点。德军不但比1940年时削弱了，尤其是空军力量，而且它碰到的对手是一个资源雄厚得多、装备好得多的敌人。德国将军们赶紧提醒元首注意这种情况。

---

* 关于这个叫作“狮鹫计划”的计划，还有一个有趣的插曲，这似乎也是希特勒想出来的主意。元首委任奥托·斯科尔兹内来领导这件工作，此人曾经救出墨索里尼，后来于1944年7月20日夜晚又进行了果敢的行动，在这之后又再一次表现了他专长的才能，那就是在1944年10月匈牙利摄政者霍尔蒂海军上将准备向进攻的俄军投降时被他绑了票。斯科尔兹内的新任务是指挥一个有2 000人的会讲英语的德军特种旅，让他们穿上美军制服，驾驶缴获来的美军坦克和吉普车渗透到美国防线后面去切断交通线，杀死通信兵，搞乱交通运输，到处造成混乱。小型部队则深入到默兹河各个桥边，保护这些桥梁不受破坏，以便德国装甲部队主力能够通过。

伦德施泰特后来说:“当我在11月初得悉这一计划的时候，我大吃一惊。希特勒根本没有和我商量过……很显然，要执行这样一个野心勃勃的计划，现有的兵力实在太少了。”伦德施泰特和莫德尔知道同希特勒争论是毫无用处的，他们决定提出一个替代的计划，他们希望这个计划一方面能满足希特勒坚持发动进攻的愿望，另一方面能把进攻局限于除去美军在亚琛的突出地带。[8]然而，这位德军西线总司令对于改变元首的意图是不抱什么希望的，他甚至不愿参加12月2日在柏林举行的军事会议，而是派他的参谋长布鲁门特里特去。但是参加会议的布鲁门特里特、莫德尔陆军元帅、哈索·冯·曼陀菲尔将军和党卫军塞普·迪特里希将军（后两人将指挥两支担任突破任务的装甲大军）都不能改变希特勒的决定。深秋以来希特勒 1090
就为他最后的孤注一掷到处搜罗残兵余卒。11月间，他居然拼凑了近1 500辆新的或改装的坦克和重炮，12月又再拼凑了1 000辆。他还征调了28个师，包括9个装甲师，供突破阿登森林之用；此外还有6个师，准备在主要攻势发动之后进攻阿尔萨斯之用。戈林还答应凑3 000架战斗机。

这是一支相当可观的力量，虽然远比不上1940年伦德施泰特在同一战场上所使用的兵力。但是要拼凑这样一支兵力，意味着取消对东线德军的增援，东线的德军司令官们认为这种增援是击退俄国准备在1月发动的冬季攻势所必不可少的。当负责东线战场的参谋总长古德里安表示异议时，希特勒痛斥了他一顿。

> 用不着你来教训我！我已经在战场上指挥了五年德国陆军，在这一时期中我所获得的实际经验，参谋总部无论谁想比也比不了。我曾研究过克劳塞维茨和毛奇，而且把所有施利芬的文件都念过。我比你清楚得多！

当古德里安抗议说，俄国准备以压倒优势的兵力进攻并且列举了苏军兵力的数字后，希特勒大声说道:“这是自成吉思汗以来最大的虚张声势！这些胡话是谁说起来的?”[9]

12月12日晚上，被搜去公事包和武器的将军们聚集在泽根贝格元首大本营，他们发现这位纳粹统帅，正如曼陀菲尔后来回忆时所说："背已驼了，面色苍白，有些浮肿。他弯着腰坐在椅子上，两手发颤，尽力隐藏那只随时要发抖的左臂。他是个病人……走路时一条腿拖在后面。"[10]

然而希特勒的精神却仍然同从前一样高涨。将军们原以为最高统帅会给他们讲一讲反攻的全面军事形势，而他却给他们谈了一通政治和历史的大道理。

> 历史上从来没有过像我们的敌人那样的联盟，成分那样复杂，而各自的目的又那样分歧……一方面是极端的资本主义国家，另一方面是极端的马克思主义国家。一方面是垂死的帝国，英国；另一方面是一心想取而代之的原先的殖民地，美国……
>
> 联盟中的每一个伙伴在参加时都抱有各自的政治野心……美国企图继承英国的衣钵；俄国想要取得巴尔干……英国打算保住它在……地中海的地盘……眼前这些国家就在争吵不休。谁能够像蜘蛛那样坐在网中央，注意形势的发展，他就可以观察到这些国家间越来越加深
> 1091 的矛盾。
>
> 如果我们发动几次攻击，这个靠人为力量撑住的共同战线随时随地可能霹雳一声突然垮台……只要我们德国能保持不松劲……
>
> 要紧的是打破敌人认为胜利在握的信念……战争最后要看哪一方认输。我们在任何时候都要让敌人知道，不管他们怎样，他们绝不能叫我们投降。绝不能！绝不能！[11]

将军们散会时，这个动员演说还在他们的耳朵里嗡嗡地响着。他们谁也不相信——至少他们后来这样说——阿登攻势会成功，但是他们仍然决心尽最大的能力去执行命令。

他们这样做了。12月15日夜间，德军在亚琛以南的蒙绍和特里尔西北的埃希特纳赫之间的70英里的战线上进入他们的进攻阵地。这天晚上很黑，下着霜，浓雾笼罩着阿登森林附近崎岖的大雪覆盖着的群山。根据天气预报，会连着几天有这样的气候，估计盟军的飞机在这期间不能起飞，德国的供应线可以免遭诺曼底那样的浩劫。连着五天天气都帮了希

特勒的忙，这个完全出乎盟军总司令部意料的德军行动，在12月16日早晨获得初步进展以后，接连几次突破盟军阵地。

12月17日夜间，一支德军装甲部队到达斯塔沃洛，它距美军第一军团总部驻扎地斯帕只有八英里，美军仓皇撤退。更重要的是，它距一个存有300万加仑汽油的巨大美国供应站只有一英里。假如这个供应站被德国装甲部队占领，它就会行进得更远更快，因为德军非常缺乏汽油。由于汽油供应不上，它的装甲部队不断放慢进军速度。斯科尔兹内的所谓第一五〇装甲旅，穿着美式军服，驾驶着缴获的美军坦克、卡车和吉普车推进得最远。约有40辆吉普车穿过被击溃的前线，其中有几辆一直进抵默兹河。[*] 1092

但是在美军第一军团四个战斗力不强的师在阿登森林被击溃以后，其他零星部队坚强的临时抵抗却使德国的进展缓慢下来。同时，它们在蒙绍和巴斯通两处突破处的南北两翼坚守阵地，使德军只能通过狭长的突出地带前进。美军在巴斯通的这一场抵抗决定了德军的命运。

巴斯通这个公路交叉点，是防守阿登森林和其后面的默兹河的关键。如果防守坚固，不但能够阻止曼陀菲尔率领的第五装甲军沿主要公路向默兹河上的迪南进攻，而且能够牵制准备进一步推进的大批德军。12月18日早晨，曼陀菲尔的装甲部队的前哨离巴斯通只有15英里，而城内只有一些准备撤退的美军一个军的参谋人员。17日晚上，在兰斯休整的第一〇一空降师奉命以最大速度赶到100英里以外的巴斯通。卡车开着灯跑了整整一夜，在24小时内赶到该城，比德军到得稍早一点。这是一次有决定意义的行军比赛，德国人输了。德军虽然包围了巴斯通，但要把部队绕过它，继

---

* 12月16日，一名携带几份“狮鹫计划”的德国军官被俘之后，美国人才了解到底发生了什么事。但这似乎并没有停止斯科尔兹内所率领的人所造成的初步混乱，其中有些人伪装成美国宪兵在公路交叉处站岗，胡乱地瞎指挥美国军事运输。这也没有使第一军团的谍报官员不相信被俘虏的身穿美军制服的德国人所制造的谎言，说什么有几个斯科尔兹内的敢死队正在到巴黎去刺杀艾森豪威尔。接连好几天，从前线一直到巴黎，有上万的美军被宪兵拦阻，他们必须回答哪一个棒球队赢得冠军、自己出生州的首府，以便证明自己确是美国人——虽然其中有些士兵忘记了或者根本不知道答案。很多身穿美军制服的德军在被俘之后被立即枪杀，其余的在受审后也被处决了。斯科尔兹内本人是1947年在达豪的美国军事法庭上受审的，但被释放了。此后他移居西班牙和南美，不久就在那里做起兴隆的水泥生意，并且写了回忆录。

续向默兹河推进，是有困难的，他们不得不把强大的部队留下来牵制这个公路交叉点，试图把它拿下来。

12月22日，德国第四十七装甲军司令海因里希·冯·吕特维茨将军写信给美军第一〇一空降师师长A. C.麦考利夫将军，要求巴斯通守军投降。他收到一封后来传得很广的只有一个字的回信："呸！"

圣诞节的前一天是希特勒在阿登森林赌博的决定性的转折点。德国第二装甲师的一个侦察营在前一天到达默兹河上迪南以东三英里的高地，等候开坦克的汽油和援军，以便沿斜坡直冲默兹河。汽油和援军都没有到来。美国第二装甲师突然从北面打来。巴顿的第三军团的几个师已经从南面攻上来，其主要目的是解巴斯通之危。曼陀菲尔后来写道："在24日的晚上，已经看得很清楚，我们的行动已成强弩之末。我们现在知道我们的目标是绝对达不到了。"德国狭长的突出阵地两翼所受的压力实在太大了。圣诞节的前两天天气转晴，英美空军大显身手，大肆轰炸德国供应线和驶上狭窄崎岖的山间公路的军队和坦克。德军向巴斯通做最后一次尝试。德军在圣

阿登战役中被德军俘虏的一队美国士兵。

诞节整天——从凌晨3点开始——发动了一系列的攻击，但是麦考利夫的
守军屹立不动。第二天，巴顿第三军团的装甲部队从南面突破，为守军解
危。对德军来说，现在面临的问题是如何从狭长的走廊地带撤退，以免被 1093
切断和消灭。

但是希特勒对于任何撤退的建议都是听不进去的。12月28日晚上，他召集了一个大规模的军事会议。他不但不听从伦德施泰特和曼陀菲尔的劝告，及时把德军从突出阵地撤出来，反而命令继续猛攻巴斯通，重新向默兹河推进。此外，他还坚持马上向南方阿尔萨斯发动进攻，那里的美军战线由于巴顿派了几个师北上进攻阿登森林而变得薄弱了。将军们声称，他们既没有足够的兵力向阿登森林继续发动进攻，也没有足够的兵力向阿尔萨斯发动进攻，对于这些话，希特勒充耳不闻。

> 先生们，这一行我已经干了11年了，而且……我从来没有听人向我报告过一切事情都已准备得完全好了的……准备永远不会完全。这是很明显的。

他滔滔不绝地说下去。* 将军们看得明白，他们的总司令说着说着，早已看不见现实而置身于云雾之中了。

> 问题在于……德国是否有意志继续生存下去和是否将遭到摧毁……这场战争若失败，德国人民就毁灭了。

他接下去又花了很多时间谈了罗马帝国的历史，谈了七年战争中普鲁士的历史。最后他又回到当前的迫切问题。尽管他承认阿登攻势“并没有获得预期的决定性胜利”，但是他声称这一战役已经带来了“整个形势的转变，在半月以前没有人相信这种转变是可能的”。

---

* 从几乎完整无缺的会议速写记录的长度来看，他讲了有几个钟头。这份记录是元首会议记录第二十七号残稿。讲话的全文见吉尔伯特：《希特勒指挥他的战争》，第158—174页。

> 敌人不得不放弃所有的进攻计划……他们不得不把已经精疲力竭的部队拖上战场。他们的作战计划完全被打乱了。他们在国内受到严厉的批评。目前是敌人心理上很不利的时刻。敌人已经不得不承认在8月以前决定战局已没有希望，也许到明年年底也不能……

末了这句话是承认最后的失败吗？希特勒连忙想纠正这种印象。

> 先生们，我必须补充说……你们绝不能认为我会（哪怕是极为遥远地）预计到战争将要失败……我从来不懂得什么叫“投降”……在
> 1094 我看来，今天的形势并不新鲜。我经历过比这糟糕得多的形势。我提这些只是因为我要你们了解为什么我要这样狂热地追求我的目标，为什么没有任何东西能够把我拖垮。虽然焦虑使我苦恼，甚至损害我的健康，但没有东西能够丝毫改变我继续作战直到最后胜利为止的决心。

至此他呼吁他的将军们拿出“全部精力”来支持这次攻势。

> 那时候我们将……彻底打垮美军……那时候我们看吧。我不相信敌人能长期抵抗45个德国师……我们仍将掌握命运！

太晚了！德国缺少能把他的话兑现的兵力。

元旦那天，希特勒以八个师的兵力攻打萨尔地区，并且命令海因里希·希姆莱率领一个军团从上莱茵河的桥头堡发动猛攻。在德国将领们看来，让希姆莱带兵简直是在开玩笑。这两起攻势都没有获得进展。从1月3日起以两个军共九个师的兵力向巴斯通所发动的总攻，展开了阿登战役中最激烈的战斗，但也毫无所获。到1月5日，德军已放弃夺取这一重镇的希望。他们面临着被英美军队反攻切断的危险，这一反攻是1月3日从北面发动的。1月8日，莫德尔所率领的军队在巴斯通东北的乌法利兹有被包围的危险，这时他才接到准许撤退的命令。到1月16日为止，恰好是希特勒以他最后的兵力军火做赌注发动攻势的一个月之后，德军又回到他们开始攻击的战线。

德军死伤和失踪约12万人，损失了600辆坦克和重炮、1 600架飞机和6 000辆汽车。美国损失也很惨重：死亡8 000人，受伤48 000人，被俘或失踪21 000人，还损失了733辆坦克和反坦克炮。* 但是美军能补充他们的损失，而德军却办不到。他们已经把最后的招数都使出来了。这是第二次 1095
世界大战中德军的最后一次大反攻。它的失败不仅使西线的失败成为不可避免，而且也葬送了东线的德军，因为希特勒将他最后的后备力量投入了阿登战役，这一行动的不利后果马上就显示了出来。

希特勒在圣诞节后第三天向他的西线将领发表的冗长训话中，对俄国战场仍然十分乐观。虽然巴尔干半岛已经丢失，但德军从10月以来仍然坚守着波兰和东普鲁士的维斯杜拉河的阵地。

> [希特勒说] 很不幸，由于我们的宝贝同盟军的叛变，我们不得不逐步后撤……但尽管如此，我们大体上还能守住东战场。

但能守多久呢？古德里安在俄军包围布达佩斯之后，曾在圣诞节前夕和元旦早晨两度向希特勒乞求援兵，以便应付俄军在匈牙利的威胁和应付他预料苏联将于1月中旬在波兰发动的攻势，但是毫无结果。

---

* 美军死亡人数中有一些俘虏是12月17日在马尔梅迪附近被约亨·派佩尔上校所率领的党卫军第一装甲师战斗部队惨杀的。根据在纽伦堡所提出的证据，有129个美国俘虏被害，后来在审判党卫军军官时被害人数减为71人。1946年春天，达豪美国军事法庭的审判引起了一个很奇怪的后果。43个党卫军军官，包括派佩尔在内，被判处死刑，23人判处无期徒刑，8人有期徒刑。曾经在突出地带北面作战的党卫军第六装甲军团司令塞普·迪特里希被判处25年徒刑，党卫军第一装甲军团司令克雷默被判处10年徒刑，党卫军第一装甲师师长赫尔曼·普里斯被判处18年徒刑。

于是美国参议院引起一阵大吵大闹，特别是已故参议员麦卡锡吵得厉害，说什么为了逼口供，党卫军的军官受到虐待。1948年3月，有31个被判死刑的获得减刑；4月间，卢修斯·D. 克莱将军把12名判处死刑的减为6名；1951年1月，美国高级专员约翰·麦克洛伊将全部死刑都大赦为无期徒刑。在作者写这本书时，全部犯人均已释放。在所谓党卫军军官受到虐待的吵闹声中，有一个无可辩驳的证据差不多被人遗忘了，这就是1944年12月17日在马尔梅迪附近的一个雪地里至少有71个手无寸铁的美军俘虏在数名党卫军军官的命令或煽动下被残酷屠杀了。

［古德里安说］我曾指出，由于西方盟军的轰炸，鲁尔地区已经陷于瘫痪……可是我又指出，另一方面，上西里西亚的工业区仍然能够全部开工，德国军人工业的中心已经移到东方了。如果上西里西亚失守，我们在几星期内就将遭到失败。但是这些话等于白说。我受到驳斥，在最没有基督教气氛的环境中度过了一个十分惨淡的圣诞节前夜。

但是古德里安在1月9日第三次到希特勒的大本营去。他带着他的东线谍报处处长格伦将军。格伦企图用地图和其他图表向元首说明，在俄国即将于北方发动的攻势下，德国所面临的处境十分危急。

［古德里安说］希特勒大发雷霆……他说这些图表是“完全荒谬”的，并且命令我把制图表的人关到疯人院去。我当时也发了火说：“如
1096 果你要把格伦将军送进疯人院，最好让医生证明我也是疯子吧！”

希特勒硬说，东线战场“从来没有拥有像今天这样强大的后备力量”。古德里安反驳道：“东线战场是个空架子，只要突破一点，全线都会崩溃。”[12]

事情果然如此。1945年1月12日，科涅夫率领的集团军从华沙南面维斯杜拉河上游的巴拉诺夫的桥头堡出击，向西里西亚推进。在其北面，朱可夫率领的集团军跨过华沙南面和北面的维斯杜拉河，华沙在1月17日失守。再往北，俄国两个军团占领了半个东普鲁士，并且挺进到但泽湾。

这是大战以来俄国发动的最大攻势。仅仅在波兰和东普鲁士两地，斯大林就投入了180个师的兵力，其中很大一部分是装甲师。它们锐不可当，势如破竹。

古德里安说：“到1月27日［苏联发动攻势仅15天以后］，俄国的声势浩大的进攻很快就使我们有全军覆没的危险。”[13] 那时东西普鲁士已经被切断。就在这一天，朱可夫从卢本跨过奥得河，在两星期内前进220英里到达德国本土，离柏林只有100英里了。最最严重的是，俄军已经占领了西里西亚的工业基地。

负责军火生产的施佩尔在1月30日，希特勒上台的十二周年纪念日，

给希特勒打了一个报告，指出西里西亚失守的影响。“战争已经失败”，报告开头便这样说，接着他冷静而客观地做了说明。自从盟军大举轰炸鲁尔区以来，西里西亚的煤矿就为德国提供了60%的煤。现在铁路、发电厂和工厂所储存的煤只够用两星期。因此，施佩尔说，在西里西亚失守以后，德国所能生产的煤只等于1944年生产的四分之一，钢只等于1944年的六分之一。[14]这就预示出1945年是灾难的一年。

古德里安后来叙述说，元首晃眼看了一下报告，念了第一句之后便叫人把它收在保险柜里。他拒绝单独接见施佩尔。他向古德里安说：

“……我拒绝再单独接见任何人……［他］总是说些使人不愉快的话。我受不了！”[15]

1月27日下午，在朱可夫的部队渡过奥得河，离柏林只有100英里的时候，希特勒大本营发生了饶有趣味的事。这时大本营已迁至柏林总理府，此后，一直到最后，大本营都没有再移动。25日那天急得团团转的古德里安去见里宾特洛甫，要他设法同西方马上接洽停战，以便使剩下来的德国军队能集中起来对付东线俄军。这位外交部长马上到元首跟前告密，于是那天晚上希特勒把古德里安大骂了一顿，并且指控他犯了“叛国罪”。 1097

但是在两个晚上以后，东线的灾难性的打击使得希特勒、戈林和约德尔反而认为没有必要向西方要求停战了。他们深信西方盟军由于害怕布尔什维克的胜利所带来的后果会自动找上门来。1月27日元首会议记录的片断还保存了这场戏的一部分。

希特勒：你们认为英国人对俄国的这一切进展会感到高兴吗?

戈林：他们当然不希望我们会挡住他们，而让俄国人占领整个德国……他们当初并不希望……我们会像疯子一样地抵挡他们，而让俄国人节节进逼，现在差不多占领了整个德国……

约德尔：他们一向对俄国人怀有戒心。

戈林：如果这种情势发展下去，几天之内我们就会［从英国人那里］收到电报。[16]

第三帝国的首脑们就这样把他们的最后希望系在一根游丝上。这些人曾经缔结了对付西方的《德苏条约》，但是到最后他们还是不能理解为什么英国人和美国人不跟他们一道去击退俄国的进犯。

德国军队的崩溃

1945年春天，第三帝国的末日很快地来到了。

垂死前的痛苦是在3月里开始的。到了2月，由于鲁尔区大部分已经成为一片废墟，上西里西亚又沦丁敌手，煤的产量降到1944年的五分之一；而且由于英美轰炸使得铁路和航运瘫痪，这些煤很少能运出去。元首会议上的主要议题是缺煤问题。邓尼茨抱怨说，因为没有燃料，他的舰只有很多无法开动。施佩尔耐心地解释说，由于同样原因，发电厂和军火工厂也陷于停顿状态。罗马尼亚和匈牙利油田的丧失，加上德国合成油工厂遭到轰炸，使得汽油非常缺乏，以致迫切需要投入战斗的战斗机大部分不能起飞，被盟军的空军炸毁在飞机场上。由于坦克缺乏汽油，很多装甲师不能出动。

对“神奇武器”的指望最后也放弃了。不仅是人民大众和士兵，甚至于像古德里安这样讲求实际的将军们，都曾一度把他们的希望寄托在这种武器上。当艾森豪威尔的军队重新占领法国和比利时的海岸时，用以袭击
1098 英国的V-1飞弹和V-2火箭发射场，除了在荷兰还保留了几处以外，其余差不多全部丧失了。当英美军队进抵德国边境以后，德国向安特卫普和其他军事目标发射了约有8 000枚这种飞弹，但造成的损失微不足道。

希特勒和戈林曾经想要依靠新的喷气机把盟军的空军赶跑。如果缺乏这种飞机的英美飞行员未能成功地采取对策的话，希特勒的想法是可能实现的，因为德国人已经制造了1 000多架这种飞机。盟军的老式战斗机是无法同德国喷气机在空中较量的，但是这种喷气机极少能够起飞。制造供喷气机使用的特殊汽油的炼油厂已经被炸毁了，为了使喷气机能够起飞而建造的加长跑道很容易被盟军飞行员发现，把停在机场上的喷气机炸毁。

海军元帅邓尼茨曾经向元首保证，新的用电力发动的潜艇能在海上创造奇迹，再度给北大西洋上的英美生命线以灾难性的打击。但是到1945年

佩内明德的V–2火箭发射场，在其被盟军炸毁之前。

2月中旬为止，新制造的126艘这种潜艇，只有两艘下了水。

至于那曾使伦敦和华盛顿十分焦虑的德国原子弹计划，也没有什么进展，这是因为希特勒对它没有兴趣，同时希姆莱又逮捕了许多原子科学家，怀疑他们对国家不忠，或者把原子科学家派去从事他认为是更重要的一些无聊的“科学”实验。1944年底英美两国政府大大松了一口气，他们已探悉到德国人在这一次战争中不可能有原子弹。*

现在已有85个师兵力的艾森豪威尔的军队，于2月8日开始向莱茵河进逼。他们预计德国军队只能采取拖延战术，而且为了保持实力，会退到江面辽阔、水流甚急的极难强渡的莱茵河对岸去。伦德施泰特就曾提出过这样的主张。但是在这里，也像在其他的地方一样，希特勒在这些吃败仗

* 他们怎样探听到这件事是十分有趣的，可惜故事很长，不能在这里叙述。塞缪尔·古德斯米特教授在他写的一本名叫《阿尔索斯》（*Alsos*）的书里讲得很清楚。“阿尔索斯”是这个教授所率领随艾森豪威尔的军队进入西欧的一个美国科学团体的代号。

的日子里总不愿听撤退的话。他对伦德施泰特说，这不过意味着“把灾难从一个地方转移到另一个地方而已”。因此，德军在希特勒的坚持下守住了阵脚，但是并没有能守多久。到2月底，英美军队在杜塞尔多夫以北好几处地方进抵莱茵河。两个星期以后，他们已经牢牢控制了摩泽尔河以北的莱茵河左岸。德军死伤和被俘的又有35万人，其中被俘的占29.3万人，大部分武器和装备均已损失。

希特勒又大发雷霆。3月10日，他最后一次把伦德施泰特革职，换上
1099 来的是在意大利长期苦战坚守的凯塞林元帅。2月间，元首在大怒之下已经打算宣布废除《日内瓦公约》。他在19日的会议上说：“让敌人知道我们决心用我们手头所有的一切手段为我们的生存而战。”不上火线却又嗜血成性的戈培尔博士怂恿希特勒采取这一步骤，他建议将所有被俘的飞行员一律立即枪毙，作为盟军猛烈轰炸德国城市的报复。当有些在场的将领从法律的角度提出反对意见时，希特勒愤怒地反驳道：

> 见他的鬼！……如果我毫不含糊地表明：我不体恤俘虏，不管报复不报复，我根本不考虑敌军战俘的权利，那么，不少［德国］人在他们开小差以前就会好好想一想。[17]

这是希特勒的追随者第一次看到，在他的世界征服者的使命失败以后，他决心像奥丁在瓦尔哈拉那样，要投入一场血腥的大屠杀中，不仅要使敌人而且也要使德国人民同归于尽。在讨论结束时他要邓尼茨海军元帅“考虑这一步骤的利弊，并火速汇报”。

第二天邓尼茨带来了他的报告，这个报告典型地显示了邓尼茨的为人。

> 这件事如果实行，弊多利少……总而言之，最好还是维持一下表面，同时把我们认为必要的措施实行起来，但不必事先就宣布。[18]

希特勒勉强同意了这个报告。正如前面已经提到过的，[*]虽然被俘飞行

* 见本书第二十七章，“新秩序”。

员和其他战俘（俄国人除外）没有普遍遭到屠杀，但有好些被杀害了，而且老百姓也被教唆用私刑打死用降落伞着陆的盟军飞行员。有一个被俘的法国将军名叫梅斯尼，是按照希特勒的命令蓄意加以谋杀的。盟军战俘被迫长途行军，在途中没吃没喝，同时又遭到盟军在空中的扫射，很多战俘断送了性命。德国的意图是想把这些战俘运到内地去，以免被进攻的盟军解放。

希特勒要德国士兵“在开小差以前好好想一想”的问题不是没有根据的。在西线开小差的人，至少是在英美军队进攻前面尽快投降的人，正在急剧地增加。2月12日凯特尔以“元首的名义”下了一道命令说，任何士兵“骗取假条或用伪造证件旅行……将被处死刑”。3月5日，西线H集团军总司令布拉斯科维茨将军下令：1100

> 一切散兵游勇……以及自称掉队而在寻找其队伍者，就地审讯枪决。

4月12日，希姆莱更进了一步，他下命令说，对任何放弃市镇和重要交通中心的指挥官“均可处以死刑”。守卫莱茵河桥头的一些不幸的指挥官已经成了这道命令的牺牲者。

3月7日午后，美军第九装甲师到达雷马根附近的高地，距莱茵河上游的科布伦茨25英里。使美国坦克部队惊异的是，他们看到在莱茵河上的鲁登道夫铁路桥仍未遭受破坏。他们马上从斜坡冲到河边。工兵们急忙切断他们所能找到的一切爆炸物的引线。一个步兵排冲过大桥，当他们到达东岸时接连发生两起爆炸。大桥震动了一下，但仍屹立着。守在岸边的缺乏战斗力的德军很快就被击退了。坦克冲过桥去，傍晚在莱茵河东岸建立了坚强的桥头堡阵地。德国西部最后一个天堑就这样被越过了。*

几天以后，3月22日晚上，巴顿的第三军团在美国第七军团和法国第五军团的配合下，打了一个漂亮仗，拿下萨尔-普法尔茨三角地带以后，又

---

* 希特勒下令枪决指挥雷马根大桥薄弱守军的八名军官。他们在希特勒设立的“西线飞行特别法庭”受审，主持这一审讯的是一个狂热的纳粹将军，名叫许布纳。

在美因茨以南的奥本海姆渡过莱茵河。3月25日，英美军队已经完全控制了莱茵河西岸，并在两处地方渡河建立了坚强的桥头堡阵地。六周之内，希特勒在西线的兵力损失了三分之一，并且损失了差不多可以装备50万人的武器。

3月24日凌晨2点30分，希特勒在他的柏林大本营召集军事会议研究对策。

> 希特勒：我认为奥本海姆的第二个桥头堡是最大的危险。
>
> 赫维尔［外交部代表］：那儿的莱茵河河面并不宽。
>
> 希特勒：足有250米。在这样险要的河上，只要有一个人睡着了就会带来可怕的不幸事件。

最高统帅想要知道是否“能派一个旅或相当的兵力到那里去”。一个副
1101 官回答说：

> 目前派不出到奥本海姆去的部队，在谐纳军营只有五门反坦克大炮，它们将在今天或者明天准备好，要在几天以后才能投入战斗。[19]

几天以后！就在他们开会的时候，巴顿已经在奥本海姆建立了一个7英里宽、6英里深的桥头堡阵地，而且他的坦克正向东面的法兰克福推进。当年一度强大的德国军队曾以其不可一世的装甲军在欧洲横冲直撞，而在目前这种危急的时刻，最高统帅所考虑的不过是拼凑五门“要在几天之后才能投入战斗”的破烂的反坦克大炮，去抵挡敌人强大的装甲部队的进攻，由此可见其所处困境之一斑。*

---

* 3月23日元首会议的记录是未遭焚毁并且仍然保存得相当完整的最后一次记录。从这个记录里可以清楚地看出元首癫狂的心理状态和他在大厦将倾的时刻只注意鸡毛蒜皮的琐事的情形。他花了大半个钟头讨论戈培尔提出的用穿过柏林动物园的一条宽广大街作为飞机跑道的计划。他大谈在轰炸下德国水泥的缺点。这次会议讨论的主要是拼凑军队的问题。一个将军提出了印度军团的问题。

> 希特勒：印度军团是开玩笑。有的印度人连虱子都不能捏死，宁愿让虱子咬死。他们也不会杀英国人。我们用他们去对付英国人是毫无意义的……如果我们用印度人去推动法轮之类的东西，他们将是世界上精力最充沛的军队……

就这样一直讨论到深夜。散会时已是凌晨3点43分。

到了3月的第三周，美军已渡过莱茵河。3月23日晚上，蒙哥马利所率领的英、加、美强大盟军开始强渡下莱茵河，分兵向德国北部平原和鲁尔区推进。这时候希特勒把他的仇恨从进逼的敌人那里转移到曾给他赢得德国历史上最大胜利的德国人民身上。现在在这失败的冬天里，他认为人民已经远远配不上他的伟大了。

希特勒在1944年8月对纳粹地方领袖的演讲中说："如果德意志民族在这次斗争中被击败的话，它想必是太衰弱了：它在历史面前没有能够证明它的英勇气概，注定只能遭到毁灭。"[20]

他的身体很快地垮了下来，这也使得他的心理受到有害的影响。指挥作战的紧张，接二连三吃败仗所带来的震惊，久居地下室缺乏新鲜空气和活动的有损健康的生活，更加经常的大发脾气，以及他遵照江湖医生莫雷尔的劝告每天服用的有毒性的药品（这也是同样重要的因素）——这一切使他在1944年7月20日事件以前，健康已经受到损害。7月20日那天的爆炸震破了他两耳的鼓膜，常常引得他头晕目眩。在炸弹事件以后，他的医生们劝他去长期休假，但是他拒绝了。他对凯特尔 1102
说："如果我离开东普鲁士，它就会沦于敌手。只要我在这里，它就保得住。"

1944年9月，他病倒了，不得不躺在床上。11月间，他回到柏林时恢复了健康。但是他再也没有能恢复对自己可怕的脾气的控制力。1945年，前线来的消息越发不妙，他暴跳如雷的时候就愈来愈多了。他发脾气时总是手脚发抖，无法控制。古德里安将军曾描写过好几次这种时刻的情况。1月底，当俄国人已经打到距离柏林100英里的奥得河时，这位参谋总长开始要求把在波罗的海地区被切断的几个德国师从海上撤出来。这时希特勒向他发作起来。

> 他站在我面前晃着拳头，我那好心肠的参谋长托马勒不得不抓住我的衣襟，把我向后拉了一把，他怕我会挨揍。

据古德里安说，几天以后，1945年2月13日，他们两人又就俄国战场形势大吵了两个钟头。

> 他站在我面前，举起拳头，脸上气得通红，全身发抖。狂怒使他变成了另一个人，完全丧失了控制自己的能力。在每一次发作之后，他就在地毯边上走来走去，然后猛地在我面前停下来，重新指着鼻子骂我。他几乎是放开嗓门嘶叫，两只眼睛鼓得要脱出来，额边的青筋也暴了起来。[21]

就是在这种精神状态和健康情况下，德国元首做出了他一生中最后的重大决定之一。3月19日，他下了一道总命令，要把所有德国的军事、工业、运输和交通设备以及所有的储备统统毁掉，以免它们完整地落入敌人之手。这些措施要在纳粹地方领袖和“民防委员们”的协助下由军事人员执行。命令最后说：“一切指示与本命令相抵触者均属无效。”[22]

这就是说，德国要变成一片荒漠般的不毛之地。可以使德国人民在战败后维持生存的任何东西都不能保留下来。

坦率的军备和战时生产部长施佩尔，从以前和希特勒的谈话中已经预料到他会发出这样野蛮的指示，因此在3月15日曾写了一个备忘录，坚决反对这种犯罪行为，并重申他认为战争已经失败的意见。3月18日晚上，他亲自将备忘录交与元首。

> ［施佩尔说］四到八个星期内，德国经济将要最后崩溃，这是可以料定的……经济崩溃以后，战争就再也不能继续下去了，即使在军事
> 1103 上也是如此……我们必须尽力保持一个基础，哪怕是一种最原始的状态的基础，使这个民族能够继续生存下去……我们没有权力在战争的现阶段进行一种可以影响这个民族的生存的破坏行动。如果我们的敌人要摧毁这个曾经无比英勇地作过战的民族，那么，这个历史的耻辱应完全由他们承担。我们有责任使这个民族有一切的可能在遥远的将来得到复兴……[23]

但是自己的命运已经注定的希特勒，对于他曾经表示过无限热爱的德意志民族的继续生存是毫无兴趣的。他对施佩尔说：

如果战争失败，这个民族也将灭亡。这种命运是不可避免的。没有必要考虑这个民族维持一个最原始的生存基础的问题。恰恰相反，最好由我们自己动手把这些基础破坏掉，因为这个民族将被证明是软弱的民族，而未来只属于强大的东方民族［俄国］。而且，在战争以后留下来的人不过都是劣等货，因为优秀的人已经战死了。

因此第二天，这位最高统帅公布了他那臭名昭著的"焦土"政策的指示。元首的秘书马丁·鲍曼在3月23日也发了一道同样野蛮的命令，这个胆小如鼠的人物现在在希特勒宫廷中的地位超过任何其他纳粹暴吏。施佩尔在纽伦堡法庭上叙述道：

鲍曼的命令旨在把德国东部和西部的人口，包括外国劳工和战俘在内，移至德国中部。数以百万计的人必须徒步旅行。对他们的生存没有准备任何条件，而且在当时的情况下，也没有办法准备。这势必要造成不可想象的饥荒。

假如希特勒和鲍曼的其他命令——他们还发出一系列的补充指示——都付诸执行的话，数以百万计的尚未在战争中死去的德国人也要送命了。施佩尔在纽伦堡法庭上总括各种"焦土"命令说，必须摧毁的有：

所有工厂、所有重要的电力设备、自来水厂、煤气厂、食品店、服装店；所有的桥梁、铁路和交通设备；所有的河道、船只；所有的机车和货车。

德国人民之所以能够幸免这一次最后的灾难，除了因为盟军的进展神速使得这次巨大的破坏无法执行之外，是由于施佩尔和一些军官尽了他们非凡的努力。他们（终于！）直接违抗希特勒的命令，在国内四处奔走，1104
保证重要的交通、工厂和商店不被那些死心塌地服从命令的军官和纳粹党棍们炸毁。

德国陆军的末日现在来临了。

蒙哥马利元帅所率领的英加军队，在3月的最后一周渡过下莱茵河，向东北推进，直趋不来梅、汉堡和波罗的海边上的吕贝克。同时，辛普森将军率领的美国第九军团和霍奇斯将军率领的美国第一军团分别迅速地从北面和南面绕过鲁尔区。4月1日，他们在利普施塔特会师。莫德尔元帅的B集团军，包括第十五和第五十装甲军团，共计21个师，被包围在德国最大工业区的废墟之中。他们撑持了18天，在4月18日投降。德军325 000名官兵被俘，其中包括30名将官，但莫德尔不在其内。他不愿做俘虏，自杀身死。

莫德尔的部队在鲁尔的被围，使得德国西线出现了一个200英里宽的大缺口，美国第九军团和第一军团的部队已无须再牵制鲁尔区，现在正通过缺口直趋德国心脏易北河。通往柏林的道路已经大开，在美国这两个军团和德国首都之间只有几个零星溃散的德国师。4月11日晚，一天内挺进了大约60英里的美国第九军团先头部队到达马格德堡附近的易北河，第二天就在河岸建立了桥头堡。美国人离柏林只有60英里了。

艾森豪威尔现在的目的是要在马格德堡与德累斯顿之间的易北河上与俄国人会师，把德国分裂为二。虽然艾森豪威尔遭到丘吉尔和英国军事首脑们的严厉抨击，责备他没有抢在俄国人前面到达柏林，因为对他来说这本是轻而易举的事，可是艾森豪威尔和他的盟国远征军最高统帅部的参谋们此时却急于想要同俄国人会合以后马上向东南进攻，以便夺取所谓的“民族碉堡”。据说希特勒正在那里聚集残部，打算在南巴伐利亚和西奥地利之间的几乎无法逾越的阿尔卑斯山中做最后抵抗。

“民族碉堡”其实只是一个幻影。它只存在于戈培尔博士的宣传中和中了这种宣传之计的艾森豪威尔总部的小心翼翼的人们的心上。早在3月11日，盟国远征军最高统帅部的情报就提醒艾森豪威尔说，纳粹正在策划在山区修建攻不破的堡垒，而且希特勒将要亲自从贝希特斯加登的巢窟中指挥防守。情报说，冰天雪地的山崖是“几乎攻不破”的。

> [情报又说] 在这里，迄今为止领导德国的那些力量，将能依靠天
> 1105 险和最有效的秘密武器，继续存在下去，准备东山再起。这里的轰炸

美国与苏联军队会师易北河。

不着的工厂将生产军火，粮食和设备将贮藏在巨大的地下崖洞里，经过特别选拔的年轻人将受游击战的训练，整个地下军队因此能得到装备和指导，以便从占领军手中解放德国。[24]

盟国远征军最高统帅部的情报处，看来几乎已经有英美侦探小说作家渗透进去了。总之，盟国远征军最高统帅部对这份异想天开的情报是认真对待的。艾森豪威尔的参谋长比德尔·史密斯将军为“在阿尔卑斯山中进行旷日持久的战争”的可怕的可能性大伤脑筋。他担心它会使美国人的生命遭受巨大损失而且使战争无限期拖延下去。*

这是诡计多端的戈培尔博士最后一次以他的恫吓宣传成功地影响了战争

---

* 奥马尔·布莱德雷将军后来写道：“直到战事结束以后，我们才知道所谓碉堡多半是几个疯狂的纳粹党人的想象。这个计划言过其实，我真感到奇怪，为什么当时我们竟会那样天真地相信它。但当这个碉堡的神话一再流传的时候，它是一个很不祥的威胁，使人很难忽视它，这样一来，在战争临近结束的几个星期中，它就决定了我们的战术思想。”（布莱德雷：《一个军人的故事》[*A Soldier's Story*]，第536页）

凯塞林元帅在战后挖苦地评论道：“关于阿尔卑斯山的堡垒写的许多东西，多半是无稽之谈。”（凯塞林：《一个军人的记录》[*A Soldier's Record*]，第276页）

的战略过程。希特勒最初诚然考虑过退到奥地利–巴伐利亚深山中去进行最后的抵抗，因为他是在那儿附近诞生的，一生中大部分的私生活是在那里度过的，他喜爱那里，在贝希特斯加登山上的上萨尔茨山上又有那唯一可说是属于他自己的家，但是他迟疑不决，把事情耽误了。

4月16日美军进抵纳粹党召集大会的所在地纽伦堡，同时朱可夫率领的俄国军队从奥得河上的桥头堡出击，在4月21日进抵柏林郊区。维也纳已在4月13日失守。4月25日下午4点40分，美军第六十九步兵师的巡逻部队与俄军第五十八近卫师的先遣部队在柏林以南75英里的易北河上的托尔高会师。德国南北被切断了。阿道夫·希特勒被孤立在柏林。第三帝国
1106 的末日已经到来。

注　释

1. 施派德尔：《1944年的入侵》，第147页。

2. 英国陆军部提审记录，许尔曼援引，见《西方的溃败》，第206页。

3. 元首会议，1944年8月31日。费利克斯·吉尔伯特：《希特勒指挥他的战争》，第106页。

4. 元首会议，1943年3月13日。

5. 美国战略轰炸调查处：《经济报告》，附录，表15。

6. 引自美国第一军团情报处的报告，许尔曼援引，见《西方的溃败》，第215—219页。

7. 艾森豪威尔：《欧洲十字军》，第312页。

8. 伦德施泰特致李德·哈特的信件，见《德国将领谈话录》，第229页。

9. 古德里安：《装甲部队的领导人》，第305—306页，第310页。

10. 根据曼陀菲尔，见弗赖丁和理查逊编辑：《致命的决定》，第266页。

11. 元首会议，1944年12月12日。

12. 古德里安：《装甲部队的领导人》，第315页。

13. 同上，第334页。

14. 阿尔伯特·施佩尔致希特勒信件，1945年1月30日，见《主要战犯的审讯》，第41卷。

15. 古德里安：《装甲部队的领导人》，第336页。

16. 元首会议，1945年1月27日。这个文件收录在费利克斯·吉尔伯特所著《希特勒指挥他的战争》中，第111—132页。我对原文的次序略做了更动。

17. 元首会议，无日期，也许是1945年2月19日，因为邓尼茨海军上将在他那天的记载中提到过这次讨论。见《海军事务元首会议记录》，1945年，第49页。吉尔伯特在《希特勒指挥他的战争》中援引了希特勒的话，见该书第179页。

18.《海军事务元首会议记录》，1945年，第50—51页。

19. 元首会议，1945年3月23日。这是保存下来的最后一份抄本。吉尔伯特在所著《希特勒指挥他的战争》中刊登了全文，见该书第141—174页。

20. 阿尔伯特・施佩尔在纽伦堡的供词，《主要战犯的审讯》，第16卷，第492页。

21. 古德里安：《装甲部队的领导人》，第341，343页。

22. 希特勒命令全文，《海军事务元首会议记录》，1945年，第90页。

23. 根据施佩尔，见《主要战犯的审讯》，第16卷，第497—498页。这一部分（包括引用的希特勒和施佩尔的话在内）引自施佩尔1946年6月20日在纽伦堡的证词，载《主要战犯的审讯》，第16页；另引自他为自己辩护而提出的文件，载第41卷。

24. 远东盟军统帅部情报摘要，1945年3月11日。威尔莫特援引，见《争夺欧洲的战争》，第690页。

第三十一章

诸神的黄昏：第三帝国的末日

希特勒原来打算在4月20日，即他56岁生日那天，离开柏林前往上萨尔茨山，在神话中巴巴罗萨的山间堡垒中指挥第三帝国的最后决战。政府各部大部分都已南迁，汽车上满载着政府文件和拼命要离开这注定要沦陷的柏林的疯狂的官员。十天以前，元首也把他的大部分侍从人员送往贝希斯特加登，去收拾他的山间别墅伯格霍夫，专候他的到来。

然而命运已经注定他再也看不到他那心爱的阿尔卑斯山上的山间别墅了。他没有想到末日会来得这样快。美军和俄军正神速地向前推进，以会师于易北河上。英军已兵临汉堡和不来梅城下，被占领的丹麦有被切断的危险。在意大利，博洛尼亚已经沦陷，亚历山大率领的盟军正在向波河流域推进。俄军在4月13日拿下维也纳以后，沿着多瑙河挺进，而美国第三军团也在顺河而下准备和俄国人在奥地利的希特勒家乡林茨会师。战争期间一直在修建宏伟的大礼堂和体育场以作纳粹党的首府的古老城市纽伦堡已被包围，美国第七军团的一部正绕过纽伦堡向纳粹运动的诞生地慕尼黑挺进。柏林已听到俄国重炮的隆隆声了。

办事糊涂的财政部长、曾经在牛津大学领过罗得奖学金的什未林·冯·克罗西克伯爵，一听到布尔什维克党人要来了，便离开柏林仓皇逃向北方去了。他在4月23日的日记中写道："整整一星期，噩耗不断传来。

我国人民似乎正面临着最不幸的命运。”[1]

希特勒是在上年11月20日由于俄军的逼近，最后一次离开他在东普鲁士拉斯滕堡的大本营来到柏林的。自从东线战场战事爆发以来，他很少来柏林，如今他就一直待在柏林了。12月10日，他才离开那里，到巴特瑙海 1107
姆附近的泽根贝格的西线大本营去指挥那场冒险的阿登战役。阿登战役失败后，他在次年1月16日回到柏林。直到他的末日为止，他都在总理府。总理府的大理石大厅已被盟军炸成了废墟。他就在下面50英尺深的地下避弹室中指挥他的正在崩溃的军队。

他的健康在急剧恶化。2月间第一次见到他的一个年轻陆军上尉，后来在回忆当时他的容貌时说：

> 他的脑袋微微晃动。他的左臂松弛地垂着，手颤动得很厉害。他的眼里射出一种无法形容的闪烁的光辉，给人以恐惧的、极不自然的感觉。他的面色和眼圈使人感到他已经精疲力竭。他的一切动作都和衰老的人一样。[2]

自从7月20日炸弹事件以来，他对任何人都不信任，甚至党内老伙伴也不例外。“所有人都欺骗我”，3月里他向一名女秘书这样发火道：

> 我没有可以信赖的人。他们都背叛了我。这使我难过……假如我出了什么事，德国便没有领袖了。我没有继承者。赫斯疯了，戈林失去了人民的拥护，希姆莱不会得到党的赞同，而且他根本不讲艺术……你去想吧，有谁能做我的继承者……[3]

人们也许会认为，在这样一个历史关头还在大谈继承问题，未免不够实际，但在纳粹疯人国，人们却不这么想。不但元首为这个问题伤脑筋，而且我们不久将会看到，那些主要继承候选人，也为这个问题着了迷。

虽然希特勒身体已经垮了，而且由于俄国人打到了柏林和西方盟军占领了德国本土，可怕的末日已迫在眉睫，但是他和他的几个最疯狂的追随者却顽固地盼望能在最后一分钟出现奇迹，使他们得救。他们之中，戈培尔尤其如此。

4月初的一个夜晚，戈培尔向希特勒朗读元首喜爱的一本书：卡莱尔所著的《腓特烈大王史》。他所朗读的这一章叙述的是七年战争中最黑暗的日子，那时这位大王已感到日暮途穷，他对他的大臣们说，如果在2月15日以前他的运气仍不好转，他就要放弃战争，服毒自杀了。这一段历史的
1108 确很合时宜，戈培尔无疑是用极其戏剧化的方式朗诵的。

> “英勇的国王！［戈培尔继续念道］请您再等一等，您那受难的日子就要过去了。您那交好运的太阳很快就要拨云雾而升起来照耀着您了。”2月12日，俄国女皇死了，勃兰登堡王室的奇迹就出现了。

戈培尔告诉克罗西克，希特勒的眼睛里“充满了泪水”。[4]这场动人的情景，我们就是从克罗西克的日记中看到的。

他们在这本英国人写的书的鼓励之下，从希姆莱的无奇不有的“研究”室的档案里调了两张预卜吉凶的星象图来研究。一张是在1933年1月30日元首就职时为他卜算的，另一张是一位无名星象学家在1918年11月9日魏玛共和国诞生之日为它卜算的。戈培尔把对这两个非凡的文件加以重新研究以后得出的结论告诉了克罗西克：

> 一个惊人的事实已经可以看得很清楚，两张星象图都预卜战争要在1939年爆发，并且预料到1941年以前的胜利和以后的节节失败，以及1945年初，特别是4月的前半月的最大的打击。4月下半月我们将要获得暂时胜利。然后是停滞状态，一直到8月，才会有和平。在今后三年内德国的处境很困难，但从1948年开始德国就会东山再起。[5]

用卡莱尔和星象图的“惊人”预言所武装起来的戈培尔，在4月6日对败退中的士兵发出了动听的呼吁：

> 元首宣称时来运转就在今年……天才的真正品质在于它能意识到和确知即将到来的转变。元首知道转变到来的确切时刻。命运给我们带来了这个人，因此在这内外交困的时刻，我们将要亲眼看到奇迹……[6]

不到一个星期，4月12日的晚上，戈培尔自信奇迹的“确切时刻”已经到来。这是情况进一步恶化的一天。美国人已经出现在德绍-柏林公路上，最高统帅部匆匆下令炸毁公路附近的两个最后剩下来的军火工厂。从此以后德军只能依靠手头现有的军火作战了。这一天，戈培尔住在布塞将军在奥得河前线的科斯琴的总部里。布塞对他保证说，俄国要突破防线是不可能的，又说他要坚守这道防线，“直到英国人踢我们屁股为止”。戈培尔在第二天将这些话告诉了克罗西克。

> [戈培尔重述道] 那天晚上他们一起坐在总部里，他发展了他的理
> 论，根据历史的逻辑和正义，情况肯定是要起变化的，正如七年战争 1109
> 中发生了勃兰登堡王室的奇迹一样。

“这一次又是哪一位俄国女皇要死掉呢?”一位军官问。

戈培尔也说不上来。但是，他回答道，命运“带来的可能性是多种多样的”。

当这位宣传部长那天深夜回到柏林的时候，皇家空军把这座都城的市中心又炸成一片火海。总理府和威廉街的阿德隆饭店的废墟在焚烧。在宣传部大楼的石阶上，一位秘书迎接戈培尔并告诉他一件紧急消息。“罗斯福，”他说，“死了!”

从总理府到威廉广场的大火的照耀中看得很清楚，部长面色忽然开朗，精神一振。

“把最好的香槟酒拿出来!”戈培尔喊道，“给我接元首的电话。”

希特勒在马路对面的地下避弹室里躲避轰炸。他拿起电话机。

“我的元首，”戈培尔说，“我向您祝贺!罗斯福死了!星象图里写得清清楚楚，4月下半月是我们的转折点。今天是星期五，4月13日。[其实已

经过了午夜。］转折点到了！”

希特勒的反应没有记录下来，但由于他从卡莱尔和星象图那里获得了鼓励，他的反应是可以想象得出的。不过戈培尔的反应是有记录的。他的秘书说："他欣喜若狂！"[7]

那个昏庸的什未林·冯·克罗西克伯爵也高兴得要疯了。当戈培尔的国务秘书打电话告诉他罗斯福的死讯时，他叫了起来，至少是在他忠实记录的日记里是如此。

> 这真是历史的天使降临了！我们感到她在我们的房里鼓翼的声音。难道这不是我们引颈翘望的运气转变吗？

第二天早晨他打电话给戈培尔表示**他的**"祝贺"。他得意扬扬地把这件事记在日记里。打电话似乎还不够，他又写了一封信，欢呼罗斯福的死是"老天的惩罚……上帝的礼物"。

长期以来掌握大权并在古老的欧洲大学里受过教育的部长先生们，如克罗西克和戈培尔之流，竟然死抱住星象图的预言不放，在柏林的熊熊大火中为美国总统的死亡而兴高采烈，认为这是上帝在最后的刹那间把第三帝国从迫在眉睫的灾难中拯救出来的千真万确的迹象！柏林演出的最后一幕戏就是在这种疯人院的气氛中演到最后闭幕的。

4月15日，爱娃·布劳恩来到柏林与希特勒相会。德国人很少知道她，
1110 至于她和希特勒的关系，知道的人就更少了。她做他的情妇已有十二年以上。正如特雷弗-罗珀所说的，为了她的婚礼和葬礼，她在4月间来到了柏林。

她在本书最后一章里担当了一个有趣的角色，但她本人却不是令人感兴趣的；* 她不是蓬巴杜伯爵夫人那样的人物，也不是一位罗拉·蒙特兹。†

---

* 施佩尔告诉特雷弗-罗珀说："对历史学家来说，爱娃·布劳恩是要令人失望的。"这位历史学家自己则加了一句："对于阅读历史的人也是如此。"（特雷弗-罗珀：《希特勒的末日》[*The Last Days of Hitler*]，第92页）

† 蓬巴杜（1721—1764）是法国国王路易十五的情妇。罗拉·蒙特兹（1821—1861）是巴伐利亚国王路德维希一世的情妇。——译者

毫无疑问，希特勒非常喜欢她，而且同这个脾气随和的女人在一起感到轻松，但他总是不让她露面，不让她到他分设各地的大本营去，而他在战争年代中大部分时间是在大本营度过的，甚至极少允许她到柏林来。她总是幽居在上萨尔茨山的伯格霍夫，消磨时光的方法是游泳、滑雪、读廉价小说、看无聊电影、跳舞（这是希特勒所不赞成的）和没完没了的打扮，为了那远离的爱人而憔悴。

元首的司机埃里希·肯普卡说："她是德国最不幸的女人。她一生中的大部分时间是在等候希特勒。"[8]

在纽伦堡一次提审中，凯特尔元帅描述了她的形象。

> 她身材苗条，容貌秀丽，大腿很美——人们可以看出——她沉默寡言，是一位非常、非常美丽的金发女人。她很少露面，人们很少看到她。[9]

她出身于中下层家庭，父母亲是巴伐利亚人。纵然希特勒是个独裁者，她的双亲当初也坚决反对她和希特勒的暧昧关系。她曾在海因里希·霍夫曼在慕尼黑开设的照相馆工作，霍夫曼将她介绍给希特勒。这件事是在吉莉·拉包尔自杀以后一两年发生的。我们知道，希特勒的这个外甥女曾经是他的一生中一次非常热烈的爱情的对象。爱娃·布劳恩看来也常常被她的爱人逼得要发狂，虽然她的情况与吉莉·拉包尔有所不同。爱娃住在希特勒阿尔卑斯山别墅的一套房间里，但因为不能忍受长期别离之苦，她在他们相识后的最初几年曾两度想要自杀。但是她渐渐地习惯于那令人沮丧的既非妻子也非情妇的暧昧身份，满足于做一个伟大人物的唯一女伴，尽量享受极为难得的共同在一起的时光。

她现在下了决心要同他死在一道。同戈培尔博士夫妇一样，她也不愿意生活在一个没有阿道夫·希特勒的德国里。"那样的德国是不宜于一个真正的德国人活下去的。"她临死前在地下室里对著名的德国女试飞员汉娜·莱契这样说。[10]爱娃·布劳恩头脑简单，在思想上对希特勒可以说毫无影响，这也许就是他愿意跟她在一起而不愿同一个聪明的女人在一起的原

希特勒与爱娃·布劳恩1942年在伯格霍夫。

因。但是很显然，他对她的影响，就像对其他很多人的影响一样，是绝对
1111 全面的。

希特勒的最后重大决定

4月20日是希特勒的生日，这一天颇为平静地过去了，虽然在地下室里参加庆祝的空军参谋长卡尔·科勒将军在日记里写着，那是迅速崩溃的各个战线进一步遭受灾难的一天。所有纳粹元老戈林、戈培尔、希姆莱、里宾特洛甫和鲍曼都在座。此外还有仍然活着的将军们，如邓尼茨、凯特尔、约德尔和克雷布斯。最后一个人是新任，也是最后一任的陆军参谋总长。他们向元首祝贺生日。

尽管情况很不妙，但元首并不特别沮丧。正如在三天以前他曾对他的将军们所说，他仍然相信“俄国人在柏林城下要遭到最惨重的失败”。将军们比他更了解情况，他们在庆祝会后的例行军事会议上敦促他离开柏林到南方去。他们解释说，一两天内俄国人就要把通往南方的最后逃生之路切

断了。希特勒迟疑不决，未置可否。他显然不能面对这样一个可怕的现实：第三帝国的首都马上就要被俄国人攻占了，而早在几年以前他就宣布这些俄国人的军队是已被打垮了的。为了向这些将军们表示让步，他同意建立两个分开的司令部，如果美军和俄军在易北河上会师的话。他准备派邓尼茨海军元帅去指挥北方的司令部，至于南方的司令部也许会派凯塞林去；他对后者的任命还拿不定主意。

当天夜间，大批人员撤离柏林。元首最信任的两个老部下希姆莱和戈林也走了。戈林所带领的汽车大队满载着从他的豪华公馆卡琳宫运出的金银财宝。这两个纳粹元老在离开柏林时，都相信他们亲爱的领袖死期快到，都相信自己将是继承人。

他们都没有再见到他。当天晚上也溜到比较安全的地方去的里宾特洛甫也没有再见到他。

但是希特勒却还没有死心。在生日的第二天，他下令给党卫军将军费利克斯·施坦因纳，叫他向柏林南郊的俄国人发动全面反攻，柏林地区的所有一兵一卒，包括空军中的地面部队，都必须全部投入战斗。[11]

“所有按兵不动的司令官”，希特勒向留守柏林指挥空军的科勒将军喊道，“都要在五小时内被处决。你自己也必须拿你的脑袋保证最后一个人也要投入战斗。”

发命令那天和第二天，希特勒一直都在焦急地等待施坦因纳的反攻消息。这是他有多么脱离现实的又一例子。施坦因纳并没有反攻。他压根儿就没有这么做。这次反攻仅仅存在于这个穷途末路的独裁者的狂热的脑海中。当他最后被迫正视现实时，风暴就大作了。

4月22日，希特勒走向毁灭途中的最后转折点到了。从早晨开始一直 1112
到下午3点钟，他都在打电话，就像前一天那样，试图从各个指挥站了解施坦因纳的反攻情况。没有人知道。科勒将军的飞机找不到反攻的影子，地面指挥官也找不到，虽然反攻应该是在柏林以南两三英里的地区进行的。甚至连施坦因纳本人，虽然他还活在人间，也无影无踪，更不要说他的部队了。

希特勒在下午3点例行的军事会议上大发雷霆。他怒气冲天地要求知道施坦因纳的消息。凯特尔、约德尔等人都毫无所知。但是将军们却带来了其他消息。由于把军队从柏林北面撤退下来支援施坦因纳，这样就大大削弱了北面阵地，俄军已经突破阵地，它的坦克部队已经到达城内。

最高统帅听到这样的消息实在受不了。所有还活着的见证人都说他已经完全丧失了控制力。他一生中从来没有发过这样大的火，这就是末日了，他尖叫道。每个人都背叛了他。除了背叛、撒谎、腐化和怯懦之外，没有别的。一切都完啦！好吧，他愿意留在柏林。他愿意亲自保卫第三帝国首都。谁愿意走，就可以走。他愿意在这里以身殉国。

别人表示不同意。他们说，如果元首退到南方去，还是有希望的，在南方，斐迪南·舍尔纳元帅在捷克的集团军和凯塞林所率领的大量军队仍然完整。已离开柏林到西北去指挥军队的邓尼茨和希姆莱（我们将要看到他正在为自己打算）都打电话来敦促元首离开柏林。甚至里宾特洛甫也打电话来说，他要搞一次拯救全局的“外交妙计”。但是希特勒对他们已经没有信心了，甚至于对他的“俾斯麦第二”也失掉信心了——这是他以前在一时兴之所至的时候称呼他那外交部长的名字。他对大家说，他已经做出了决定。为了向他们表明他的决定是不能收回的，他叫了一个秘书来当场面授了指示，并命令马上广播出去。这个指示宣称，元首将要留在柏林，

1945年4月20日，希特勒接见青年团的娃娃兵。

保卫它到底。

随后希特勒把戈培尔叫来，他邀请他、他的妻子和六个孩子从他们在威廉街花园那被炸得一塌糊涂的公馆中迁到“元首地下室”来。他知道，至少这个狂热的忠实的追随者和他的家属是愿意同他坚持到最后的。接着，他翻阅文件，把他认为应该毁掉的拣出来交给一名叫尤利乌斯·绍布的副官带到上面的花园中去烧掉。

最后到了那天晚上，他把凯特尔和约德尔叫来，命令他们到南方去指挥残余军队。在战争期间一直在希特勒身边的这两位将军和最高统帅最后告别时的情况都留下了很生动的记载。[12]

当凯特尔说他不愿意离开元首而去的时候，希特勒回答说：“你要服从我的命令。”一生中从未违抗过元首命令，甚至叫他去搞罪恶滔天的战争犯 1113
罪行为时也唯命是从的凯特尔没有再讲下去，但不那么俯首帖耳的约德尔却憋不住了。虽然他对元首忠心耿耿，替他卖了不少力气，但仍保留了一点军人传统。在他这个军人看来，最高统帅是在放弃他对军队的指挥，在大难临头之时推卸自己对他们的责任。

“你在这里没有办法指挥，”约德尔说，“你身边没有进行领导的参谋部，怎样进行领导？”

“那么，戈林能够在南方把领导责任负起来。”希特勒反驳道。

当有人指出没有一个士兵愿为那位帝国元帅作战时，希特勒打断他的话：“你说的作战是什么意思？还有什么仗好打的！”甚至疯狂的征服者眼睛里的阴翳也终于消失了，或者说上天至少在他平生最可怕的最后几天中使他清醒了一阵子。

希特勒在4月22日的大发雷霆以及他留守柏林的最后决定引起了一些反响。在柏林西北的霍亨利兴的希姆莱从党卫军派驻大本营联络官赫尔曼·菲格莱因打来的电话中获得了第一手消息，他对部下大喊道：“在柏林的人全都疯了！我现在怎么办？”

“你马上到柏林去。”希姆莱的重要部下之一、党卫军办公厅主任戈特洛布·贝格尔说。贝格尔是那些真诚相信民族社会主义的头脑简单的德国人之一。他哪里知道他的可敬的首长希姆莱，在党卫军瓦尔特·舍伦贝格将军的鼓动下，已经与瑞典的福尔克·伯纳多特伯爵联系，商洽西线德军的投降问题了。“我要到柏林去，”贝格尔对希姆来说，“你也有责任去。”

那天晚上到柏林去的是贝格尔而不是希姆莱。他的柏林之行是一件有意义的事，因为他第一手描绘了希特勒在重大决定之夜的情况。当贝格尔到来时，俄国炮弹已经在总理府附近爆炸起来。他发现元首“沮丧不堪，完全垮了”，不禁大为震惊。他对希特勒决定留在柏林表示敬意，他说：“在人民赤胆忠心地长期作战之后，谁也不能抛弃他们。”可是这句话却引得元首又发了一顿脾气。

> ［贝格尔后来追述说］元首一直一言不发，这时忽然尖叫起来：“大家都欺骗了我！没有人告诉我真实情况！军队欺骗了我！”……他继续不断地大声喊叫。他的脸色又青又紫。我想他随时会晕倒下来……

贝格尔也是希姆莱战俘管理处的处长。在元首恢复平静以后，他们
1114 讨论了有关一批重要的英、美、法战俘，哈尔德和沙赫特等德国犯人以及前任奥地利总理许士尼格等人的命运问题。这些人正被运往东南，以免落入进犯德国的美军之手。贝格尔那天晚上要飞到巴伐利亚去主持此事。他们两人还谈到在奥地利和巴伐利亚已经有分裂主义者暴动的消息。一想到在他的原籍奥地利和第二故乡巴伐利亚竟会发生叛变，希特勒又痉挛起来了。

> ［贝格尔写道］他的手、腿和脑袋都在颤抖；他继续不断地喊：“把他们统统枪毙！把他们统统枪毙！”[13]

到底这个命令是枪毙所有的分裂主义者，还是所有的重要囚犯，还是一起都在内，贝格尔并没有搞清楚，但是这个头脑简单的人显然认为应该包括所有的人在内。

戈林和希姆莱试图取而代之

科勒将军没有参加4月22日的元首军事会议。他要照顾空军。“除此之

外，”他在日记里写道，“一天到晚受侮辱，我也受不了。”

科勒在地下避弹室的联络官埃卡德·克里斯蒂安将军于下午6点15分慌慌张张地打电话给他说：“这里正在发生历史性的、对战争最有决定意义的事情！”两小时以后，克里斯蒂安来到柏林郊外维德帕克-维尔德的空军司令部，亲自向科勒报告：“元首已经垮了！”克里斯蒂安，这个和希特勒的一名女秘书结婚的忠诚纳粹分子急得喘不过气来，除了断断续续告诉科勒，元首决定以身殉国并焚毁文件外，别的什么也说不出来。于是空军参谋总长不顾英国空军刚刚开始的大规模轰炸，即刻动身去见约德尔，想弄清楚那天地下避弹室中到底发生了什么事情。

科勒在柏林与波茨坦之间的克拉姆普尼茨（没有最高统帅的最高统帅部的临时大本营现在设在这里）见到约德尔，约德尔把全部悲剧告诉了他。同时他还对科勒透露了一件还没有人告诉过科勒的事情。这件事在以后几天疯狂的日子中还产生了一个戏剧尾声般的发展。

“至于说到［和平］谈判，”希特勒对凯特尔和约德尔说，“戈林比我能搞得更好些。戈林是精于此道的。他很会和对方打交道。”约德尔现在把这些话重复给科勒听。[14]

这位空军将军认为他有责任马上飞到戈林那里去。由于敌人有监听站，用无线电通话说明新发生的情况是既困难又危险的。戈林在几年以前就被希特勒正式任命为他的继承人，现在元首又有意叫他去担任和平谈判的事，1115
这是丝毫不能耽搁的。约德尔同意这种看法。4月23日凌晨3点30分，科勒坐了一架战斗机飞往慕尼黑。

中午时分他到了上萨尔茨山，把这个消息告诉了戈林。这位（说得好听一点）正在期待继承之日到来的帝国元帅竟出乎意料地小心谨慎起来。他说，他不想上他的“死敌”鲍曼的圈套；从事情的发展来看，他的谨慎是有根据的。他已陷于进退两难的困境。“如果我现在行动起来，”他对他的顾问们说，“我可能被斥为卖国贼；如果不采取行动，就要被指责为在危急存亡关头没有尽到责任。”

戈林把住在贝希斯特加登的总理府国务秘书汉斯·拉默斯召来，征求他在法律上的意见；他又从保险柜里拿出一份1941年6月29日希特勒的命令。这道命令规定得明明白白，如果希特勒死去，戈林将是他的继承人；

如果元首不能视事，戈林将代表他。大家一致认为既然希特勒留在柏林等死，在最后时刻与各个军事指挥部和政府机构割断了联系，他已不能视事，那么戈林根据这道命令有明确的责任把权力接管过来。

但是戈林小心翼翼地给希特勒打了一个电报。他要把这一权力的委托肯定下来。

我的元首！

有鉴于您已决定留守在柏林堡垒内，请问您是否同意我根据您1941年6月29日的命令，马上接管帝国全部领导权，代表您在国内外充分自由地采取行动？如果在今晚10点钟还没有从您那里得到回音，我将认为您已经失去行动自由，并且认为执行您的命令的条件已经具备。我将为了国家和人民的最大利益采取行动。您知道在我一生这最严重的时刻我对您的感情，非语言所能表达。愿上帝保护您，使您能克服一切困难迅速来此。

您的忠诚的

赫尔曼·戈林

就在当天晚上，希姆莱与伯纳多特伯爵正在几百英里之外的波罗的海边吕贝克的瑞典领事馆内进行会谈。忠诚的海因里希——这是希特勒对希姆莱的昵称——并没有要求继承权力；他已经在行使这种权力了。

他告诉这位瑞典伯爵："元首的伟大生命快要结束了。"他说，一两天之内，希特勒就会与世长辞。因此希姆莱催促伯纳多特马上告诉艾森豪威尔：德国愿意向西方投降。希姆莱又说，在东方，战争仍将继续打下去，直到
1116 西方国家来接替这一抗俄战线为止。现在这个自揽第三帝国独裁权力的党卫军头目竟是这样的天真，或者说竟是这样的愚蠢，或者说竟是这样的天真和愚蠢！当伯纳多特要求希姆莱将他的投降请求写下来的时候，他匆匆地在烛光下起草了一封信——因为那天夜里英国空军前来轰炸，吕贝克的电灯全灭了，他们两人是在地下室商议的。希姆莱在信上签了字。[15]

戈林与希姆莱很快地发现，他们的行动都失之过早了。虽然希特勒与他

的部队和政府部长们的联系，除了无线电之外，都被切断了（因为到23日夜间，俄国人差不多已完成了对柏林的包围），但是现在他仍要表明，只靠他的人格力量和威信仍能够控制德国，而且只要他通过悬在地下避弹室上空的气球里的叽叽作响的无线电发报机讲一句话，就能够敉平“叛国阴谋”，即使是他最重要的追随者所发起的“叛变”。

施佩尔和另一名出色的女性目击者（关于她在柏林最后一幕戏的动人表现，下文即将述及）曾详细地记述了希特勒收到戈林电报时的反应。施佩尔是在4月23日晚上坐了一架小飞机到被围的首都来的，飞机降落在离总理府只有一个街区的横贯动物园的东西轴心大街东头的勃兰登堡门附近。施佩尔获悉希特勒决定留在即将被攻陷的柏林不走的消息之后，特地前来与元首告别并向他坦白承认，由于“对个人的忠诚与对国家的责任之间的矛盾”（这是他自己的话），他不能不违背元首的焦土政策。他完全相信他会以“叛国罪”被捕，而且可能被枪毙，毫无疑问，如果独裁者知道施佩尔在两月以前曾试图要杀害他以及其他没有被施陶芬贝格炸死的人时，他一定会把他枪毙的。

原来这位杰出的建筑师出身的军备部长虽然常常以超政治自豪，但也同其他的德国人一样，终于觉悟了，虽然为时已晚。当他最后知道他的亲爱的元首决定要通过焦土政策毁灭德意志民族时，他下定决心要刺杀他，他的计划是在柏林地下室召开全体军事会议时将毒气送进通风设备。因为不只是将领们，而且戈林、希姆莱和戈培尔等人一定会参加会议，他希望将第三帝国的全部纳粹领导和最高统帅部彻底消灭掉。他弄到了毒气，查看了空气调节系统之后发现花园里的进气口管子上装上了一个12英尺高的烟囱，这是希特勒为了防止破坏亲自下命令安装的。他发觉将毒气注入烟囱而不被花园里的党卫军卫兵发现是不可能的。因此他放弃了他的计划，希特勒又一次免遭暗算。

现在，在4月23日那天晚上，施佩尔向希特勒全部坦白了他拒绝执行盲目破坏德国残余设备的经过。使他大吃一惊的是，希特勒竟未表示愤恨， 1117
也没有发脾气。也许希特勒为他的年轻朋友——施佩尔刚过40岁——的坦率和勇气感动了吧。他对施佩尔一向具有深厚感情，并且认为他是一个“艺术家同行”。根据凯特尔的记载，希特勒那天晚上显得异常镇静，他下定决心数天之内在这里死去这件事，好像给他带来了精神上和心情上的平静。但是这是前一天大风暴以后的平静，也是另一个大风暴前夕的平静。

因为戈林的电报这时已经送到总理府。鲍曼终于找到了一个机会。他先把它扣压起来，然后这个阴谋能手将它作为“最后通牒”和“窃取”领袖权力的一种叛逆企图递交给元首。

“希特勒怒不可遏，”施佩尔写道，“他大骂戈林，他说他早已知道戈林已经完蛋了，他腐化、吸毒。”这句话使这位年轻的建筑师“大吃一惊”，他奇怪为什么希特勒会让这样一个人物身居高位如此之久呢？希特勒平静下来后又说：“让戈林去谈判投降罢，反正谁去谈判都没有关系。”[16]这句话也使施佩尔迷惑不解。但是希特勒的这种心情不过维持了一会儿工夫。

在讨论结束以前，希特勒在鲍曼的怂恿下口授了一道命令，用电报通知戈林，说他犯了“叛国罪”，理应处以死刑，姑念其长期效劳党和帝国，如果马上辞去全部职务，可免一死。电报饬令戈林即刻回电是否辞职。这还未能使这个蛆虫一样的鲍曼得到满足。他私自打了一个无线电报给驻在贝希斯特加登的党卫军总部，命令即刻将戈林及其部下和拉默斯以“叛国罪”加以逮捕。第二天黎明之前这位第三帝国的第二号人物，纳粹头目中最傲慢、最富有的角色，德国历史上唯一的帝国元帅和空军总司令，成了党卫军的阶下囚。

三天以后，在4月26日的晚上，希特勒谈起戈林时所讲的话，比在施佩尔面前所讲的强烈得多。

到地下避弹室来的最后两位客人

又有两位有趣的客人这时来到元首地下避弹室的疯人院。他们是憎恨成性而且特别憎恨戈林的著名女试飞员汉娜·莱契和冯·格莱姆将军。他们在4月24日接到命令，要他们从慕尼黑动身回到柏林，听最高统帅面授机宜。但是他们的飞机在4月26日晚上降落在动物园机场时，被俄国的高
1118 射炮的炮弹击伤，格莱姆的脚被炸坏了。

希特勒走进手术室，医生正在给将军包扎伤口。

希特勒：你知道为什么我召你来？

格莱姆：不知道，元首。

希特勒：因为赫尔曼·戈林已经背叛了我和祖国。他背着我和敌人建立了联系。他的行为是懦弱的表现。他违抗我的命令逃到贝希特斯加登，从那里他给我打了一封可耻的电报。它是……

当时在场的汉娜·莱契说，元首的脸开始抽筋，呼吸急促得像要爆炸似的。

希特勒：……一个最后通牒！一个愚蠢的最后通牒！现在什么都完了！我一切都没有了！没有人效忠，没有人看重荣誉，我什么失望都尝到过，我什么背叛都碰到过！现在又加上这个！一切全完啦！什么对不起我的事都对我干了！

我已立即下令把戈林作为帝国叛徒逮捕了，革掉他所有的职务，把他从所有机构中赶出去。这就是我召你来的原因。[17]

希特勒就这样在地下室里任命躺在床上治伤的受宠若惊的将军为空军总司令，其实他完全可以通过无线电提升格莱姆，那样也可以不致使他成为瘸子，并且可以使他能够留在总部里，那是唯一能够指挥残余空军的地方。同莱契小姐一样，格莱姆原来是打算并且十分愿意同元首一起死在地下避弹室里的。但是三天以后，希特勒命令格莱姆离开柏林去处理一件新的“叛国”案件，因为，正如我们所看到的，犯“叛国”罪的在第三帝国的领导人中已不止戈林一个了。

在这三天中，汉娜·莱契有足够的机会目睹地下避弹室疯人院里的疯子生活，其实她自己也参加了这种生活。由于她同希特勒一样容易感情冲动，她所留下来的记载是阴惨可怕、惊险多变的，但是大体上是真实可靠的（本书作者把这个记载与其他目睹者的报告核对过），因此它在这部历史书的最后一章中占有重要的地位。

4月26日，她同冯·格莱姆将军到达的那天深夜里，俄国开始炮轰总理府，炮弹的轰隆声和墙壁的倒塌声增加了地下室的紧张气氛。希特勒把这位女飞行家叫到一旁。

“我的元首，为什么你要留在这儿？”她说，“为什么要使德国失掉你？
1119 元首必须活下去，德国才能活下去。人民要求你活下去。”

“不，汉娜，”她说元首这样回答她，“如果我死去，这是为了我们国家的荣誉，这是因为我作为一个军人，必须服从自己的命令，保卫柏林到底。”

> ［他继续说］我的好姑娘，我原来并没有打算这样做。我曾经坚信在奥得河的岸边可以保卫住柏林……当我们尽了最大的努力仍旧失败以后，我比别人都感到惊慌。在柏林被围以后……我相信我的留守会使全国军队效法我的行动前来解救柏林之围……不过，我的汉娜，我仍抱有希望。温克将军的军队正从南面打过来。他必须而且一定会把俄国人击退，以便解救我们。那时我们将举行反攻并守住阵地。[18]

这是那天晚上希特勒所表现的一种情绪；他仍对温克将军的解围抱有希望。但是不到一会儿工夫，当俄国对总理府的炮轰变得十分猛烈的时候，他又陷入绝望中了。他给了莱契一瓶毒药，另一瓶给了格莱姆。

“汉娜，”他说，“你是那些准备与我同归于尽的人中的一个……我不希望我们当中任何人被俄国人活捉，也不希望我们的尸体被他们发现……爱娃同我决心把我们的尸体烧掉。你们想自己的办法吧。”

汉娜将毒药交给格莱姆，他们两人决定在“最后时刻真正到来时”将毒药吞下去，而且为了万无一失，在服毒之后将紧绑在他们身上的重型手榴弹上的引线拉掉。

一天半以后的28日，希特勒的希望，至少是他的幻想，又复燃了。他在无线电话上对凯特尔说：

“亟盼柏林解围。海因里西的军队在干什么？温克在什么地方？第九军团怎么样了？温克什么时候能与第九军团会师？”[19]

莱契描写那天希特勒的情形时候说：

> 他在地下室里踱来踱去，手里摇晃着被手汗浸湿得快要破碎的公

柏林战役中的苏联火箭炮。

> 路地图，只要有人在场，他就同他策划温克的战役。

但是温克的“战役”，正如一周以前施坦因纳的“反攻”一样，不过是元首的幻想而已。温克的军队和第九军团一样已被消灭了。在柏林北面的海因里西的军队正仓皇向西撤退，为的是宁可当西方盟军的俘虏而不当俄军俘虏。

4月28日，地下避弹室这些走投无路的人整天都在守候着这三支军队，特别是温克的军队的反攻消息。俄国先头部队距总理府只有几条街，他们在从东面和北面以及从西面通过毗邻的柏林动物园逐步向总理府推进。当援兵毫无消息时，希特勒听了鲍曼的谗言，又认为发生新的叛国阴谋了。晚上8点钟，鲍曼打了一个无线电报给邓尼茨。 1120

> 掌握军权的人不但不督促军队前来解围，反而保持沉默。叛变似乎已代替了忠诚。我们仍守在这里。总理府已成了废墟。

不久以后鲍曼又给邓尼茨打了一个电报。

舍尔纳、温克等人必须火速前来解围，以证明他们对元首的忠诚。[20]

现在鲍曼是在为自己讲话。希特勒已经下了决心在一两天内死去，可是鲍曼却想活下去。他也许不能继承元首，但是不管谁做继承人，他都希望在幕后进行操纵。

那天夜间，福斯海军少将终于给邓尼茨打了一个电报，说一切与陆军的无线电联系都已断了。他迫切要求海军的无线电能够提供一些外界的消息。不久消息果然来了一些，不是从海军部来的，而是从宣传部的收听站发来的。这消息使阿道夫·希特勒大惊失色。

原来地下避弹室中除了鲍曼之外，还有一个纳粹官员想活下去。这人就是希姆莱在总理府的代表赫尔曼·菲格莱因，一个在希特勒统治时代爬上高位的典型人物。他系马夫出身，做过赛马的骑师，识字不多，后来成为臭名昭著的克里斯蒂安·韦伯的部下。韦伯是希特勒最老的党徒之一，喜欢养马。1933年以后，他靠营私舞弊发了一笔横财，养了很多赛马。菲格莱因受到韦伯的帮助，在第三帝国内爬到很高的地位，成了武装党卫军的将军。1944年，他被任命为希姆莱在元首大本营的联络官后不久，同爱娃·布劳恩的妹妹格蕾特结了婚，这就进一步提高了他在大本营的地位。所有后来还活着的党卫军的头子们都一致认为，他同鲍曼联成一气之后，就迫不及待地在希特勒面前出卖他的党卫军主子希姆莱。菲格莱因虽然声名狼藉、愚昧无知，但似乎仍具有贪图活命的本能。当船快要下沉的时候，他是看得出来的。

4月26日那天，他悄悄地离开了地下避弹室。第二天下午希特勒才发现他失踪了。这引起了多疑的元首的猜疑，他派了一支武装的党卫军搜查队去寻查。他们发现他身穿便服藏在俄国即将占领的夏洛滕堡区他的家里。他被押回总理府，被褫夺党卫军的大队长官衔，并且被拘留起来。菲格莱因的逃跑企图马上引起了希特勒对希姆莱的怀疑。这个党卫军首领有意离开了柏林，到底打的是什么主意呢？在他的联络官菲格莱因擅离职守以后，他一直没有消息。现在消息来了。

我们已经知道，4月28日是地下避弹室中十分难熬的一天。俄国人在
日益逼近。温克的反攻或其他任何反攻都音讯全无。被围的人们通过海军 1121
的无线电千方百计探询柏林以外的事态发展。

宣传部的无线电收听站收到伦敦英国广播公司的一则发生在柏林以外的事情的消息。这是路透社从斯德哥尔摩发出的新闻，它极其耸人听闻，令人难以置信，因此戈培尔的一位助手海因茨·洛伦茨在4月28日深夜仓皇跑过遍地弹坑的广场，来到地下避弹室，将收抄下来的这一消息交给他的部长和元首。

莱契写道，这则消息“给全体在场的人一个致命的打击。群情哗然，男男女女都因震怒、恐惧和绝望而齐声号叫起来”。以希特勒最为厉害。女飞行家写道:“他像一个疯子似的大发雷霆。”

海因里希·希姆莱，这个忠诚的海因里希也遗弃了这条即将沉没的船。路透社的电讯谈到他和伯纳多特伯爵的秘密谈判以及他的使西线德军向艾森豪威尔投降的打算。

希特勒对希姆莱的绝对忠诚从不怀疑，这个打击实在不能再大了。莱契说:“他的面孔通红，变得几乎认不出来……希特勒在一阵狂怒之后失去了知觉，整个地下室一时鸦雀无声。”戈林至少还曾请求元首许可他接管。但是这个“忠诚”的党卫军全国领袖连请求都不屑于提出；他一点招呼不打便叛了国，和敌人进行了联系。希特勒在稍稍清醒以后对他的部下说，他所遇到的所有叛国行为莫此为甚。

几分钟以后收到的消息说，俄军已经逼近离总理府只有一条街的波茨坦广场，可能在30小时以后，即4月30日的早晨，就会攻打总理府。这个打击和这个消息标志着末日的来临。这逼使希特勒马上做出他一生中最后的决定。他在黎明时同爱娃·布劳恩结了婚，立下遗嘱，派遣格莱姆和汉娜·莱契去出动全部空军轰炸逼近总理府的俄国军队，并且命令他们将希姆莱作为卖国贼加以逮捕。

“一个卖国贼绝不能继承我为元首!”汉娜说他当时对大家这样说，“你们必须出去，确保他绝不能继承我。”

希特勒已等不及对希姆莱进行报复了。不过这个党卫军首领的联络官菲格莱因现在却在他的掌握中。他从禁闭室里将马夫出身的党卫军将军提出来，严加审问关于希姆莱的“叛国”情况并指控他与希姆莱同谋。在元首的命令下，菲格莱因被拖到总理府花园里枪决了。他娶了爱娃·布劳恩的妹妹做妻子这件事也帮不了他的忙。爱娃也没有出力去搭救她妹夫的性命。

“可怜的、可怜的阿道夫，”她对汉娜·莱契低声说，“所有人都抛弃了
1122 他，出卖了他。宁肯死一万个人，也不能让德国失掉他。”

德国虽然失掉了他，但爱娃在那最后的时刻里却赢得了他。4月29日凌晨1点到3点之间，希特勒为了酬劳他的情妇的忠诚不贰，满足了她的愿望，正式同她结婚。他一直认为婚姻会阻碍他把全部精力献身于领导他的党获得政权，领导他的国家称霸世界。现在已经没有什么要他领导的了，而且他的生命也要结束了，他可以安全地同爱娃做几小时的夫妻。

戈培尔找来一个名叫瓦尔特·瓦格纳的市议员，他当时正在离总理府几排房子不到的一支人民冲锋队的队伍里作战。这个感到惊奇的议员在地下避弹室的一间小会议室里主持了结婚仪式。从现在仍保存着的结婚证件中可以看出元首的一个秘书称为“死婚”的部分情况。希特勒要求：“由于战事的发展，结婚预告只能口头宣布，其他一切拖延婚事的事情均须避免。”男女双方宣誓他们是“纯雅利安人种”，而且“没有使他们不能结婚的遗传病症”。死到临头，这个独裁者仍坚持要遵守形式，只有在填写他父亲的名字（出生名为施克尔格鲁勃）、母亲的名字和他们的婚期时他留下了空白。他的妻子签名时先用“爱娃·布劳恩”，写到“布”字，就画掉了重签上“爱娃·希特勒，原姓布劳恩”。戈培尔和鲍曼作为证婚人也签了名。

在简短的仪式之后，元首的私室里摆下了阴森森的婚礼早餐。席上有香槟酒。除了他的秘书们、留下来的将领克雷布斯和布格多夫、鲍曼和戈培尔夫妇外，他连素食厨师曼齐阿里小姐也请来参加婚礼宴会。有一阵子谈话集中在过去的黄金时代，以及鼎盛时期党的同志们。希特勒怀念地谈到他在戈培尔结婚时做傧相的情景。即使到了最后的时刻，这位新郎还免不了老习惯，要说个不停，回顾他这戏剧性的一生中的各个高潮时期。他

说，现在全完了，民族社会主义也完了。死对于他倒是一种解脱，因为他的相交最久的朋友和支持者都出卖了他。结婚宴会上笼罩着阴郁的气氛，有些客人噙着眼泪溜掉了。希特勒最后也溜掉了。他在隔壁房间里，把一位名叫格特鲁德·容格夫人的女秘书找来，开始口述他的遗嘱。

希特勒的遗嘱

他的遗嘱是两个文件。正如希特勒所希望的，遗嘱已被保存下来。它们同其他的文件一样，对于本书是很有意义的。它们证实了这个曾经以他的铁腕统治德国十二年多、统治大部欧洲达四年之久的人物没有从他的经验中学习到任何教训。即使是从多次挫败和毁灭性的最后失败中，他也没 1123
有能够吸取任何教训。不错，他在生命的最后时刻曾回想起他年轻时在维也纳街头流浪的时代，曾回想起他早期在慕尼黑的喧闹的啤酒馆时代。他咒骂世界上一切的坏事都是犹太人干的，不断吹嘘他那半瓶子醋的宇宙理论，叹息命运再度击败德国，使它不能得到胜利和征服的机会。他把他对德意志民族和全世界的遗言看作是对历史的最后的呼吁。希特勒在这个遗言中，重弹他在《我的奋斗》一书中的空洞的老调，又加上了些最后的谎话。作为一个已无可救药地被绝对权力完全腐化了的醉心权势的暴君的墓志铭，这个遗言再恰当不过了。

希特勒称之为“政治遗嘱”的东西分为两部分，第一部分是他对后代的呼吁，第二部分是他对未来的具体指示。

> 自从我竭尽绵薄，在德国被迫参加的第一次世界大战中充当一名志愿兵以来，已经有三十多年了。
>
> 在这三十多年中唯一指导着我全部思想、行动和生活的，是我对人民的热爱和忠诚。这种热爱和忠诚给了我力量，使我能够做出人世间最艰难的决定……
>
> 说我或者任何其他德国人在1939年要战争，是不真实的。需要和煽动战争的，完全是那些犹太血统的或为犹太人的利益服务的国际政客。

> 我曾经为限制和控制军备提出过无数次建议，这是后代任何时候也抹杀不了的，也不能把战争爆发的责任推到我的头上。我也从来没有希望在可怕的第一次世界大战之后，还会再有一次以英国或美国为敌的世界战争。时光会飞逝，但是在我们城市和建筑物的废墟上，对最终要负责任的人的仇恨将永远不会消失。他们就是对眼前这一切负有责任的人：国际犹太人集团和他们的支持者。

接着，希特勒重复了他的谎言：他在对波兰发动进攻的前三天，曾向英国政府提出合理解决波德问题的办法。

> 仅仅由于英国统治集团需要战争，这才遭到拒绝。他们之所以需要发动战争，一方面是由于商业上的原因，一方面是他们受到国际犹太人集团的宣传影响。

其次，他不仅把千百万人死于战场和轰炸的“全部责任”，而且把他大肆屠杀犹太人的“全部责任”，都推到犹太人的身上。然后，他就谈起他决定留下来与柏林共存亡的理由。

> 这六年的战争尽管遭受种种挫败，但终有一天会被认为是一个民
> 1124 族争取生存的最光荣、最英勇的表现而载入青史。在六年后的今天，我不能抛弃这个国家的首都……我要与千百万留守在这个城市里的人们生死与共。而且，我不会落到敌人手中。我知道他们正需要由犹太人导演一场新戏，来取悦他们歇斯底里的群众。
>
> 因此我决定留在柏林，在我认为元首与总理职位已经不能维持下去的时刻，以身殉国。看到我们农民和工人的无比功勋和业绩，看到以我的名字命名的年轻一代所做的史无前例的贡献，我将含笑与世长辞。

遗嘱再往下是号召全体德国人“绝不放弃斗争”。他终于不得不承认，民族社会主义目前已经完蛋了，但是他向同胞们保证，由于士兵和他本人

的牺牲：

种子已经撒了下去，有朝一日会生长起来……在一个真正团结一致的民族中，民族社会主义运动将要获得光荣的再生。

希特勒在临死以前还要对陆军，特别是军官团，进行最后一次侮辱，他认为他们对这次惨败负有主要责任。虽然他承认纳粹主义已经完蛋，至少是暂时完蛋了，他仍然命令三军将领：

以各种手段加强士兵们对民族社会主义的信仰，以便提高他们的抵抗精神，并特别强调这一事实：我，作为民族社会主义运动的创建者，宁愿牺牲而不愿怯懦地辞职或者投降。

接着他就讽刺陆军的军官团：

希望我们的陆军军官将来像我们的海军那样，把绝不放弃一城一地看作荣誉攸关的问题；尤其重要的是，指挥官们必须至死也要忠诚地恪尽职守，做出光辉的榜样。

其实恰恰是希特勒的坚持要坚守“一城一地”“至死”（如斯大林格勒），才造成了军事上的灾难。但是在这方面，也正如在其他方面一样，他没有吸取到教训。

他的“政治遗嘱”的第二部分涉及继承问题。尽管第三帝国已在烈焰和爆炸中化为废墟，希特勒在没有指定继承人、决定继承人所必须任命的政府组成人员以前是不肯死去的。首先他不得不将以前指定的继承人除掉。 1125

在我去世以前，我将前帝国元帅赫尔曼·戈林开除出党，并剥夺1941年6月20日*命令中授予他的一切权力……我任命邓尼茨海军元帅

---

* 原文如此，按本书边码第1116页为6月29日。——译者

为德国总统和武装部队最高统帅。

在我去世以前，我将前党卫军全国领袖兼内政部长海因里希·希姆莱开除出党并革除他的一切职务。

他认为陆军、空军和党卫军的将领们都背叛了他，使他不能获得胜利。因此他能够选择的继承人只能是在他的征服战争中不能起大作用的小小海军的首领了。这一选择也是对陆军的最后嘲笑，因为陆军在战争中出力最大，死人最多。他还最后一次谴责了自从建党以来除戈培尔以外两个最亲密的合作者。

戈林与希姆莱不仅对我不忠，还瞒着我，违背我的意志私自与敌人谈判，并非法地企图夺取国家控制权，从而给整个国家带来了无法弥补的耻辱。

在开除了叛国者和指定了继承人以后，希特勒又指定了邓尼茨的新政府的组成人选。他们都是“诚实的人”，他说，“他们会以一切手段完成继续作战的任务”。戈培尔将出任总理，鲍曼为“党务部长”——这是一个新职务。赛斯-英夸特，这个奥地利的卖国贼和新近担任荷兰总督的刽子手，被任命为外交部长。施佩尔，同里宾特洛甫一样，被丢弃了。但是自从1932年被巴本任命为财政部长一直蝉联到现在的什未林·冯·克罗西史伯爵仍将继续保持他的职位。此人是一个傻瓜，但必须承认，他在尽力保全自己方面却是个天才。

希特勒不仅任命了他的继承人的政府，他还给它下了一道最后的典型的指令。

最重要的是，我命令政府和人民要竭尽全力拥护种族法律，无情地打击一切民族的毒害者：国际犹太人。[21]

交代了这一点之后，这位德国最高统帅就完了。时间是4月29日，星期日，凌晨4点钟。希特勒把戈培尔、鲍曼、克雷布斯将军和布格多夫将

军召来做见证人，他在“政治遗嘱”上签了字，然后他们也在这个文件上
签了字。随后他又迅速地口述了他的私人遗嘱。在这一部分遗嘱中，他回
顾了他的奥地利下层中产阶级的出身，解释了他为什么要结婚，为什么要
同他的新妇一道自杀；他还处理了他的财产，他希望这笔财产足够使他的
遗族维持温饱的生活。希特勒倒是没有像戈林那样利用他的权势为自己捞 1126
一笔大财。

在斗争的年代中，我曾认为我不能承担结婚所给我带来的责任，但是现在，当我生命行将结束之际，我决定与我有过多年真诚友谊并自愿在柏林已遭围困之时来到这里与我同生共死的女人结婚。

她自愿作为我的妻子同我一道死去。这就弥补了由于我服务于人民而进行工作给我们两人所带来的损失。

我的所有财物，不论其价值多少，都属于党，如果党不存在了，就归国家。假如国家也灭亡了，那我就用不着再交代了。我这些年来所收集的绘画从来没有打算作为私藏，而完全是为了在我的故乡多瑙河畔的林茨建立画廊之用。

他指示遗嘱执行人鲍曼

把所有值得作为私人纪念品的东西交给我的亲属，并给他们一笔足够维持一个小资产阶级生活水平的费用……*

我的妻子同我决定死去，以免遭受被推翻或者投降的耻辱。我们希望我们的遗体将在我服务于人民十二年来进行大部分日常工作的地方立即火化。

希特勒在口述两份遗嘱之后已经精疲力竭，回到室内睡了。这时天已破晓，曙光照到他生命中最后一个安息日的柏林。全城被浓烟笼罩着。俄

---

* 希特勒没有交代这些亲属是谁，但从他对秘书们的谈话中可以看出他指的是他的姐姐保拉和他的岳母。

国人的大炮的射程之内的房屋在倒塌、焚烧。他们离威廉街和总理府已经不远了！

希特勒睡觉以后，戈培尔和鲍曼就马上忙碌起来。希特勒在他们作为见证人签过字的“政治遗嘱”中，曾明确指示他们两人离开柏林参加新政府。鲍曼十分乐意服从这一指示。尽管他对元首忠诚，但是如果能够避免的话，他是不想同元首一道同归于尽的。他一生中唯一希望的是在幕后指挥的权力，也许邓尼茨仍会给他这种权力。这是说，如果戈林在得悉元首去世的消息后不篡夺宝座的话。为了确保戈林不致篡夺，鲍曼马上给在贝希斯
1127 特加登的党卫军打了一个无线电报。

……如果柏林和我们沦于敌手的话，必须将4月23日的卖国贼消灭。战士们，负起你们的责任！这关系到你们的生命和名誉！[22]

这是一道要谋杀戈林和他的空军将领的命令，鲍曼早已使党卫军将他们逮捕了。

戈培尔博士与鲍曼相反，但与爱娃·布劳恩一样，是不愿意在他们敬爱的元首已经逝世的德国活下去的。他早已把命运交给了希特勒。只是由于希特勒，他才得以飞黄腾达。他一直是纳粹运动的主要预言家和宣传家，而且在制造纳粹神话方面仅次于希特勒。为了使这些神话能够流传下去，不但元首应当壮烈牺牲，作为元首最忠实的追随者、唯一没有背叛元首的党内元老，他也必须壮烈地死去，给后世留个榜样，有朝一日能够使民族社会主义的火苗重新燃烧起来。

在希特勒休息之后，戈培尔似乎就是怀着这样的心情回到他那地下室的小房间里去写自己对当代和后代的遗言的。他把他的遗言叫作“元首政治遗嘱的附录”。

元首已经命令我离开柏林……到他所任命的政府里去担任一员领导。

我一生中还是第一次必须坚决拒绝服从元首的命令。我的妻子和孩子们也同我一起拒绝服从。在最危急的时刻抛弃元首，实为人情和忠贞所不许；何况在今后余生中，世人将把我看作一个可耻的卖国贼和下贱

> 的无赖，我不仅将会失掉同胞们对我的尊敬，也会失掉自尊心……
>
> 在元首被叛逆的梦魇缠绕着的战时这些最危急的日子中，少不得要有一个人无条件地陪着他直到最后牺牲……
>
> 因此我相信我正在为德国人民的前途做一件最好的事情。在今后艰苦的岁月里，树立榜样比活着更重要……
>
> 基于这种理由，我同我的妻子一起，并代表我们的儿女（他们太小了，还不能表达他们的意见，如果他们的年龄比现在大一些，也会毫无保留地同意我们的决定）表示坚定的决心：即使帝国首都沦于敌手也不离开它，而要在元首的身边结束我的生命。因为如果我不能生活在元首的身边并为他服务，生命对我个人来说是没有任何价值的。[23]

4月29日早晨5点半钟，戈培尔写完了他的遗言。柏林已经破晓，但战争的烟火遮住了太阳。在地下避弹室的电灯光下还有许多事情要做。头一件事情是如何通过附近的俄国防线将元首的遗嘱带给邓尼茨等人，以便为后代永远保存下来。1128

为了带出这个文件的副本选择了三名信使：希特勒的军事副官维利·约翰迈尔少校，党卫军军官和鲍曼的顾问威廉·灿德尔，以及前一天晚上带来希姆莱叛变噩耗的宣传部官员海因茨·洛伦茨。多次获得奖章的约翰迈尔负责领导这一小组，设法通过红军防线。他要把这个遗嘱的一份副本交给斐迪南·舍尔纳元帅，后者的集团军仍完整地坚守在波希米亚山中，而且希特勒已任命他为新的陆军总司令。布格多夫将军在递交舍尔纳的文件里附了一封信说，希特勒是在“今天收到希姆莱叛变的骇人听闻的消息之后”写了他的遗嘱的，“这是他的不可变更的决定”。灿德尔和洛伦茨要把他们的副本带给邓尼茨。灿德尔的副本中也附了一封鲍曼的信。

> 亲爱的海军元帅：
>
> 因为所有的师团都未能前来解围，看来我们已经没有希望，元首昨晚口述了这份政治遗嘱。希特勒万岁！

当天中午，这三名信使出发去执行他们的危险的使命。他们经柏林动物园和夏洛滕堡迂回西行，到达哈弗尔湖前面的皮彻尔斯多夫。该地驻扎了希特勒青年团的一个营，还在等待不见踪影的温克大军的到来。为了到达这里，这三个人已经成功地溜过了三重俄军封锁线：柏林动物园中央的胜利纪念柱，动物园前面的动物园车站，以及皮彻尔斯多夫的外围。他们还必须通过很多条俄军防线，还得经历很多冒险。*虽然最后他们都一一通过了这些防线，但是已经太晚了，他们携带的文件对邓尼茨和舍尔纳已经没有用处，后者根本没有见到这些送信人。

那天离开地下避弹室的还不止这三个送信人。4月29日中午，希特勒又恢复了暂时的平静，召开例行军事会议讨论战争形势，跟快六年来他每天都在这个时候召开会议一样，就好像路还没有走到尽头似的。克雷布斯将军报告说，昨夜和今晨俄军已进一步逼近总理府。剩下的可怜的一点点
1129 守军的军火供应越来越少。温克的援军仍无消息。有三个军事副官感到无事可做，又不愿同元首一道自杀，于是他们请问元首是否可以离开地下避弹室去打听温克的下落。希特勒批准了这个请求，并命令他们催促温克马上行动。当天下午这三个军官便离开了。

不久，又有第四人离开了，此人是希特勒的空军副官，战争开始以来成为核心组织中的下级人物的尼古拉斯·冯·贝洛上校。贝洛也是不想自杀的，他也感到在总理府的地下避弹室里已再没有什么有用的事可做。他要求元首准许他离开，也得到了批准。希特勒这天真是十分通情达理。他也想到他可以利用这位空军上校给他带出一封最后的信。这封信是写给凯特尔将军的。鲍曼已怀疑他有叛国之嫌。希特勒在这封信中对陆军进行了最后一次谴责，他认为陆军辜负了他的期望。

毫无疑问，那天夜里10点钟举行的情况汇报会上所获得的消息更加深了元首对陆军的切齿痛恨。魏德林将军负责指挥勇敢但装备简陋而又超龄的人民冲锋队和不足年龄的希特勒青年团队伍，正在被围的柏林牺牲自己，

---

* 特雷弗-罗珀所著的《希特勒的末日》一书生动地描写了他们的冒险。如果不是由于海因茨·洛伦茨泄露了机密，希特勒和戈培尔的遗嘱也许永远不会公之于世。约翰迈尔少校最后将他那一份副本埋在威斯特伐利亚的伊瑟隆家中的花园里。灿德尔的那份副本则藏在他留在巴伐利亚的泰根湖村的一只箱子里。灿德尔伪装起来，改名威廉·保斯丁，企图开始过新的生活。但是新闻记者出身的洛伦茨很喜欢说话，不能很好地保守机密。有一次偶然说溜了嘴，泄露了机密，因此他的那一份副本被发现，从而也暴露了其他两个送信人的副本。

以便使希特勒多活几天。据他报告说，俄军已沿萨尔兰街和威廉街推进到空军部附近，距总理府只有咫尺之遥。他说敌人至迟于5月1日，也就是说在一两天内，将打到总理府。

末日终于来临。甚至一直在指挥着即将前来为首都解围的纸上军队的希特勒，也终于认识到这一点。他口述了最后一封信，命令贝洛带给凯特尔。他在信上告诉这位最高统帅部长官：柏林保卫战现在已结束；他将自杀，绝不投降；戈林和希姆莱已经背叛了他；他已任命邓尼茨作为他的继承人。

他对于纵然是由他领导的但仍给德国带来失败的武装部队还有最后一句话要讲。他说海军战斗得非常出色。空军也很勇敢，只有戈林应对空军丧失战时初期的优势负责。至于陆军，一般士兵打得很好而且很勇敢，但是将领们辜负了他们，也辜负了他。

> ［他接着说］人民和武装部队在这次长期艰苦的斗争中，贡献了他们全部的一切。牺牲是巨大的。但是很多人滥用了我对他们的信任。在整个战争时期，不忠和背叛使抵抗遭到破坏。
>
> 这就使我无法领导人民获得胜利。陆军参谋总部与第一次世界大战的陆军参谋总部是不能相比的。它的成就远远比不上前线将士们的成就。 1130

从这里至少可以看到一点：这个纳粹最高统帅的性格至死也没有改变。全部伟大的胜利都归功于他。失败和最后的倒台则归咎于别人，归咎于他们的“不忠和背叛”。

接下去是他的临别赠言，这是这个疯狂的天才人物一生中最后留下的有记录可查的文字：

> 这次战争中德国人民所做的努力和牺牲十分巨大，使我不能相信会是白费的。目标仍然必须是为德国人民赢得东方的领土。*

---

* 贝洛上校在听到希特勒死讯时毁掉了这封信，当时他正在投奔西方盟军部队的途中。信中的话是他凭记忆写下来的。见特雷弗-罗珀：《希特勒的末日》，第194—195页。

最后这句话是直接从《我的奋斗》一书中引来的。希特勒的政治生命是从为优越的德国人民赢得“东方的领土”这一着迷的妄想开始的，现在他又抱着这一妄想结束了他的生命。千百万德国人民的死亡，千百万德国家园的被炸毁，甚至于德国的灭亡，都不能使他相信，从东方斯拉夫民族那里夺取土地，是绝无实现可能的条顿式的梦想，且不谈道义问题。

希特勒和他的新妇之死

4月29日下午，地下避弹室收到了从外面世界传来的最后一批消息。法西斯独裁者、希特勒的侵略伙伴墨索里尼已经命丧黄泉，陪着他死去的还有他的情妇克拉拉·佩塔奇。

他们是在4月26日企图从科莫逃往瑞士时，被意大利游击队捕获，于两天以后处决的。4月28日（星期六）晚上，他们的尸体被装上卡车，运到米兰，抛弃在广场上。第二天，他们被倒吊在路灯杆子上，后来又被放下来扔到路旁的明沟里，让复仇的意大利人能够在那个安息日尽情地糟蹋他们。劳动节那天，贝尼托·墨索里尼与他的情妇合葬在米兰的马焦雷公墓的贫民墓地里。意大利领袖和法西斯主义就在这样悲惨的可耻下场下成为历史陈迹。

墨索里尼不体面的下场到底有多少详细情况传到了希特勒耳中，现在还不清楚。人们只能猜测，如果他知道得很多，那不过更加强了他的决心，不让他和他的新妇或他们的尸体，如他在遗嘱中所写的那样，成为“犹太人导演的一场戏，来取悦他们歇斯底里的群众”。

希特勒在获悉墨索里尼的死讯以后，马上进行他的最后准备。他毒死
1131 了他心爱的名叫布朗迪的法国阿尔萨斯种名狗，又枪杀了家里的另两条狗。他将剩下的两名女秘书叫来，把毒药交给她们。当野蛮的俄国人打进来的时候，如果她们想要使用的话，可以使用。他说，他很抱歉在诀别时不能送更好的礼物给她们，他对她们长期忠诚的服务表示感谢。

夜已降临，阿道夫·希特勒的生命到了尽头。他命令他的秘书容格夫人焚毁档案中的残余文件，并且命令所有地下避弹室的人在没有得到通知以前不能入睡。大家解释这个命令的意思是希特勒认为他向大家告别的时

候到了。但是，据几位在场人的回忆，一直到半夜以后很久，大约是4月30日凌晨2点30分，元首才走出他的私人房间，来到作为饭厅的过道上，在那里等候他的约有20人，多半是他的女部下。他同在场的人一一握手，嘴里叽叽咕咕，也听不清说的是什么。他眼里含着泪水，据容格夫人回忆，“他的视线好像越过地下避弹室的墙，看着很远的地方”。

在他退回私室以后，一件奇特的事情发生了。地下避弹室里已经达到令人不能忍耐的紧张气氛松弛下来了，有几个人到饭厅来跳舞。这个不可思议的舞会发出的喧嚣声音很大，以至元首那边下了命令叫他们安静一点。俄国人可能在几个小时以后就打进来，把他们都杀光。虽然他们当中大多数人一直在考虑如何逃命的问题，但是由于元首对他们生命的严格控制已经结束了，在这短暂的片刻，只要可能，他们也想寻欢作乐一番。这些人看来真是如释重负，因为他们竟跳了个通宵。

鲍曼却不是这样。这个阴险人物还有事情要办哩。他企图逃命的机会似乎愈来愈少了。从元首自杀到俄军来到之前的这一段时间恐怕太短，很难逃到邓尼茨那里去。如果逃不了，在希特勒尚未死去之前，他还能假借名义发号施令的时候，他至少可以进一步拿“卖国者”来报仇雪恨。在最后一天夜间，他还给邓尼茨打了一个电报。

> 邓尼茨！
>
> 我们愈来愈感到，这几天来，柏林战场上的各个师团一直在闲着。我们所获得的情报全受凯特尔的控制，扣压，或者篡改……元首命令你火速对所有卖国者进行无情的打击。

虽然他知道希特勒在几小时内就要死去，但他在电报中还附加了一句：“元首仍然活着，正在指挥柏林的保卫战。”

但是柏林已经保不住了。俄军几乎已经占领整个城市。现在仅仅是如
何保卫总理府的问题了。总理府已成了瓮中之鳖，希特勒和鲍曼在4月30 1132
日中午的最后一次情况汇报会议上已经了解到这一点。俄国人已经打到柏林动物园的东边，进入波茨坦广场。他们离总理府只有一条街了。阿道夫·希特勒实现他的决心的时候已经到了。

他的新妇这一天显然没有心思吃午饭，希特勒同他的两位秘书和素食女厨一道进餐，她也许还没有意识到这是她替他做的最后一餐饭。大约在下午2点30分，他们快要用完午饭的时候，管理总理府车房的元首司机埃里希·肯普卡接到命令，叫他立刻运200公升汽油到总理府花园来。要弄这许多汽油是有困难的，但肯普卡终于搞到大约180公升，找了三个人帮忙把汽油运到地下避弹室的紧急出口处。[24]

为维京式火葬收集汽油还在进行的时候，希特勒已用毕最后一餐。他把爱娃·布劳恩叫来，与他一道同他最亲密的伙伴们诀别。这些人是戈培尔博士、克雷布斯将军和布格多夫将军、他的秘书们和女厨曼齐阿里小姐。戈培尔夫人没有在场。这位刚强而美丽的金发女人，同爱娃·布劳恩一样，觉得下决心同丈夫一道死去是容易的，但一想到要杀死她那六个年幼的孩子，她就感到缺乏勇气了。这些天来这些孩子整天在地下避弹室嬉戏，丝毫不知有什么可怕的下场在等待着他们。

"亲爱的汉娜，"两三天以前的一个晚上，她曾对莱契小姐说，"当最后一天来到的时候，如果我对孩子们缺乏勇气，你必须帮助我……他们是属于第三帝国和元首的。如果第三帝国和元首不存在了，他们也就没有地方可以生存了。我最害怕的是在最后一刹那变得太软弱。"她现在一个人待在她那小房间里，正在努力克服她那最大的恐惧。*

希特勒和爱娃·布劳恩没有这样的问题。他们要结束的只是自己的生命。与大家告别之后，他们回到自己的寝室。戈培尔、鲍曼和其他几个人在外面的走廊里等候着。过了一会儿，他们听到一声枪响，他们等待着第二次枪声，但是却没有声音了。他们等了一会儿，轻轻地走进元首的房间。他们看到阿道夫·希特勒的尸体趴在沙发上，还在淌血。他是对着自己的嘴放的枪。爱娃·布劳恩躺在他的身旁。两支手枪滚落在地板上，但是新娘子并没有用她的手枪。她服了毒药。

时间是1945年4月30日，星期一，下午3点30分。这是阿道夫·希特勒56岁生日后的第十天，是他担任德国总理、建立第三帝国以来的整整

* 这些孩子们的名字和年龄是：赫拉，12岁；希尔达，11岁；赫尔穆特，9岁；霍尔德，7岁；赫达，5岁；海德，3岁。

十二年零三个月。第三帝国的寿命只不过比他多一个星期。

接着就进行维京式火葬。没有人讲话，唯一的声音是俄国的炮弹落在总理府花园里和打在四周弹痕累累的墙壁上的爆炸声。希特勒的侍从、党 1133
卫军中队长海因茨·林格和一个勤务兵将元首的尸体抬了出来，尸体是用军用灰绿色毛毯包裹的，以便遮住那张血肉模糊的脸。肯普卡从露在毯子外面的黑色裤子和皮鞋认定这是元首的尸体，因为希特勒总是穿着这样的裤子和灰绿色上衣的。爱娃·布劳恩死得干净一些，身上没有血。鲍曼将她的没有包裹的尸体抬出来，到了过道之后交给肯普卡。

> 希特勒夫人［这位司机回忆道］穿着一件黑色衣服……我看不出身上有什么伤口。

尸体被抬到花园里，在一阵轰炸之后，他们趁机将尸体放在一个弹坑中，然后点燃汽油。以戈培尔和鲍曼为首的送葬人退回地下避弹室的紧急出口处，在火焰上升时全体肃立，举起右手行纳粹告别礼。仪式很短，因为红军炮弹又开始轰击花园，这些人赶紧退回地下室的安全处所，让汽油引起的熊熊烈火去完成消灭阿道夫·希特勒及其夫人的遗体的工作。[*] 对于鲍曼和戈培尔来说，他们在失却了元首和独裁者的第三帝国中仍有任务要完成，虽然各人要完成的任务是不同的。

任命邓尼茨为继承人的元首遗嘱，现在还来不及由送信人送到他的手里。必须用无线电通知这位海军将领。但是眼前已经丧失权力的鲍曼，甚至到了这个时刻仍在迟疑不决。尝到过权力滋味的人要突然放弃权力是困难的。最后他终于发了一个电报。

> 海军元帅邓尼茨：
>
> 元首任命你为继承人，以代替前帝国元帅戈林。任命状现在途中。你必须采取适应形势需要的一切措施。

---

* 由于骨灰没有找到，在战后就引起了希特勒仍在人间的谣言。但是英美情报官员对目击者的分别审问的结果证明，火葬是千真万确的。肯普卡对于为什么找不到骨灰给了一个似乎可信的解释。他说："俄国人不断的炮火把所有的痕迹都扫光了。"

美军士兵在检查德国总理府内据信是希特勒曾经住过的房间。

关于希特勒的死，他只字未提。

指挥德国北部军队并将他的总部移至石勒苏益格邦的普伦的邓尼茨，接到这个消息大吃一惊。他和纳粹党的首领们不一样，并不想做希特勒的继承人。在他的水手的脑瓜里也从来没有想过这件事。两天以前他认为希姆莱会做继承人，还跑到这个党卫军首领那里去向他表示支持。但是他由
1134 于从来没有想到过违抗元首的命令，仍然相信希特勒还在人间，他发了下面的回电。

我的元首！

我对您的忠诚是无条件的。我将尽一切力量解除柏林之围。然而如果命运一定要我作为您的继承人统治德国的话，我将把战争打到底，无愧于德国人民的史无前例的、英勇的斗争。

海军元帅邓尼茨

那天夜间，鲍曼和戈培尔有了一个新的打算。他们决定尝试与俄国人

进行谈判。仍待在地下避弹室里的陆军参谋总长克雷布斯将军曾经在莫斯科做过助理武官，会讲俄语，他在莫斯科火车站曾受到过斯大林的拥抱，这事曾轰动一时。也许他能够从布尔什维克那里得到一点东西。戈培尔和鲍曼特别想要获得的是让他们安全通行，以便他们能够到邓尼茨的新政府那里去担任新职。作为交换条件，他们准备放弃柏林。

克雷布斯将军在4月30日子夜以后不久出发去见苏联指挥进攻柏林部队的崔可夫将军。[*] 陪同克雷布斯前往的一位德国军官所记录的谈话是这样开始的。

克雷布斯：今天是5月1日，我们两个国家的伟大的节日。[†]

崔可夫：我们今天欢庆伟大的节日。你们那边的情形如何则很难讲。[25]

这位俄国将军要求在元首地下避弹室里的人以及在柏林的德国守军全部无条件投降。

克雷布斯的使命执行起来是要花时间的。5月1日上午11点钟，他还没有回来，已经等得很不耐烦的鲍曼又给邓尼茨打了一个电报。

遗嘱已经生效。我将尽快到你那里去。在我到来以前，我建议你不要发表这一消息。

这封电报的措辞是含糊的。鲍曼就是不愿意直截了当地说元首已经
死了。他打算离开柏林之后争取头一个将这件大事告诉邓尼茨，以便赢得 1135
新任总司令的欢心；但是即将与他的妻子和儿女一道死去的戈培尔则没有什么个人的原因不将那个简单的事实告诉邓尼茨。下午3点15分，他给邓尼茨打了一个电报——这是柏林被围的地下避弹室发出的最后一封无线电报。

---

* 并不是如很多文章所报道的朱可夫元帅。

† 在欧洲，传统的劳动节是5月1日。

海军元帅邓尼茨

绝　密

昨天下午3点30分，元首去世了。4月29日的遗嘱任命你为德国总统……［以下是内阁主要人员的任命名单。］

已遵照元首的命令，派人将遗嘱给你送去……鲍曼打算今天到你那里去，并将情况报告你。关于向报界和军队宣布此事的时间和方式由你决定。请复电。

戈培尔

戈培尔认为没有必要将自己的意图告诉新的领袖。在5月1日傍晚，他执行了自己的意图。第一件事是毒死六个孩子。他们的游戏终止了，每人打了一针毒药，显然是头一天毒死希特勒的几条狗的那个医生干的。然后戈培尔将他的副官、党卫军小队长君特·施韦格曼叫来，要他去取汽油。

“施韦格曼，”他说，“这是最可恶的背叛。将军们都出卖了元首。一切全都完了。我将同我的妻子和家人一道死去。”他甚至对他的副官也没有说，他已叫人将他的孩子们谋杀了。“你必须烧掉我们的尸体。你能做到吗？”

施韦格曼向他保证，他能做到，于是叫两个勤务兵去弄汽油。几分钟以后，大约8点30分，天快要黑下来的时候，戈培尔博士夫妇走出地下室，与正好在走廊里碰到的那些人告别，然后走上花园。在他们的请求下，一个党卫军勤务兵对准他们的后脑勺放了两枪。四桶汽油泼在他们的尸体上，然后燃起火来，但这次的火葬搞得并不太好。[26]地下室里还活着的人都急着要参加马上就要开始的大逃亡，没有时间花费在焚烧已经死去的人的尸体上。俄国人第二天就发现了两具焦黑的尸体，马上就认出那是宣传部长和他的妻子的尸体。

5月1日晚上9点钟，元首的地下避弹室已经是大火熊熊，元首的侍从人员约五六百人，大半是党卫军，在总理府的地下避弹室里窜来窜去准备逃
1136 亡，据逃亡人中希特勒的裁缝后来回忆，他们就像一群砍了脑袋的母鸡。逃亡的计划是徒步由总理府对面的威廉广场的地铁站出发，沿地铁道走到弗里德里希街的车站，然后渡过施普雷河，穿过俄军防线立即向北。有许多人逃

脱了，另一些人却没有，鲍曼也在其内。

当克雷布斯将军那天下午带着崔可夫将军无条件投降的要求回到地下避弹室的时候，鲍曼认定唯一活命的机会是跟着大伙一齐逃跑。他这一伙人企图尾随一辆德国坦克，但据同他在一起的肯普卡说，一颗俄国炮弹正击中这辆坦克，鲍曼几乎肯定已被打死了。在皮彻尔斯多夫大桥抛下他的一营年轻战士、只顾自己逃命的希特勒青年团的首领阿克斯曼当时也在场，他后来供述，鲍曼的尸体躺在因瓦利登街与铁轨交叉的桥的下面。月光照在鲍曼脸上，阿克斯曼看不出他有什么伤痕。据他估计，鲍曼在看到自己逃出俄国防线的可能性已等于零的时候，吞下了胶囊毒药。

克雷布斯将军和布格多夫将军没有参加集体逃亡。人们相信他们是在总理府的地下室里用手枪自杀的。

第三帝国的终结

第三帝国比它的创造者多活了七天。

5月1日晚上10点钟刚过，当戈培尔博士夫妇的尸体在总理府花园中正在焚烧，地下避弹室里的人们集结在一起准备从柏林地铁逃亡的时候，汉堡广播电台突然终止播送布鲁克纳的庄严的《第七交响曲》。一阵军鼓声之后，一个广播员说道：

> 我们的元首阿道夫·希特勒同布尔什维主义战斗到最后一息，今天下午在德国总理府的作战大本营里为祖国牺牲了。4月30日，元首任命海军元帅邓尼茨为他的继承人。现在由元首的继承人海军元帅对德国人民讲话。

第三帝国在弥留之际还在撒谎，就像它在建立之初一样。除了希特勒不是在那天下午而是在前一天下午死去这一无关宏旨的事实以外，他也不是打到“最后一息”时牺牲的。但是继承希特勒衣钵的人为了保持神话，为了控制仍在进行抵抗的军队，广播这个谎言是必要的，因为如果士兵们知道事实真相，一定会感到他们被出卖了。 1137

邓尼茨在晚上10点20分进行广播的时候也重复了这个谎言，并大谈元首的“壮烈牺牲”。实际上他当时也不知道希特勒是怎样死的。戈培尔的电报中只说他在头一天下午“死”了。但是这并不妨碍邓尼茨在德国人民灾难临头的时刻，在这个问题上或者在其他问题上，把他们已经糊涂的头脑弄得更糊涂。

> ［他说］我的任务是拯救德国，使它不致遭受向我们进攻的布尔什维克敌人的破坏。正是为了这个目的，才要继续把军事斗争进行下去。只要英国人和美国人阻挠这个目的的实现，我们也就不得不继续进行抵抗他们的防御战。但是，在这样的情况下，英美两国的作战不是为了他们人民的利益，而只是为了在欧洲散布布尔什维主义。

这是一个拙劣的歪曲。这个海军元帅并不曾对希特勒在1939年与这个布尔什维克国家结盟的决定提出过抗议，正是由于这一决定，德国才得以同英国以及后来同美国作战。他在广播结束时抚慰德国人民说：“在我们做了这样重大的牺牲之后，上帝是不会抛弃我们的。”

这些都是空话。邓尼茨知道德国的抵抗已经到头了。4月29日，希特勒自杀的前一天，在意大利的德军已经无条件投降。由于通信设备受到破坏，元首未能获悉这项消息，这就使得他的最后几小时能够舒服一点，不然的话，他就更加不能忍受了。5月4日，德军最高统帅部命令所有在德国西北部、丹麦和荷兰的德军向蒙哥马利元帅投降。第二天凯塞林的G集团军，包括驻在阿尔卑斯山北部的德国第一军团和第九军团在内，都投降了。

同一天，即5月5日，新任德国海军总司令汉斯·冯·弗里德堡海军上将来到设在兰斯的艾森豪威尔的总部接洽投降。从最高统帅部的最后文件中可以清楚看出，[27]德国的目的是想拖延几天，以便争取时间尽量把德国军队和难民从俄国进军的道路上撤出，使他们能够向西方盟军投降。约德尔将军第二天也来到兰斯，帮助他的海军同僚进行策划。但这是徒劳的，艾森豪威尔看穿了这个诡计。

> ［他后来写道］我命令史密斯将军通知约德尔，除非他们立即停止

一切的借口和拖延，否则我将封锁整个盟军战线，并用武力阻止任何德国难民进入我们的防线。我不容许进一步的拖延。[28]

5月7日凌晨1点30分，邓尼茨接到约德尔向他报告的艾森豪威尔的要求后，从丹麦边境的弗伦斯堡新成立的总部打电报给约德尔，授以全权在无条件投降文件上签字。他们的花招失败了。 1138

1945年5月7日凌晨2点41分，在艾森豪威尔总部——兰斯的一所学校里，举行了德国无条件投降的签字仪式。这个学校不大，房子是红色的。代表盟军在文件上签字的是沃尔特·比德尔·史密斯将军，代表俄国作为见证人签字的是伊万·苏斯洛巴罗夫将军，代表法国作为见证人签字的是弗朗索瓦·塞维斯将军。代表德国签字的是海军上将弗里德堡和约德尔将军。

约德尔要求讲话，得到了允许。[29]

这次签字以后，德国人民和德国武装部队的祸福吉凶，已交由胜利者决定了……在这个时刻，我只能表示希望胜利者会宽大地对待他们。

盟军方面对此没有反应。但是约德尔也许回忆起五年前双方所演的角色与这次正好相反的另一个场合。当年一位法国将军在贡比涅签署无条件投降书后，也曾发出类似的呼吁——结果毫无用处。

1945年5月8日午夜，欧洲的炮火和轰炸停止了。自从1939年9月1日以来，欧洲整个大陆上第一次出现令人感到有点异样，但受到欢迎的平静。在这五年八个月零七天中，在一百个战场上，在一千个被轰炸的城镇中，有千百万的男女被屠杀；更多的人在纳粹毒气室里和党卫军特别行动队在俄国和波兰的死人坑的边沿上被杀害——这一切都是阿道夫·希特勒的征服野心所造成的结果。绝大多数的欧洲古城都遭到破坏。天气暖和以后，无数没有葬埋的尸体从瓦砾堆中发出了令人恶心的臭味。

在德国的大街上，再也没有穿长筒靴的冲锋队齐步前进的声音了，再也没有成群结队、身穿褐衫的人们的喧闹声了，再也没有元首从扩音器里发出的尖叫声了。

经过十二年四个月零八天之后，这个“千秋帝国”已寿终正寝了。除了一伙德国人之外，这段时期对于所有的人都是黑暗时代，而现在这个黑暗时代也在凄凉的暮色中结束了。这个“千秋帝国”，正如我们所见到的，曾将这个伟大的民族，这些富有才智但又极易被引上歧途的人民，带到他们从来没有经历过的权力和征服的高峰，现在它却土崩瓦解了，其突然和彻底，在历史上是极其罕见的。

1918年德国在最后的败北以后，德皇逃跑，帝制崩溃，但支撑这个国家的其他传统机构依然保留了下来。一个人民选出的政府、一支德国军队的核心和参谋总部仍继续起着作用。但是1945年的春天，第三帝国却根本不存在了。无论哪一级的德国政权都不存在了，千百万三军将士在本土变成了战俘。千百万居民，一直到乡村的农民，全被占领军统治，他们不
1139 但要依靠占领军维持法律和秩序，而且从1945年的夏季到严冬都要依靠占领军所供给的粮食和燃料过活。这就是阿道夫·希特勒的愚蠢给他们带来的结果，也是他们自己那样盲目、那样死心塌地地追随他的结果，虽然在1945年秋天我回到德国的时候，发现人们对希特勒并不怎么痛恨。

人民还活着，土地也还在。但人民却茫茫然，流着血，挨着饿。当冬天到来时，他们在轰炸的劫后残垣中，穿着破烂的衣服不停地打着哆嗦；土地也一片荒芜，到处是瓦砾成堆。曾经企图毁灭其他许多民族的希特勒，在战争最后失败的时候也想要毁灭德国人民，但与他的愿望相反，德国人民并没有被毁灭。

1140 只有第三帝国成了历史陈迹。

注　释

1. 卢茨·什未林·冯·克罗西克伯爵的未发表日记。我在《柏林日记的终结》一书中选录了其中主要部分，见第190—205页。

特雷弗-罗珀在《希特勒的末日》一书中也从那本书援引了材料。特雷弗-罗珀是历史学家，战时曾任英国情报官员。他受命调查希特勒末日的情况。结果见他那本杰出的著作，所有要写第三帝国最后一章的人都会从这本书得到帮助。我自己还利用了其他材料来源，特别是目击当时情况的人的第一手叙述，这些人有施佩尔、凯特尔、约德尔、卡尔·科勒将军、邓尼

茨、克罗西克、汉娜·莱契、格尔哈德·波尔特上尉和约阿希姆·舒尔茨上尉，以及希特勒的一个女秘书和他的汽车司机。

2. 格尔哈德·波尔特：《与希特勒一起在掩蔽部里》，第1章。波尔特上尉先是古德里安、后是最后一任陆军参谋总长克雷布斯将军的副官，在战争的最后几天一直在地下避弹室里。

3. 艾伯特·佐勒：《希特勒私生活》，第203—205页。根据这本书的法文本（书名叫《跟随希特勒十二年》）。佐勒是法国陆军上尉，派到美国第七军团任侦讯军官，因此有权提审希特勒四个女秘书中的一个；后来，在1947年，他与她合作写了这本回忆希特勒的书。她大概就是从1933年起给希特勒当速记员的克里斯塔·施罗德，一直到他死前一个星期才离职。

4. 克罗西克日记。

5. 同上。

6. 威尔莫特援引，见《争夺欧洲的战争》，第699页。

7. 特雷弗-罗珀：《希特勒的末日》，第100页。这个情况是戈培尔的一个秘书英格·哈伯尔齐特尔夫人提供的。

8. 迈克尔·A.莫斯曼诺：《死前十天》，第92页。莫斯曼诺法官，战时任美国海军情报官员，曾亲自提审在希特勒临死前几天与他在一起的人。

9. 凯特尔提审记录，《纳粹的阴谋与侵略》，附件B，第1294页。

10.《纳粹的阴谋与侵略》，第6卷，第561页（纽伦堡文件3734-PS）。这是美国陆军向汉娜·莱契提审希特勒在地下避弹室的最后几天情况的长篇摘要。她后来否认了自己所谈的一部分情况，但是陆军当局证实它大体上是正确的，包含了她在1945年10月8日受提审时所说的情况。虽然莱契小姐是一个神经很不正常的人，或者说，虽然她在地下避弹室度过这一段黯淡生活之后那几月中神经很不正常，但是她的叙述，经与别人的证据核对，证明是关于希特勒临死前几天的有价值的材料。

11. 卡尔·科勒将军：《最后一月》，第23页。这是科勒的1945年4月14日至5月27日期间的日记。它是关于第三帝国末日的一个有价值的材料来源。

12. 凯特尔在纽伦堡的提审记录，《纳粹的阴谋与侵略》，附件B，第1275—1279页。约德尔谈的情况是当天晚上告诉科勒将军的，后者记在4月22日和23日的日记中。见科勒：《最后一月》，第30—32页。

13. 特雷弗-罗珀：《希特勒的末日》，第124，126—127页。该书作者说，他在叙述贝格尔所说的情况时"有些保留"。

14. 凯特尔是在提审时想起这段话的。见《纳粹的阴谋与侵略》，附件B，第1277页。约德尔的说法见科勒日记，《最后一月》，第31页。

15. 见伯纳多特：《幕落》，第114页；另见舍伦贝格：《迷宫》，第399—400页。他们关于这次会议的说法大体上是一致的。

16. 施佩尔在纽伦堡的证词，见《主要战犯的审讯》，第16卷，第554—555页。

17. 汉娜·莱契提审记录，同上，第554—555页。

18. 同上，第556页。所有后边这些汉娜·莱契引述的话和叙述的情况都摘引自汉娜·莱契提审记录，载《纳粹的阴谋与侵略》，第6卷，第551—571页（纽伦堡文件3734-PS）。因此这些材料就不一一引证了。

19. 根据凯特尔，他的提审记录，见《纳粹的阴谋与侵略》，第1281—1282页，这封电报是根据回忆的。德国海军的记录也提供了一封措辞相同的希特勒致约德尔的电报，署的时间是4月29日下午6点52分（《海军事务元首会议记录》，1945年，第120页），舒尔茨的《最高统帅部日记》（第51页）提供了内容相同的电文，据记载，约德尔收到电报的时间是4月29日晚上11点。这恐怕错了，因为从希特勒的活动看，他在那天晚上那个时间已不会再关心任何部队所在的地点了。

20. 特雷弗-罗珀在《希特勒的末日》的第163页提供了第一封电报的内容。第二封是我在海军记录中找到的，见《海军事务元首会议记录》，1945年，第120页。海军联络官福斯海军少将在地下避弹室发出的另一封电报也见《海军事务元首会议记录》，第120页。

21. 希特勒的政治遗嘱和个人遗嘱的全文载纽伦堡文件3569-PS。他的结婚证书也在纽伦堡提出过。这三个文件我在《柏林日记的终结》一书中都引述了全文，第177—183页注。遗嘱的一个比较粗糙的英文译本载《纳粹的阴谋与侵略》，第6卷，第259—263页。德文原文载《主要战犯的审讯》，第41卷，列在施佩尔文件项下。

22. 科勒将军（见《最后一月》，第79页）提出了鲍曼无线电报的全文。

23. 戈培尔附录文稿在纽伦堡审讯中提出过。我在《柏林日记的终结》一书中引用过，第183页注。

24. 肯普卡关于希特勒及其新妇之死的叙述，见他的两份经过宣誓的声明，载《纳粹的阴谋与侵略》，第6卷，第571—586页（纽伦堡文件3735-PS）。

25. 于尔根·托瓦尔德：《在易北河旁的结局》，第224页。

26. 关于戈培尔一家之死的这段叙述是特雷弗-罗珀提供的，见《希特勒的末日》，第212—214页，它主要是根据施韦格曼、阿克斯曼和肯普卡后来的证词。

27. 约阿希姆·舒尔茨：《最后三十日》，第81—85页。这些记载是根据最高统帅部在战争最后一个月的日记。我在这章中的许多文字都得助于这些材料。这本书是在托尔瓦德指导下以《现代史文件》为总书名出版的几本书中的一本。

28. 艾森豪威尔：《欧洲十字军》，第426页。

29.《柏林日记的终结》。

简短的尾声

那年秋天，我回到那曾经不可一世的国家，在第三帝国的短短的年代中，我曾在那里待过很久。一切都难以辨认出来了。我曾在另一本书中谈到这次见闻。这里还要做的只是把这本书中出现过的其他突出人物的命运交代一下。

在丹麦边境弗伦斯堡成立的邓尼茨残余政府1945年5月23日被盟军解散，全体成员均被逮捕。5月6日，在兰斯投降的前夕，邓尼茨解除了希姆莱的职务，打算借此来赢得盟军的好感。这个曾对千百万欧洲人民长期操生杀大权并经常行使这项大权的党卫军头子，在弗伦斯堡附近流浪了一段时期，5月21日，他同11名党卫军军官企图通过英美防线回到他的故乡巴伐利亚去。希姆莱剃去了短胡子——这一定使他很苦恼——左眼上贴着一个黑眼罩，换上了陆军士兵制服。这帮人头一天就在汉堡与不来梅港之间英国的一个哨所上被抓住了。经过盘问之后，希姆莱向一位英国陆军上尉承认了自己的身份，于是他就被押到在吕讷堡的第二军团总部。他在那里被剥去衣服进行搜查，然后给他换上一套英国陆军制服，以免他可能在他的衣服里暗藏毒药。但是搜查得不够彻底。希姆莱将氰化钾胶囊藏在他牙龈上的一个小洞里。当5月23日从蒙哥马利总部来的另一位英国情报官员命令军医官检查犯人口腔时，希姆莱咬破了胶囊，在12分钟内便一命呜呼了。虽然用洗胃和灌呕吐剂的办法尽力想使他活命，但这一切都无济于事。

希特勒的其余亲密伙伴的寿命比较长一些。我到纽伦堡去看过他们。1141 在他们赫赫不可一世的时候，我常在这个城市里举行的纳粹党年会上看到他们。现在在国际军事法庭的被告席上，他们的样子大不相同了。他们完全变了样。他们穿着敝旧的衣服，心神不宁地坐在位子上，再也没有从前做领导人物时的那种傲慢神气了。他们看起来像一群碌碌的庸才。似乎很难想象，这些人在我上次看到的时候曾经掌握过那样巨大的权力，居然能够征服一个伟大的民族和绝大部分的欧洲。

在被告席上共有21个人。* 戈林比我上次看见他时体重减少了80磅，他穿着一套褪了色的没有肩章的德国空军制服。他由于坐在被告席的首位上显然很高兴，这是在希特勒死后对戈林在纳粹政权中的地位的一种为时已晚的承认。在飞往伦敦以前曾经是第三号人物的鲁道夫·赫斯现在形容憔悴，凹下去的眼睛失神地瞪着前方。他装作健忘的样子，但是一望而知是个垮了的人。里宾特洛甫的傲慢自大的神气终于完全消失了，低垂着头，面色苍白，神情沮丧。凯特尔的趾高气扬也不见了。那位头脑糊涂的纳粹“哲学家”罗森贝格，看来也终于对现实有所醒悟了，这是把他带到这个地方来的客观事件的功劳。

纽伦堡的犹太人陷害者尤利乌斯·施特莱彻也在那里。我曾看见他从前在这个古城的大街上挥舞着鞭子昂首阔步，这个有虐待狂和色情狂的人看来颇为颓丧。现在他已是一个衰弱的秃顶老头，满头大汗地坐着，眼睛瞪着那些法官，心想这班人一定都是犹太人（这是一个警卫后来告诉我的）。第三帝国负责奴隶劳动的头子弗里茨·绍克尔也在被告席上，眼睛眯成一条缝，活像一头猪。他显得很紧张，身子不停地前后摇摆。坐在他旁边的是巴尔杜尔·冯·席拉赫，他先是希特勒青年团的头子，后来又成为维也纳的党领袖。他的美国血统比德国的还多，看上去很像一个因为犯了某种过失而被学校开除的大学生。在被告席上还有沙赫特的继任者，目无定睛、其貌不扬的瓦尔特·冯克。沙赫特博士也在那里，在第三

---

* 劳工阵线的首领罗伯特·莱伊博士如果不是在开审以前就在牢里自缢的话，也会成为被告人的。他用从毛巾上撕下来的破片做了一个圈套，吊死在抽水马桶的管子上。

1945年5月23日，弗伦斯堡临时政府成员阿尔伯特·施佩尔、卡尔·邓尼茨、阿尔弗雷德·约德尔被捕。

帝国最后的几个月中，他曾被他所敬重过的元首关进集中营，随时都在担心被处死刑。现在他非常气恼的是，盟军竟会把他也当作战犯审问。弗朗茨·冯·巴本对希特勒的上台比其他任何德国人都要负更大的责任，现在也被抓来当被告。他似乎老多了，不过他那曾经多次侥幸脱险的老狐狸的神情，仍然刻画在他那干瘪的老脸上。

希特勒的第一任外交部长、旧派的德国人牛赖特是一个没有什么信仰和原则的人，现在显得十分颓丧。施佩尔却不然，在这一伙人中间，他给人以最直率的印象。在长期的审问中，他的讲话很老实，无意逃避他的责 1142
任和罪过。在被告席上，还有奥地利的卖国贼赛斯-英夸特、约德尔和两位海军元帅雷德尔和邓尼茨。希特勒的继承人穿着一身服装店做的现成衣服，活像一个鞋店小职员。“刽子手海德里希”的继承人卡尔滕布伦纳是双手沾满鲜血的人，在受审时将会抵赖他的一切罪行。曾驻波兰的纳粹刽子手汉斯·弗兰克也许会承认他所干的一些罪行，因为他最后终于有点悔悟，按照他自己说的，重新发现了上帝并恳求他的饶恕。死到临头也同平时一样毫无特色的弗里克也在那里。最后一名是汉斯·弗里切。由于他的声音很像戈培尔，他曾当过广播评论员，戈培尔曾将他安插在宣传部当一名官员。看来法庭上所有的人，连他本人在内，都不明白为什么他也成了被告——因为他的职位太小了——除非把他看作戈培尔的幽灵。后来他被开释了。

被开释的还有沙赫特和巴本。后面这三个人后来在德国整肃纳粹法庭上被判处很重的徒刑，但结果只服了很短的刑期。

纽伦堡法庭上被判处徒刑的有七人：赫斯、雷德尔和冯克被判无期徒刑，施佩尔和席拉赫被判20年徒刑，牛赖特被判15年徒刑，邓尼茨被判10年徒刑。其余的被判死刑。

1946年10月16日凌晨1点11分，里宾特洛甫走上了纽伦堡监狱死刑室的绞刑架。接着一个一个相隔不久上绞刑架的有凯特尔、卡尔滕布伦纳、罗森贝格、弗兰克、弗里克、施特莱彻、赛斯-英夸特、绍克尔和约德尔。

但是赫尔曼·戈林并没有上绞刑架。他骗过了刽子手。在轮到他以前两小时，他吞下了偷偷带入监狱里的毒药。他同他的元首阿道夫·希特勒和与他争夺继承权的劲敌希姆莱一样，最后也成功地选择了他自己的与世长辞的道路；而给这个世界，他也同他们两人一样，曾带来那样惨无人道
1143 的灾难。

后　记

本书所受到的欢迎出人意料。

在我的出版商、编辑、代理人以及众多的朋友们当中，没有一个人相信公众会买这样一部书——部头如此之大，注释如此之多，价格如此昂贵，所叙述的又是这样一个题目。我的演讲代理人曾告诉我，人们对希特勒和第三帝国已不再有任何兴趣，我的演讲必须换个话题。我的出版商事先仅印了12 500册书。

因此，本书一经出版便吸引了相当一部分读者这一事实，对于我们大家都是一个意外的惊喜。我本人从未掌握过销售情况，无论是西蒙-舒斯特所出的精装本还是福西特所出的平装本。三年前，我惊奇地获悉，《第三帝国的兴亡》在“当月图书俱乐部”的销售册数超过了其历史上的任何其他书籍。但究竟售出了多少册，我不清楚。本书在海外也颇受欢迎，这包括英国、法国和意大利，尽管在德国情况稍差一些。

本书的书评文章，其分析之透彻，远远超出我的期望，德国的这类书评不在此列。尽管从整体来说，学术界的历史学家们对本书及我本人态度冷淡（似乎我是一个无权闯入其禁脔，但却擅自闯进去的家伙，他们说，只有教授历史的人才能写出好的史书），但也有显著的例外。

H. R. 特雷弗-罗珀就是这样一个例外。当初获悉星期日的《纽约时报书评》已将本书交给他去评论时，我感到诚惶诚恐。他是牛津大学一位颇受尊敬的历史学家，我对他也极为尊崇——我认为他的《希特勒的最后日子》一书很有价值。但在当时，英国的书评家们对美国作家极为苛刻，除此之外，我还认为，作为一位知名学者，特雷弗-罗珀很可能与他的美国同行一样，对试图撰写历史的记者不屑一顾。因此我得出结论，我可能会在这份出版物上受到猛烈抨击，而该出版物对于美国作家及其著作来说，是
1145 极其重要的。

但特雷弗-罗珀亦有惊人之举。他的书评的标题明确提示了他要说些什么。

> 我们这一世纪最黑暗之夜中的光明
> 希特勒德国令人战栗的故事
> 杰出的研究成果　生动感人的叙述

“通常情况下，”特雷弗-罗珀在文章开头写道，“在事件过后仅仅半代人的时间……便去撰写这段历史是根本不可能的。但就第三帝国而言，一切都极不寻常，甚至连它的最后覆灭也是如此。随着它的彻底崩溃，（希特勒）统治的全部秘密也大白于天下，所有的档案文件都被缴获……

“现在，活着的证人能够与史实结为一体，这在以往是从未有过的。人们所缺少的只是一位历史学家。威廉·夏伊勒正是这样一位历史学家……”

这些令人陶醉的评论出现在文章的开头。它令我受宠若惊。结论部分同样令我激动不已：“这是一部出色的作品，记述客观，论断公正，结论无可辩驳。”

同样知名的《纽约先驱论坛报书评》的头版评论文章又使我的头脑清醒过来。文章作者戈登·克雷格当时是普林斯顿大学的历史学家。他的牛津同行断言撰写第三帝国的历史我正当其人，他对此却完全不能同意。绝不是！他认为本书过于冗长且“不平衡”。他对我未曾读过一位默默无闻的德国史学家的著作表示遗憾。事实上，我的书并非基于其他史学家的著作，而是基于原始资料——缴获的德国秘密文件。如果说他注意到了这一点的话，他对此也没有太深的印象。

在德国，说得温和一点，本书没有得到评论家们的多少好评。德国人根本没有正视他们的过去。在西德总理康拉德·阿登纳的率领下，本书受到狂暴的攻击，作者本人也受到中伤。“一名仇德分子！”阿登纳这样称呼我。由于本书是如实记叙纳粹德国的历史以及德国人违背人类精神、侵害邻国、侵害欧洲犹太人的种种罪行，而我又是让文件所记录的事实自己说话的，因此，我对德国人的强烈反应有些吃惊，但也并非完全意外。

现在，在《第三帝国的兴亡》出版30周年之际，世界突然面对着一个新的重新统一的德国。不久之后，统一的德国将在经济上再次强大起来，如果它愿意的话，也将在军事上强大起来，正如它在威廉二世和阿道夫·希特勒时代那样。欧洲将再次面对德国问题。如果历史还有些借鉴意义的话，那么德国邻国的前景并不十分乐观，在我的有生之年，它们曾两次遭受日耳曼军队的入侵。后一次是由希特勒领导的，本书的读者当会记得，德国的行为是一种野蛮的恐怖。 1146

人们现在会问：德国人变了吗？许多西方人显然认为德国人变了。我本人对此则没有把握，我曾在纳粹时代的德国生活和工作，我的观点无疑因个人的这段经历而蒙上了阴影。事实上没有人真正知道这一关键问题的答案。完全可以理解的是，以前曾深受德国征服之苦的国家，已不想再心存侥幸了。

德国问题有解决的办法吗？或许，这有赖于以一个欧洲安全体系束缚重新统一的德国。它将永远无法挣脱这一束缚去推行昔日的侵略政策。

从根本的意义上讲，自第三帝国覆灭以来，形势已经发生了变化。正如我在1959年撰写的前言的结尾部分所述，氢弹的出现已使阿道夫·希特勒这类传统的征服者成为过去。如果真有一个新的希特勒式的冒险家试图领导德国进行新的征服，那么，他将被原子武器所击退。这将迅速地制止德国的侵略。然而，不幸的是，那也将是整个世界的末日。

因此，尽管氢弹以及准备用来发射氢弹的火箭、飞机和潜艇对这一星球的生存构成了可怕的威胁，但具有讽刺意味的是，它们却至少有助于解决德国问题。由德国人，或由任何其他人进行的血腥征服不会重演了。

这个世界上的那些走入歧途的政府和无所适从的人们如果能记住纳粹恐怖下的黑暗和几乎席卷了全球的种族大屠杀，可能也将是有益的，而这正是本书的宗旨。记住过去有助于我们理解现在。

威廉·夏伊勒

1147 1990年5月

致 谢

虽然这本书的研究和计划工作，同我所写的别的书一样，是由我自己进行的，但在这本书的五年写作过程中，我曾得到许多人和机构的慷慨协助。

推动我写这本书的是西蒙-舒斯特出版公司已故的杰克·古德曼和该公司负责本书的编辑约瑟夫·巴恩斯。和我同时在欧洲做记者的老朋友巴恩斯，不论在我顺利或遭到困难的时候都一直支持我，给了我有益的批评。研究战争中所缴获的德国文件的权威学者、美国国会图书馆的弗里茨·T.爱泼斯坦博士在使用那些汗牛充栋的文件上给了我很多指导。其他很多人也在这方面给我许多帮助。其中有纽伦堡战犯审判检察官的首席顾问特尔福德·泰勒，他曾写过两本关于第三帝国军事史的书。他将他私人收藏的文件和书籍借给我，并提供了许多很好的意见。

属于美国历史协会的美国战争文件研究委员会主席、弗吉尼亚大学教授奥龙·J. 黑尔给我提供了很多有用的材料，其中包括他自己研究的某些成果在内。1956年一个炎热的夏日，他帮了我很大的忙，从国会图书馆的文稿室里把我拉出来，严厉地劝告我回到我写作本书的工作上去，否则我就会很容易像某些人那样将我的后半生陷在德国文件中。国务院历史处处长G. 伯纳德·诺布尔博士和国务院的外交官员、《德国外交政策文件汇编》

美国编辑之一的保罗·R. 斯威特也帮助我走出纳粹文件的迷津。斯坦福大学的希尔德加德·R. 伯宁格夫人在通信中和阿格尼丝·F. 彼得森夫人在交谈中都给我很多帮助。在陆军部，军事历史处代理处长W. 胡佛上校和他的属员德特马·芬克告诉了我怎样研究该部收藏最多的德国军事文件。

《外交季刊》的主编汉密尔顿·菲什·阿姆斯特朗对本书的写作很关怀，外交学会当时的执行理事长瓦尔特·H. 马洛里也很关心。我很感谢外交学会弗兰克·阿尔特舒尔和奥佛尔布鲁克基金会，他们给了我的一笔慷慨的赠款，使我能够在这本书的最后一年写作中得以全力以赴。我还必须感谢外交学会藏书丰富的图书馆的职员，我曾多次麻烦他们。纽约社会图书馆的职员也同样被我打扰过，但他们非常耐心，十分合作。

刘易斯·加朗捷和赫伯特·克里德曼耐心地读过大部分稿件，并且提出很多宝贵的批评。在1920年代初期阿道夫·希特勒开始他的政治生涯以及后来他上了台的这一段时间都在柏林美国大使馆做武官的杜鲁门·史
1183 密斯上校，让我研究了他的笔记和报告，这对民族社会主义的兴起及其日后某些方面的发展提供了线索。纽伦堡法庭的美国检察官之一、现在在纽约做律师的萨姆·哈里斯提供给我《主要战犯的审讯》（纽伦堡的文件和证词）和其他许多未公布的资料。在大战头三年中担任德国陆军参谋总长的弗朗茨·哈尔德将军对于我提出的问题做了最详尽的回答，并且给我提供了德国原始资料。我曾在别处提到过他那本未出版的日记对我的帮助，在本书的大部分写作过程中，这本日记的副本一直搁在我的身边。战争初期在柏林美国大使馆工作的乔治·凯南曾经提醒我某些有历史价值的东西。我在欧洲时的几位老朋友和老同事，如约翰·根室、M. W. 福多尔、凯·博伊尔、西格丽德·舒尔茨、多萝西·汤普森、惠特·伯内特和纽厄尔·罗杰斯，都同我讨论过这本书，使我得到教益，我的著作代理人保罗·R. 雷诺兹在我最需要鼓励的时候鼓励了我。

最后，我十分感谢我的妻子，她的外文知识、对于欧洲背景的了解以及在德国和奥地利的经验，对我的研究、写作和核对工作帮助很大。我们的两个女儿，因加和琳达，在学校放假的时候也帮我做了许多必要的工作。

我对以上提到的人以及其他对我帮助过的人，在此表示感谢。这本书
1184 的缺点和错误自然完全由我自己负责。

参考资料

本书的主要依据是缴获的德国文件、德国军官和文官的审讯记录和证词、幸存下来的日记和回忆录以及我在第三帝国的亲身经历。

数百万字的德国档案材料已经以多个系列分卷出版，另有数百万字已被收集或制成微缩胶片，收藏于各图书馆（在美国主要收藏于国会图书馆和斯坦福大学的胡佛图书馆）和华盛顿的国家档案馆。此外，华盛顿的陆军部军史局也保存着大量的德国军事记录。

在已出版的大量档案中，对于我的创作最有用的有三种。首先是《德国外交政策文件汇编》D部，它包括大量已被译为英文的德国外交部1937年至1940年夏的文件。承蒙国务院的好意，我获准接触德国外交部的其他一些文件，这些文件主要与德国对美国宣战有关，尚未翻译和出版。

已出版的关于纽伦堡审判的两个文件集对于了解第三帝国内幕具有无可估量的价值。第一种是42卷本的《主要战犯的审讯》，其中前23卷为审讯证词，其余是作为证据的文件，后者是以原文出版的，多数为德文。为这次审判而加以收集并被仓促译为英文的其他文件、审讯记录和宣誓词以《纳粹的阴谋与侵略》为题分10卷出版。不幸的是，在国际军事法庭的委员们面前所做的最有价值的证词大多没有编入该书，这些证词仅能在几家大图书馆看到油印件。

美国军事法庭其后在纽伦堡又进行了12轮审判，审判的证词和文件出版了厚厚的15卷材料，标题为《纽伦堡军事法庭对战争罪犯的审判》，这还不到原材料的十分之一，但其余的材料可以在一些图书馆看到油印件或影印件。伦敦的皇家文书局于1947—1949年出版了《审判战争罪犯的法律报告》，对其他审判做了概述，该书对了解第三帝国很有帮助。

胡佛图书馆藏有极为丰富的未出版的德国文件，国会图书馆和国家档案馆的这类文件也有相当数量。另外，国家档案馆还藏有希姆莱的档案和希特勒的一些私人文件—最有价值的发现之一便是所谓的“亚历山德里亚文件”，其中很大一部分已被制成微缩胶片收藏。其他一些缴获文件的有关情况，可参见本书注释。顺便说一句，未出版的德国材料中有哈尔德将军的日记，共为7卷打印稿，并附有这位将军在战后为澄清事件所做的注解，我发现这是有关第三帝国的最有价值的记录之一。

现将对我有所助益的著作开列如下。这些著作共有三种类型：第一，本书所叙及的一些领导人物的回忆录和日记；第二，基于新的文件材料的著作，例如，英国的约翰 · W.惠勒-本内特、艾伦 · 布洛克、H. R.特雷弗—罗珀和杰拉尔德 · 赖特林格，美国的特尔福德 · 泰勒，德国的埃伯哈德 · 策勒、格哈德 · 里特、鲁道夫 · 佩歇尔和沃尔特 · 戈利茨的著作；第三，提供背景情况的著作。

在当代史研究所的赞助下，《当代史季刊》在慕尼黑出版了一期特刊，详细开列了有关第三帝国的参考书目。伦敦维纳图书馆的目录中也包括一些极为出色的参考书目。

已出版的文献资料

Der Hitler Prozess. Munich: Deutscher Volksverlag, 1924. (The record of the court proceedings of Hitler's trial in Munich.)

Documents and Materials relating to the Eve of the Second World War, 1937–1939. 2 vols. Moscow: Foreign Language Publishing House, 1948.

Documents concerning German-Polish Relations and the Outbreak of Hostilities between Great Britain and Germany. London: His Majesty's Stationery Office, 1939. (The *British Blue Book.*)

Documents on British Foreign Policy, 1919–1939. London: H. M. Stationery Office, 1947– . (Referred to in the notes as *DBrFP.*)

Documents on German Foreign Policy, 1918–1945. Series D, 1937–1945. 10 vols, (as of 1957). Washington: U.S. Department of State. (Referred to as *DGFP.*)

Dokumente der deutschen Politik, 1933–1940. Berlin, 1935–1943.
Fuehrer Conferences on Naval Affairs (mimeographed). London: British Admiralty, 1947. (Referred to as *FCNA*.)
Hitler e Mussolini—Lettere e documenti. Milan: Rizzoli, 1946.
I Documenti diplomatica italiani. Ottavo series, 1935–1939. Rome: Libreria della Stato, 1952–1953. (Referred to as *DDI*.)
Le Livre Jaune Français. *Documents diplomatiques, 1938–1939*. Paris: Ministère des Affaires Étrangères. (The *French Yellow Book*.)
Nazi Conspiracy and Aggression. 10 vols. Washington: U.S. Government Printing Office, 1946. (Referred to as *NCA*.)
Nazi-Soviet Relations, 1939–1941. Documents from the Archives of the German Foreign Office. Washington: U.S. Department of State, 1948. (Referred to as *NSR*.)
Official Documents concerning Polish-German and Polish-Soviet Relations, 1933–1939. London, 1939. (The *Polish White Book*.)
Pearl Harbor Attack. Hearings before the Joint Committee on the Investigation of the Pearl Harbor Attack. 39 vols. Washington: U.S. Government Printing Office, 1946.
Soviet Documents on Foreign Policy. 3vols. London: Royal Institute of International Affairs, 1951–1953.
Spanish Government and the Axis, The. Washington: U.S. State Department, 1946. (From the German Foreign Office papers.)
Trial of the Major War Criminals before the International Military Tribunal. 42 vols. Published at Nuremberg. (Referred to as *TMWC*.)
Trials of War Criminals before the Nuremberg Military Tribunals. 15 vols. Washington: U.S. Government Printing Office, 1951–1952. (Referred to as *TWC*.)

希特勒的讲演

Adolf Hitlers Reden. Munich, 1934.
BAYNES, NORMAN H., ed.: *The Speeches of Adolf Hitler, April 1922–August 1939*. 2vols. New York, 1942.
PRANGE, GORDON W., ed.: *Hitler's Words*. Washington, 1944.
ROUSSY DE SALES, COUNT RAOUL DE, ed.: *My New Order*. New York, 1941. (The speeches of Hitler, 1922–1941.)

综合性作品

ABSHAGEN, K. H.: *Canaris*. Stuttgart, 1949.
AMBRUSTER, HOWARD WATSON: *Treason's Peace*. New York, 1947.
ANDERS, WLADYSLAW: *Hitler's Defeat in Russia*. Chicago, 1953.
ANONYMOUS: *De Weimar au Chaos — Journal politique d'un Général de la Reichswehr*. Paris, 1934.
ARMSTRONG, HAMILTON FISH: *Hitler's Reich*. New York, 1933.
ASSMANN, KURT: *Deutsche Schicksalsjahre*. Wiesbaden, 1950.

BADOGLIO, MARSHAL PIETRO: *Italy in the Second World War*. London, 1948.
BARRACLOUGH, S.: *The Origins of Modern Germany*. Oxford, 1946.
BARTZ, KARL: *Als der Himmel brannte*. Hanover, 1955.
BAUMONT, FRIED AND VERMEIL, eds.: *The Third Reich*. New York, 1955.
BAYLE, FRANÇOIS: *Croix gammée ou caducée*. Freiburg, 1950. (A documented account of the Nazi medical experiments.)
BELGIAN MINISTRY OF FOREIGN AFFAIRS: *Belgium: The Official Account of What Happened, 1939—1940*. New York, 1941.
BENEŠ, EDUARD: *Memoirs of Dr. Eduard Beneš. From Munich to New War and New Victory.*

London, 1954.
BÉNOIST-MÉCHIN, JACQUES: *Histoire de l'Armée allemande depuis l'Armistice*. Paris, 1936—1938.
BERNADOTTE, FOLKE: *The Curtain Falls*. New York, 1945.
BEST, CAPTAIN S. PAYNE: *The Venlo Incident*. London, 1950.
Bewegung, Staat und Volk in ihren Organisationen. Berlin, 1934.
BLUMENTRITT. GUENTHER: *Von Rundstedt*. London, 1952.
BOLDT, GERHARD: *In the Shelter with Hitler*. London, 1948.
BONNET, GEORGES: *Fin d'une Europe*. Geneva, 1948.
BOOTHBY, ROBERT: *I Fight to Live*. London, 1947.
BORMANN, MARTIN: *The Bormann Letters: the Private Correspondence between Martin Bormann and his Wife, from Jan. 1943 to April 1945*. London, 1954.
BRADLEY, GENERAL OMAR N.: *A Soldier's Story*. New York, 1951.
BRADY, ROBERT K.: *The Spirit and Structure of German Fascism*. London, 1937.
BRYANS, J. LONSDALE: *Blind Victory*. London, 1951.
BRYANT, SIR ARTHUR: *The Turn of the Tide—A History of the War Years Based on the Diaries of Field Marshal Lord Alanbrooke, Chief of the Imperial General Staff*. New York, 1957.
BULLOCK, ALAN: *Hitler — A Study in Tyranny*. New York, 1952.
BUTCHER, HARRY C.: *My Three Years with Eisenhower*. New York, 1946.

CARR, EDWARD HALLETT: *German-Soviet Relations between the Two World Wars, 1919—1939*. Baltimore, 1951.
——, *The Soviet Impact on the Western World*. New York, 1947.
CHURCHILL, SIR WINSTON S.: *The Second World War*. 6 vols. New York, 1948-1953.
CIANO, COUNT GALEAZZO: *Ciano's Diplomatic Papers*, edited by Malcolm Muggeridge. London, 1948.
——, *Ciano's Hidden Diary, 1937-1938*, New York, 1953.
——, *The Ciano Diaries, 1939-1943*, edited by Hugh Wilson. New York, 1946.
CLAUSEWITZ, KARL VON: *On War*. New York, 1943.
COOLE, W. W., AND POTTER, M. F.: *Thus Speaks Germany*. New York, 1941.
CRAIG, GORDON A.: *The Politics of the Prussian Army, 1940-1945*. New York, 1955.
CROCE, BENEDETTO: *Germany and Europe*. New York, 1944.
Czechoslovakia Fights Back. Washington: American Council on Public Affairs, 1943.

DAHLERUS, BIRGER: *The Last Attempt*. London, 1947.
DALLIN, ALEXANDER: *German Rule in Russia, 1941-1944*. New York, 1957.
DALUCES, JEAN: *Le Troisième Reich*. Paris, 1950.
DAVIES, JOSEPH E.: *Mission to Moscow*. New York, 1941.
DERRY, T. K.: *The Campaign in Norway*. London, 1952.
DEUEL, WALLACE: *People under Hitler*. New York, 1943.
DEWEY, JOHN: *German Philosophy and Politics*. New York, 1952.
DIELS, RUDOLF: *Lucifer ante Portas*. Stuttgart, 1950.
DIETRICH, OTTO: *Mit Hitler in die Macht*. Munich, 1934.
DOLLMANN, EUGEN: *Roma Nazista*. Milan, 1951.
DRAPER, THEODORE: *The Six Weeks' War*. New York, 1944.
DUBOIS, JOSIAH E., JR.: *The Devil's Chemists*. Boston, 1952.
DULLES, ALLEN: *Germany's Underground*. New York, 1947.

EBENSTEIN, WILLIAM: *The Nazi State*. New York, 1943.
EISENHOWER, DWIGHT D.: *Crusade in Europe*. New York, 1948.
ELLIS, MAJOR L. F.: *The War in France and Flanders, 1939-1950*. London, 1953.

EYCK, E.: *Bismarck and the German Empire*. London, 1950.

FEILING, KEITH: *The Life of Neville Chamberlain*. London, 1946.
FEUCHTER, GEORG W.: *Geschichte des Luftkriegs*. Bonn, 1954.
FISHER, H. A. L.: *A History of Europe*. London, 1936.
FISHMAN, JACK: *The Seven Men of Spandau*. New York, 1954.
FITZGIBBON. CONSTANTINE: *20 July*. New York, 1956.
FLEMING, PETER: *Operation Sea Lion*. New York, 1957.
FLENLEY, RALPH: *Modern German History*. New York, 1953.
FOERSTER, WOLFGANG: *Ein General kaempft gegen den Krieg*. Munich, 1949. (The papers of General Beck.)
FRANÇOIS-PONCET, ANDRÉ: *The Fateful Years*. New York, 1949.
FREIDIN, SEYMOUR, AND RICHARDSON, WILLIAM, eds.: *The Fatal Decisions*. New York, 1956.
FRIEDMAN, FILIP: *This Was Oswiecim* [Auschwitz]. London, 1946.
FRISCHAUER, WILLY: *The Rise and Fall of Hermann Goering*. Boston, 1951.
FULLER, MAJOR-GENERAL J. F. C: *The Second World War*. New York, 1949.

GALLAND, ADOLF: *The First and the Last. The Rise and Fall of the Luftwaffe Fighter Forces, 1938–1945*. New York, 1954.
GAMELIN, GENERAL MAURICE GUSTAVE: *Servir*. 3vols. Paris, 1949.
GAY, JEAN: *Carnets Secrets de Jean Gay*. Paris, 1940.
Germany: A Self-Portrait. Harland R. Crippen, ed. New York, 1944.
GILBERT, FELIX: *Hitler Directs His War*. New York, 1950. (The partial text of Hitler's daily military conferences.)
GILBERT, G. M.: *Nuremberg Diary*. New York, 1947.
GISEVIUS, BERND: *To the Bitter End*. Boston, 1947.
Glaubenskrise im Dritten Reich. Stuttgart, 1953.
GOEBBELS, JOSEPH: *Vom Kaiserhof zur Reichskanzlei*. Munich, 1936.
——, *The Goebbels Diaries, 1942–1943*, edited by Louis P. Lochner. New York, 1948.
GOERLITZ, WALTER: *History of the German General Staff, 1657–1945*. New York, 1953.
——, *Der zweite Weltkrieg, 1939–1945*.2 vols. Stuttgart, 1951.
GOUDIMA, CONSTANTIN: *L'Armée Rouge dans la Paix et la Guerre*. Paris, 1947.
GREINER, HELMUTH: *Die Oberste Wehrmachtfuehrung, 1939–1945*. Wiesbaden, 1951.
GREINER, JOSEF: *Das Ende des Hitler-Mythos*. Vienna, 1947.
GUDERIAN, GENERAL HEINZ: *Panzer Leader*. New York, 1952.
GUILLAUME, GENERAL A.: *La Guerre Germano-Soviétique, 1941*. Paris, 1949.

HABATSCH, WALTHER: *Die deutsche Besetzung von Daenemark und Norwegen, 1940*, 2nd ed. Goettingen, 1952.
HALDER, FRANZ: *Hitler als Feldherr.* Munich, 1949.
HALIFAX, LORD: *Fullness of Days*. New York, 1957.
HALLGARTEN, GEORGE W. F.: *Hitler, Reichswehr und Industrie*. Frankfurt, 1955.
HANFSTAENGL, ERNST: *Unheard Witness*. New York, 1957.
HARRIS, WHITNEY R.: *Tyranny on Trial—The Evidence at Nuremberg*. Dallas, 1954. (A selection of the German documents at Nuremberg from the *TMWC* and *NCA* volumes.)
HASSELL, ULRICH VON: *The Von Hassell Diaries, 1938–1944*. New York, 1947.
HEGEL: *Lectures on the Philosophy of History*. London, 1902.
HEIDEN, KONRAD: *A History of National Socialism*. New York, 1935.
——, *Hitler — A Biography*. New York, 1936.
——, *Der Fuehrer*. Boston, 1944.
HENDERSON, NEVILE: *The Failure of a Mission*. New York, 1940.

HERMAN, STEWART W., JR.: *It's Your Souls We Want*. New York, 1943.
HEUSINGER, GENERAL ADOLF: *Befehl im Widerstreit — Schicksalsstunden der deutschen Armee, 1923–1925*. Stuttgart, 1950.
HINDENBURG, FIELD MARSHAL PAUL VON BENECKENDORF UND VON: *Aus meinem Leben*. Leipzig, 1934.
HITLER, ADOLF: *Mein Kampf*. Boston, 1943. This is the unexpurgated edition in English translation published by Houghton Mifflin. (The German original: Munich, 1925, 1927. The first volume, *Eine Albrechnung*, was published in 1925; the second, *Die Nationalsozialistische Bewegung*, in 1927. Thereafter the two were published in one volume.)
Hitler's Secret Conversations, 1941–1944. New York, 1953.
Les Lettres Sécrètes Echangées par Hitler et Mussolini. Paris, 1946.
HOETTL, WILHELM (WALTER HAGEN): *The Secret Front: The Story of Nazi Political Espionage*. New York, 1954.
HOFER, WALTHER: *War Premeditated, 1939*. London, 1955. (English translation from *Die Entfesselung des zweiten Weltkrieges*.)
HOSSBACH, GENERAL FRIEDRICH: *Zwischen Wehrmacht und Hitler*. Hanover, 1949.
HULL, CORDELL: *The Memoirs of Cordell Hull*. 2 vols. New York, 1948.

JACOBSEN, HANS-ADOLF: *Dokumente zur Vorgeschichte des Westfeldzuges, 1939–1940*. Goettingen, 1956.
JARMAN, T. L.: *The Rise and Fall of Nazi Germany*. London, 1955.
JASPER, KARL: *The Question of German Guilt*. New York, 1947.

KELLEY, DOUGLAS M.: *22 Cells in Nuremberg*. New York, 1947.
KESSELRING, ALBERT: *A Soldier's Record*. New York, 1954.
KIELMANNSEGG, GRAF: *Der Fritsch Prozess*. Hamburg, 1949.
KLEE, CAPTAIN KARL: *Das Unternehmen Seeloewe*. Goettingen, 1949.
KLEIN, BURTON: *Germany's Economic Preparations for War*. Cambridge, 1959.
KLEIST, PETER: *Zwischen Hitler und Stalin*. Bonn, 1950.
KNELLER, GEORGE FREDERICK: *The Educational Philosophy of National Socialism*. New Haven, 1941.
KOGON, EUGEN: *The Theory and Practice of Hell*. New York, 1951. (The German original: *Der SS Staat und das System der deutschen Konzentrationslager*. Munich, 1946.)
KOHN, HANS, ed.: *German History: Some New German Views*. Boston, 1954.
KOLLER, GENERAL KARL: *Der letzte Monat*. Mannheim, 1949. (The diary of the last Chief of the Luftwaffe General Staff.)
KORDT, ERICH: *Nicht aus den Akten. (Die Wilhelmstrasse in Frieden Und Krieg, 1928–1945.)* Stuttgart, 1950.
——, *Wahn und Wirklichkeit*. Stuttgart, 1947.
KREIS, ERNST, AND SPEIER, HANS: *German Radio Propaganda*. New York, 1946.
KROSIGK, COUNT LUTZ SCHWERIN VON: *Es geschah in Deutschland*. Tuebingen, 1951.
KUBIZEK, AUGUST: *The Young Hitler I Knew*. Boston, 1955.

LANGER, WILLIAM L.: *Our Vichy Gamble*. New York, 1947.
LANGER AND GLEASON: *The Undeclared War, 1940–1941*. New York, 1953.
LAVAL, PIERRE: *The Diary of Pierre Laval*. New York, 1948.
LENARD, PHILIPP: *Deutsche Physik*, 2nd ed. Munich-Berlin, 1938.
LICHTENBERGER, HENRI: *L'Allemagne Nouvelle*. Paris, 1936.
LIDDELL HART, B. H.: *The German Generals Talk*. New York, 1948.
——(ed.): *The Rommel Papers*. New York, 1953.
LILGE, FREDERIC: *The Abuse of Learning: The Failure of the German University*. New York,

1948.
LITVINOV, MAXIM: *Notes for a Journal*. New York, 1955.
LORIMER, E. O.: *What Hitler Wants*. London, 1939.
LOSSBERG, GENERAL BERNHARD VON: *Im Wehrmacht Fuehrungsstab*. Hamburg, 1950.
LUDECKE, KURT: *I Knew Hitler*. London, 1938.
LUDENDORFF, GENERAL ERIC: *Auf dem Weg zur Feldherrnhalle*. Munich, 1937.
LUDENDORFF, MARGARITTE: *Als ich Ludendorffs Frau war*. Munich, 1929.
LUEDDE-NEURATH, WALTER: *Die letzten Tage des Dritten Reiches*. Goettingen, 1951.

MANSTEIN, FIELD MARSHAL ERIC VON: *Verlorene Siege*. Bonn, 1955. (English translation: *Lost Victories*. Chicago, 1958.)
MARTIENSEN, ANTHONY K.: *Hitler and His Admirals*. New York, 1949.
MEINECKE, FRIEDRICH: *The German Catastrophe*. Cambridge, 1950.
MEISSNER, OTTO: *Staatssekretaer unter Ebert-Hindenburg-Hitler*. Hamburg, 1950.
MELZER, WALTHER: *Albert Kanal und Eben-Emael*. Heidelberg, 1957.
MITSCHERLICH, ALEXANDER, M.D., and MIELKE, FRED: *Doctors of Infamy*. New York, 1949.
MONZIE, ANATOLE DE: *Ci-Devant*. Paris, 1942.
MORISON, SAMUEL ELIOT: *History of the United States Naval Operations in World War II*. Vol. I, *The Battle of the Atlantic, September 1939–May 1943*. Boston, 1948.
MOURIN, MAXIME: *Les Complots contre Hitler*. Paris, 1948.
MUSMANNO, MICHAEL A.: *Ten Days to Die*. New York, 1950.
MUSSOLINI, BENITO: *Memoirs 1942–1943*. London, 1949.

NAMIER, SIR LEWIS B.: *In the Nazi Era*. London, 1952.
——, *Diplomatic Prelude, 1938–1939*. London, 1948.
NATHAN, OTTO: *The Nazi Economic System: Germany's Mobilization for War*. Durham, N.C., 1944.
NEUMANN, FRANZ L.: *Behemoth*. New York, 1942.

O'BRIEN, T. H.: *Civil Defence*. London, 1955. (A volume in the official British history of the Second World War, edited by J. R. M. Butler.)
OLDEN, RUDOLF: *Hitler, the Pawn*. London, 1936.
OUTZE, BØRGE, ed.: *Denmark during the Occupation*. Copenhagen, 1946.
OVEN, WILFRED VON: *Mit Goebbels bis zum Ende*. Buenos Aires, 1949.
OVERSTRAETEN, GENERAL VAN: *Albert I-Leopold III*. Brussels, 1946.

PAPEN, FRANZ VON: *Memoirs*. New York, 1953.
PECHEL, RUDOLF: *Deutscher Widerstand*. Zurich, 1947.
PERTINAX: *The Grave Diggers of France*. New York, 1944.
PINNOW, HERMANN: *History of Germany*. London, 1936.
POLIAKOV, LEON, AND WULF, JOSEF: *Das Dritte Reich und die Juden*. Berlin, 1955.
POTEMKIN, V. V., ed.: *Histoire de la Diplomatie. Paris, 1946–1947*. (A French edition of a Soviet Russian work.)

RABENAU, LIEUTENANT GENERAL FRIEDRICH VON: *Seeckt, aus seinem Leben*. Leipzig, 1940.
RAUSCHNING, HERMANN: *Time of Delirium*. New York, 1946.
——, *The Revolution of Nihilism*. New York, 1939.
——, *The Conservative Revolution*. New York, 1941.
——, The Voice of Destruction. New York, 1940.
REED, DOUGLAS: *The Burning of the Reichstag*. New York, 1934.

REITLINGER, GERALD: *The Final Solution—The Attempt to Exterminate the Jews of Europe, 1939–1945*. New York, 1953.
——, *The SS—Alibi of a Nation*. New York, 1957.
REYNAUD, PAUL: *In the Thick of the Fight*. New York, 1955.
RIBBENTROP, JOACHIM VON: *Zwischen London und Moskau. Erinnerungen und letzte Aufzeichnungen*. Leone am Starnberger See, 1953.
RIESS, CURT: *Joseph Goebbels: The Devil's Advocate*. New York, 1948.
RITTER, GERHARD: *Carl Goerdeler und die deutsche Widerstandsbewegung*. Stuttgart, 1955.
ROEPKE, WILHELM: *The Solution of the German Problem*. New York, 1946.
ROSINSKI, HERBERT: *The German Army*. Washington, 1944.
ROTHFELS, HANS: *The German Opposition to Hitler*. Hinsdale, III., 1948.
ROUSSET, DAVID: *The Other Kingdom*. New York, 1947.
RUSSELL, BERTRAND: *A History of Western Philosophy*. New York, 1945.

SAMMLER, RUDOLF: *Goebbels: The Man Next to Hitler*. London, 1947.
SASULY, RICHARD: *I. G. Farben*. New York, 1947.
SCHACHT, HJALMAR: *Account Settled*. London, 1949.
SCHAUMBURG-LIPPE, PRINZ FRIEDRICH CHRISTIAN zu: *Zwischen Krone und Kerker*. Wiesbaden, 1952.
SCHELLENBERG, WALTER: *The Labyrinth*. New York, 1956.
SCHLABRENDORFF, FABIAN VON: *They Almost Killed Hitler*. New York, 1947.
SCHMIDT, PAUL: *Hitler's Interpreter*. New York, 1951. (This English translation omits about one half of the original, *Statist auf diplomatischer Buehne, 1923–1945*, Bonn, 1949, which covered the pre-Hitlerian period.)
SCHOLL, INGE: *Die weisse Rose*. Frankfurt, 1952.
SCHRAMM, WILHELM VON: *Der 20. Juli in Paris*. Bad Woerishorn, 1953.
SCHROETER, HEINZ: *Stalingrad*. New York, 1958.
SCHUETZ, WILLIAM WOLFGANG: *Pens under the Swastika, a Study in Recent German Writing*. London, 1946.
SCHULTZ, JOACHIM: *Die letzten 30 Tage—aus dem Kriegstagebuch des O.K.W*. Stuttgart, 1951.
SCHULTZ, SIGRID: *Germany Will Try It Again*. New York, 1944.
SCHUMANN, FREDERICK L.: *The Nazi Dictatorship*. New York, 1939.
——, *Europe on the Eve*. New York, 1939.
——, *Night Over Europe*. New York, 1941.
SCHUSCHNIGG, KURT VON: *Austrian Requiem*. New York, 1946. (This is an English translation of the original: *Ein Requiem in Rot-Weiss-Rot*. Zurich, 1946.)
——, *Farewell, Austria*. London, 1938.
SCOLEZY, MAXINE S.: *The Structure of the Nazi Economy*. Cambridge, 1941.
SEABURY, PAUL: *The Wilhelmstrasse: A Study of German Diplomats under the Nazi Regime*. Berkeley, 1954.
SHERWOOD, ROBERT E.: *Roosevelt and Hopkins*. New York, 1948.
SHIRER, WILLIAM L.: *Berlin Diary*. New York, 1941.
——, *End of a Berlin Diary*. New York, 1947.
——, *The Challenge of Scandinavia*. Boston, 1955.
SHULMAN, MILTON: *Defeat in the West*. New York, 1948.
SKORZENY, OTTO: *Skorzeny's Secret Memoirs*. New York, 1950.
SNYDER, LOUIS L.: *The Tragedy of a People*. Harrisburg, 1952.
SPEIDEL, GENERAL HANS: *Invasion 1944*. Chicago, 1950.
SPENGLER, OSWALD: *Jahre der Entscheidung*. Munich, 1935.
STEED, HENRY WICKHAM: *The Hapsburg Monarchy*. London, 1919.
STEIN, LEO: *I Was in Hell with Niemoeller*. New York, 1942.

STIPP, JOHN L.: *Devil's Diary*. Yellow Springs, Ohio, 1955. (A selection of German documents from the *NCA* volumes.)
STROELIN, KARL: *Stuttgart im Endstadium des Krieges*. Stuttgart, 1950.
SUAREZ, GEORGES, AND LABORDE, GUY: *Agonie de la Paix*. Paris, 1942.

TANSILL, CHARLES C: *Back Door to War*. New York, 1952.
TAYLOR, A. J. P.: *The Course of German History*. New York, 1946.
TAYLOR, TELFORD: *Sword and Swastika*. New York, 1952.
——, *The March of Conquest*. New York, 1958.
THOMAS, GENERAL GEORG: *Basic Facts for a History of German War and Armament Economy* (mimeographed). Nuremberg, 1945.
THOMPSON, DOROTHY: *Listen, Hans*. Boston, 1942.
THORWALD, JUERGEN: *Das Ende an der Elbe*. Stuttgart, 1950.
——, *Flight in Winter: Russia, January to May 1945*. New York, 1951.
THYSSEN, FRITZ: *I Paid Hitler*. New York, 1941.
TOLISCHUS, OTTO D.: *They Wanted War*. New York, 1940.
TOYNBEE, ARNOLD, ed.: *Hitler's Europe*. London, 1954.
TOYNBEE, ARNOLD AND VERONICA M., eds.: *The Eve of the War*. London, 1958.
TREFOUSSE, H. L.: *Germany and American Neutrality, 1939–1941*. New York, 1951.
TREVOR-ROPER, H. R.: *The Last Days of Hitler.* New York, 1947.

VERMEIL, EDMOND: *L'Allemagne Contemporaine, Sociale, Politique et Culturale, 1890–1950*.2 vols. Paris, 1952–1953.
VOSSLER, KARL: *Gedenkrede fuer die Opfer an der Universitaet Muenchen*. Munich, 1947.
VOWINCKEL, KURT: *Die Wehrmacht im Kampf*, Vols. 1, 3, 4, 7, 8, 9, 10, 11. Heidelberg, 1954.

WAGNER, FRIEDELIND: *Heritage of Fire*. New York, 1945.
WEISENBORN, GUENTHER: *Der lautlose Aufstand*. Hamburg, 1953.
WEIZSAECKER, ERNST VON: *The Memoirs of Ernst von Weizsaecker*. London, 1951.
WELLES, SUMNER: *The Time for Decision*. New York, 1944.
WESTPHAL, GENERAL SIEGFRIED: *The German Army in the West*. London, 1951.
WEYGAND, GENERAL MAXIME: *Rappelé au Service*. Paris, 1947.
WHEATLEY, RONALD: *Operation Sea Lion*. London, 1958.
WHEELER-BENNETT, JOHN W.: *Wooden Titan: Hindenburg*. New York, 1936.
——, *Munich: Prologue to Tragedy*. New York, 1948.
——, *The Nemesis of Power: The German Army in Politics, 1918–1945*. New York, 1953.
WICHERT, ERWIN: *Dramatische Tage in Hitlers Reich*. Stuttgart, 1952.
WILMOT, CHESTER: *The Struggle for Europe*. New York, 1952.
WRENCH, JOHN EVELYN: *Geoffrey Dawson and Our Times*. London, 1955.

YOUNG, DESMOND: *Rommel—The Desert Fox*. New York, 1950.

ZELLER, EBERHARD: *Geist der Freiheit*. Munich, 1954.
ZIEMER, GREGOR: *Education for Death*. New York, 1941.
ZOLLER, A., ed.: *Hitler Privat*. Duesseldorf, 1949. (French edition: *Douze Ans auprès d'Hitler*. Paris, 1949.)
ZWEIG, STEFAN: *The World of Yesterday*. New York, 1943.

期 刊

HALE, PROFESSOR ORON JAMES: "Adolf Hitler: Taxpayer." *The American Historical*

Review, LX, No.4(July 1955).

HUCH, RICARDA: "Die Aktion der Muenchner Studenten gegen Hitler." *Neue Schweizer Rundschau*, Zurich, September–October 1948.

HUCH, RICARDA: "Der 18. Februar: Umriss einer deutschen Widerstandsbewegung." *Die Gegenwart*, October 30, 1946.

KEMPNER, ROBERT M. W.: "Blueprint of the Nazi Underground." *Research Studies of the State College of Washington*, June 1945.

THOMAS, GENERAL GEORG: "Gedanken und Ereignisse." *Schweizerische Monatshefte*, December 1945.

WITZIG, RUDOLF: "Die Einnahme von Eben-Emael." *Wehrkunde*, May 1945.

索 引

（条目后数字为原文页码，见本书边码）

附　录*

德意志第三帝国大事年表

1889年4月20日	阿道夫·希特勒出生于德奥边境的茵河畔布劳瑙。
1903年1月3日	阿道夫的父亲阿洛伊斯·希特勒去世。
1907年10月	希特勒报考维也纳美术学院，但因成绩不佳未被录取。
1908年12月21日	阿道夫的母亲克拉拉·希特勒去世。
1909—1913年	阿道夫·希特勒浪迹维也纳。
1913年5月	希特勒离开维也纳，移居慕尼黑。
1914年7月28日	第一次世界大战爆发。
8月3日	希特勒申请参加巴伐利亚步兵团并获准。
10月	希特勒随军到达前线，参加第一次伊普尔战役。
12月	希特勒获得二级铁十字勋章。
1916年10月7日	希特勒在索姆河战役中腿部受伤。
1917年3月	希特勒伤愈归队。
1918年8月	希特勒获得一级铁十字勋章。
10月13日	希特勒眼部受伤，暂时失明。

* 附录部分为中文版编者所加。

11月9日	德皇威廉二世退位，社会民主党人菲利普·谢德曼宣布成立共和国。
11月11日	德国同协约国签订《贡比涅停战协定》。
11月底	希特勒回到慕尼黑。
1919年5月7日	《凡尔赛和约》条款公布，德国民众表示抗议。
6月28日	《凡尔赛和约》签字。
7月31日	国民议会通过魏玛宪法，一个月后宪法获得总统批准。
9月	希特勒受命调查德国工人党，随后加入。
1920年初	希特勒接管党的宣传工作。
2月24日	希特勒第一次组织党大会并发表演说，阐明二十五点纲领。
4月1日	德国工人党改组为民族社会主义德国工人党，简称纳粹党，希特勒正式脱离军队。
12月	纳粹党买下《人民观察家报》，以之作为喉舌。
1921年4月	协约国向德国提出战争赔偿要求。
夏	希特勒到柏林演讲，意图扩大纳粹运动的影响力。
7月	纳粹党确立“领袖原则”。
10月5日	冲锋队正式成立。
1923年2月	“祖国战斗团体工作联盟”成立，以希特勒为政治领导。
9月2日	纽伦堡举行群众大会，“德意志战斗联盟”成立。
11月8日	希特勒在慕尼黑发动啤酒馆政变。
11月9日	政变失败，希特勒等人被捕。
1924年2月26日	对啤酒馆政变参与者的叛国罪审判开始。
4月1日	希特勒被判五年监禁。
12月20日	希特勒获释出狱。
1925年2月26日	《人民观察家报》复刊，希特勒发表长篇社论。
2月27日	纳粹党举行集会，进行重组，希特勒发表演讲。
4月7日	希特勒放弃奥地利国籍。

秋	《我的奋斗》第一卷出版。
11月22日	纳粹党北方领导人会议在汉诺威召开，施特拉塞尔兄弟和戈培尔意图废除希特勒的二十五点纲领。
1926年2月14日	纳粹党在班贝格召开会议，施特拉塞尔被迫放弃纲领。
4月7日	戈培尔到达慕尼黑，在希特勒的安排下在发生政变的啤酒馆发表讲话。
4月17日	戈培尔离开慕尼黑，倒向希特勒。
8月	戈培尔在《人民观察家报》上与施特拉塞尔公开决裂。
10月底	希特勒任命戈培尔为柏林党区领袖。
1929年3月15日	希特勒在慕尼黑发表演说，争取陆军的支持。
10月24日	华尔街股市暴跌，世界性大萧条开始。
1930年3月	最后一任社会民主党总理赫尔曼·米勒辞职，天主教中央党的海因里希·布吕宁继任总理。
9月14日	纳粹党在国会选举中成为第二大党。
9月下旬	三名宣扬纳粹主义的军官在莱比锡受审，希特勒出庭作证，在庭上的发言进一步争取到陆军的好感。
1931年夏	希特勒开始有步骤地交好工业界巨头。
9月17日	希特勒的外甥女兼情人吉莉·拉包尔自杀。
10月10日	希特勒第一次得到总统兴登堡的接见。
1932年2月22日	希特勒宣布参加总统竞选。
2月25日	希特勒获得德国国籍。
3月	冲锋队酝酿政变。
4月5日	德国诸邦政府要求取缔冲锋队。
4月10日	兴登堡在总统选举中战胜希特勒，获得连任。内阁决定取缔冲锋队，该命令于四日后公布。
5月8日	施莱谢尔同希特勒等人会谈，密谋逼迫总理布吕宁下台。
5月13日	国防部长格勒纳因取缔冲锋队行动与戈林在国会冲

突后辞职。

5月29日　布吕宁总理被兴登堡要求辞职。

6月1日　弗朗茨·冯·巴本就任总理。

6月4日　巴本解散国会。

6月9日　巴本第一次会见希特勒。

6月15日　巴本取消对冲锋队的禁令。

7月20日　巴本撤销普鲁士政府，自任普鲁士国家长官。

7月31日　国会重新选举，纳粹党成为第一大党。

8月5日　希特勒会见施莱谢尔，谋求总理职位。

8月30日　戈林当选为国会议长。

9月12日　戈林发动国会通过对巴本政府的弹劾程序。

11月17日　巴本内阁辞职。

12月2日　库尔特·冯·施莱谢尔出任魏玛共和国最后一任总理。

12月7日　施特拉塞尔与希特勒决裂，辞去纳粹党内一切职务。

1933年1月4日　施特拉塞尔晋见兴登堡，数日后表示愿意加入施莱谢尔内阁。

1月22日　国务秘书迈斯纳与兴登堡总统之子奥斯卡在里宾特洛甫家密会希特勒。

1月28日　施莱谢尔总理辞职。

1月29日　柏林工人举行反希特勒游行。

1月30日　兴登堡任命希特勒为德国总理，第三帝国诞生。

2月20日　德国企业界人士在国会议长府密会希特勒，同意资助纳粹党。

2月27日　德国国会大厦被纵火烧毁。

2月28日　希特勒利用国会纵火案，使兴登堡总统签署保护法令，限制个人自由并授权全国政府接管各邦的全部权力。

3月5日　最后一次国会大选，纳粹党虽然是第一大党，但并未获得绝对多数。

3月21日 第三帝国第一届国会开幕。

3月23日 国会通过授权法，将立法权等移交给内阁。希特勒成为全德国的独裁者。

3月31日 希特勒第一次援用授权法，解散普鲁士以外各邦的议会。

4月1日 希特勒下令全德国抵制犹太人的商店。

5月2日 全德国各地工会组织被解散。

5月10日 柏林学生开始焚书，后扩散到多个城市。

5月17日 希特勒在国会发表“和平演说”，号称响应美国总统罗斯福的裁军倡议。

6月22日 社会民主党被解散。

7月2日 希特勒颁布新的陆军法，恢复军官团的军事特权。

7月14日 纳粹党成为德国唯一合法政党。

10月14日 希特勒宣布德国退出裁军会议和国际联盟，并解散国会。

11月12日 德国举行全民公投，德国退出日内瓦会议。

1934年1月26日 德国和波兰签订互不侵犯条约。

1月30日 希特勒颁布国家重建法，将各邦主权移交国家。

2月12日 奥地利陶尔斐斯政府屠杀国内社会民主党人。

4月1日 戈林任命希姆莱为普鲁士秘密警察头目。

4月11日 希特勒参加春季军演，与陆军密谋继任总统职位。

6月14日 希特勒赴威尼斯同意大利独裁者墨索里尼举行第一次会谈。

6月17日 副总理巴本在马尔堡大学发表演讲，要求结束纳粹恐怖，恢复正常秩序。

6月21日 国防部长勃洛姆堡告知希特勒，除非结束紧张状态，否则总统将把权力移交陆军。

6月25日 陆军总司令弗里奇宣布陆军处于戒备状态。

6月28日 冲锋队参谋长罗姆被开除出德国军官联合会。

6月30日	长刀之夜，冲锋队高级领袖自罗姆以下被清洗，许多反对希特勒的人一并被杀害。
7月2日	兴登堡对希特勒和戈林扑灭“叛国案”表示祝贺。
7月25日	党卫军暗杀奥地利总理陶尔斐斯。
7月26日	党卫军因镇压有功，脱离冲锋队而独立，由希姆莱担任全国领袖。
8月1日	希特勒在内阁颁布法律，授予自己总统权力。
8月2日	德国总统兴登堡逝世。
8月19日	德国全民公投赞成希特勒接管总统职务。
1935年1月13日	萨尔的公民投票同意重归德国。
3月16日	德国实施普遍军役制并扩军，《凡尔赛和约》的军事限制宣告终结。
4月11日	英国、法国、意大利举行斯特雷萨会谈，谴责德国的军备行动。
5月2日	勃洛姆堡命令军队准备拟定占领莱茵兰计划。
5月21日	希特勒在国会重申“和平”。
6月16日	德国国防会议确定进一步讨论莱茵兰计划。
9月15日	实施纽伦堡法律，剥夺犹太人的公民权。
10月3日	意大利入侵埃塞俄比亚。
1936年3月2日	勃洛姆堡正式下令占领莱茵兰。
3月7日	德军进入莱茵兰非军事区。
3月11日	法国外长弗朗丹飞抵伦敦请求英国政府支持莱茵兰军事对抗，但被拒绝。
5月2日	意大利占领埃塞俄比亚首都亚的斯亚贝巴。
7月4日	国际联盟屈服，取消对意大利的制裁。
7月11日	德奥签订协定，德国重申尊重奥地利的主权，奥地利对国内的纳粹党让步。
7月16日	佛朗哥在西班牙发动叛乱，西班牙内战爆发。
7月22日	希特勒同意援助西班牙叛乱。
8月	柏林举行第十一届夏季奥运会。

10月21日	德意签订秘密议定书，规定在外交方面的共同政策。
10月24日	意大利外长齐亚诺在贝希特斯加登第一次谒见希特勒。
11月1日	墨索里尼在米兰发表演说，第一次公开使用“轴心”这个词。
11月25日	德国同日本签订反共公约。
1937年1月2日	意大利同英国签订协定，承认彼此在地中海的利益。
1月30日	希特勒在国会宣布撤销《凡尔赛和约》上的签字。
5月28日	内维尔·张伯伦出任英国首相。
9月25日	墨索里尼应邀第一次访问纳粹德国。
11月5日	希特勒在总理府同军方首脑会谈，传达进行战争的决定。
11月9日	陆军总司令弗里奇会见希特勒，反对其军事计划。
1938年1月25日	武装部队总司令勃洛姆堡被免去一切职务。
1月底	弗里奇受丑闻牵连被免职。
2月4日	德国内阁举行最后一次会议，希特勒宣布亲自接掌武装部队的统率权。外交部长牛赖特被免职，里宾特洛甫继任。
2月12日	奥地利总理许士尼格会见希特勒，被迫接受德奥合并的最后通牒。
3月10日	法国总理肖当辞职。
3月11日	德国军队开进奥地利。
3月13日	德奥合并法颁布，规定奥地利成为德国的一个省。
3月14日	希特勒重回维也纳。
4月10日	德奥举行公投，赞成合并决定。
4月21日	希特勒召见凯特尔将军，讨论进攻捷克斯洛伐克的绿色方案。
5月5日	陆军参谋总长贝克向陆军总司令布劳希奇上书反对进攻捷克斯洛伐克。

5月7日	英法驻布拉格公使要求捷克政府对苏台德日耳曼人让步。
5月20日	凯特尔提出绿色方案新草案，强调宣传战和经济战的价值。捷克外长对德军动向提出反对意见，捷克开始部分军事动员。
5月23日	德国告知捷克没有侵略意图。
5月28日	希特勒对高级将领宣布，要准备对捷克的军事行动并加强西线防御工事。
6月3日	贝克重申对绿色方案的反对。
7月16日	贝克最后一次上书要求停止备战。
8月10日	希特勒召集少壮派军官进行动员。
8月15日	希特勒阅兵，重申以武力解决捷克问题。
8月18日	贝克请辞陆军参谋总长职务。
9月15日	英国首相张伯伦到贝希特斯加登与希特勒会谈。
9月16日	张伯伦召集内阁会议，主张满足希特勒将苏台德移交德国的要求。
9月18日	法国总理达拉第到访英国，同意将苏台德划分德国。
9月21日	捷克政府被迫接受英法要求。
9月22日	张伯伦再次会见希特勒，被告知德国不再满足于英法的苏台德计划。
9月24日	英国内阁和法国政府拒绝张伯伦带回的纳粹新要求。
9月27日	希特勒命令突袭部队进驻捷克边境，准备发动“绿色方案”。
9月28日	“黑色星期三”。张伯伦与达拉第同意参加慕尼黑会议。
9月29日至30日	慕尼黑会议。《慕尼黑协定》签署。捷克斯洛伐克被分割。
10月5日	捷克斯洛伐克总统贝奈斯辞职。
11月9日	水晶之夜。犹太人的住宅和店铺受到袭击。大批

至10日	犹太人被杀或被捕。
11月24日	希特勒命令军队准备占领波兰的但泽。
11月30日	哈查就任捷克斯洛伐克总统。
12月6日	德法在巴黎签订条约，德国保证维持现有边界。
1939年3月14日	斯洛伐克宣布从捷克独立。
3月15日	德军进入波希米亚和摩拉维亚。
3月23日	德国占领梅梅尔地区。
3月31日	张伯伦在下院发表演说，宣布如果波兰受到进攻，英法将予以支持。
4月3日	希特勒发布占领波兰的“白色方案”密令。
5月22日	德国与意大利签署《钢铁条约》。
5月23日	希特勒对军方首脑宣布要进行战争。
8月14日	希特勒在上萨尔茨山召开军事会议。
8月15日至21日	纳粹德国与苏联进行谈判。与此同时，盟国与苏联的谈判陷入僵局。
8月23日	里宾特洛甫抵达莫斯科，《苏德互不侵犯条约》签订。
8月25日	由于墨索里尼的反对和退缩，希特勒紧急暂停“白色方案”。
8月31日	希特勒正式用书面下达对波兰的进攻令。
9月1日	德国进攻波兰。
9月3日	英法对德国宣战。德国U-30号潜艇击沉英国邮轮“雅典娜号”。
9月6日	波兰第二大城市克拉科夫陷落。
9月8日	德军到达华沙外围。
9月9日至17日	德军包围布列斯特-立托夫斯克。
9月17日	苏联入侵波兰。
9月18日	苏军与德军在布列斯特-立托夫斯克会师。
9月27日	华沙陷落。

9月28日	《德苏边界友好条约》签订。
10月6日	希特勒在国会发表和平演说。
10月7日	希特勒任命希姆莱负责“加强德意志民族委员会”，任务是驱逐犹太人。
10月9日	希姆莱宣布将犹太人和波兰人迁往波兰总督辖区。
10月10日	希特勒召集军事会议，下令准备进攻荷比卢三国。
10月11日	英国向法国派兵。
11月8日	在希特勒发表讲话的啤酒馆发生爆炸案。
11月9日	德国绑架两名英国特工。
11月23日	希特勒在总理府召集陆军方面开会，斥责军方的退缩情绪。德国陆军最终臣服于希特勒。
11月30日	苏联进攻芬兰。
12月12日	希特勒发布密令，推迟进攻西线。
12月14日	希特勒召见挪威卖国贼维德孔·吉斯林。
1940年1月10日	一家德国军用飞机在比利时迫降。德国进攻西线的“黄色方案”泄露。
1月13日	希特勒再次推迟对西线的进攻。
2月11日	苏德签订贸易协定。苏联用粮食和石油换取德国的工业和军事设备。
2月21日	筹划建立奥斯维辛集中营。
3月1日	美国副国务卿萨姆纳·威尔斯访德。
3月12日	芬兰接受苏联的媾和条件，苏芬战争停止。
3月18日	希特勒与墨索里尼在阿尔卑斯山的布伦纳隘口举行会议。意大利承诺参战。
4月9日	“威悉演习”开始。德军进攻丹麦和挪威。丹麦投降，挪威发起抵抗。
5月10日	丘吉尔就任英国首相。德国宣布进攻比利时与荷兰，法兰西战役爆发。
5月11日	德军袭击埃本-埃美尔要塞。
5月14日	德军轰炸鹿特丹。鹿特丹投降。

5月15日　荷兰投降。法国总理雷诺告知丘吉尔，法国战败。

5月16日　丘吉尔抵达巴黎。

5月20日　德军抵达索姆河口，向英吉利海峡推进。

5月24日　德军即将抵达敦刻尔克，但收到停止前进的命令。

5月26日　希特勒同意继续进军。英国开始执行“发电机计划”，从敦刻尔克撤退。

5月28日　比利时国王利奥波德三世不顾政府反对，向德国投降。

5月30日　德军意识到敦刻尔克大撤退的意义。

6月1日　德国空军加紧空中轰炸。

6月4日　盟军撤退完成。英法联军共33万多人撤退至英国本土。

6月7日　挪威国王哈康七世流亡英国。

6月10日　法国政府逃离巴黎。墨索里尼宣布意大利参战。

6月14日　巴黎沦陷。奥斯维辛集中营正式投入使用。

6月15日　苏联占领立陶宛。

6月16日　雷诺总理辞职。贝当继任法国总理。苏联占领爱沙尼亚和拉脱维亚。

6月17日　贝当政府向德国求和。

6月21日　德法在贡比涅森林举行停战会谈。

6月22日　法国在德国人的停战协定上签字。

6月24日　法国与意大利签署停战协定。

6月27日　苏军开进罗马尼亚领土。

7月2日　德军最高统帅部下达继续对英国作战的指令。

7月14日　苏联在波罗的海三国举行“选举”。

7月16日　希特勒发布“海狮计划”指令，决定登陆英国本土作战。

8月1日　希特勒发布对英进行海空作战的指令。德军参谋总部开始制订东线作战计划。

8月3日至6日　波罗的海三国并入苏联。

8月15日	德国战斗机开始对英国本土进行大规模空袭。“鹰计划”发动。
8月24日	德国轰炸机误炸伦敦市中心。
8月25日	英国空军轰炸柏林作为报复。
8月26日	希特勒下令从西线向波兰方向调兵。
8月30日	在轴心国的恫吓下，罗马尼亚向匈牙利割地。
9月4日	德国开始冬赈运动，希特勒对民众发表讲话。
9月7日	德国轰炸机开始对伦敦进行大规模轰炸。轰炸一直持续到11月3日。
9月27日	德国、意大利、日本在柏林签署三国同盟条约，轴心三国的同盟关系正式确立。
10月12日	希特勒取消陆海军对英国的入侵。“海狮计划”暂停。
10月23日	希特勒会见西班牙独裁者佛朗哥，建议西班牙人参战。
10月24日	希特勒会见贝当，维希法国答应与德国合作对抗英国，以换取未来的欧洲地位和英国在非洲的殖民地。
10月28日	希特勒在佛罗伦萨会晤墨索里尼，被告知意大利正在进攻希腊。
11月9日	内维尔·张伯伦去世。
11月12日	苏联外交人民委员莫洛托夫抵达柏林，与希特勒进行政治会谈。德国外长里宾特洛甫提议将三国条约变成四国条约。
11月26日	苏联同意参加四国条约，但提出对芬兰、保加利亚、土耳其和波斯湾的要求。
12月5日	德国陆军参谋总部提交进攻苏联计划。
12月18日	希特勒下发“巴巴罗萨计划”指令，对进攻苏联发起动员。
1941年1月8日	希特勒在伯格霍夫召开军事会议，宣布要在北非支持意大利。
2月28日	德国军队从罗马尼亚渡过多瑙河占领保加利亚。

3月26日	南斯拉夫发生政变。希特勒决定入侵南斯拉夫，推迟“巴巴罗萨”计划。日本外务相松冈洋右抵达柏林进行访问。
4月4日	希特勒许诺松冈洋右，将在可能的日美冲突中支持日方。
4月13日	松冈洋右返国途中路过莫斯科，与苏联签订《苏日中立条约》。
4月6日	德军进攻南斯拉夫和希腊。贝尔格莱德遭到空袭。
4月13日	德国和匈牙利陆军开进贝尔格莱德。
4月17日	南斯拉夫军队投降，国王和首相逃到希腊。
4月23日	北部的希腊军队向德国和意大利投降。
4月27日	德国陆军进入雅典。
4月30日	希特勒宣布“巴巴罗萨计划”的开始时间为6月22日。
5月4日	希特勒在国会发布胜利演说。
5月10日	纳粹副领袖鲁道夫·赫斯独自驾驶飞机出走英国，希望与英国人谈判和平。
5月底	德国夺取克里特岛。
5月25日	希特勒派出军事代表团驰援伊拉克。
6月21日	希特勒告诫海军不得对美国轻启战端，但允许德国军舰“自卫”。
6月22日	“巴巴罗萨计划”发动，德国对苏联发动进攻。苏联仓促应战，损失惨重。
6月28日	里宾特洛甫敦促日本进攻苏联，但遭到东京反对。
8月19日	丘吉尔与罗斯福签署《大西洋宪章》。
9月19日	基辅陷落。
10月2日	德军对莫斯科发动大规模进攻，代号“台风”。
10月6日	苏联开始下雪。道路泥泞，德军装甲车移动受限。
11月18日	日本请求与德国签订不单独与共同敌人媾和的条约。

11月21日	德军装甲部队开进罗斯托夫。
11月25日	日本航空母舰特遣舰队驶向珍珠港。
11月26日	苏军收复罗斯托夫，德军两翼受敌，仓皇撤退。纳粹军队第一次遭受重大挫折。
12月1日	德军对莫斯科发起总攻。
12月3日	日本要求意大利在日美冲突开始时向美国宣战。
12月5日	德军全线受挫。
12月6日	苏军在朱可夫带领下在莫斯科前线开始反攻。
12月7日	日本轰炸机偷袭珍珠港。太平洋战争开启。
12月8日	美国对日本正式宣战。
12月11日	希特勒在国会发表演讲。德国对美国宣战。
12月19日	德国陆军总司令布劳希奇辞职。希特勒自任陆军总司令。
1942年1月8日	希特勒批准德军逐步从莫斯科后撤。
1月20日	万湖会议召开。德国决定对犹太人进行“最后解决”。
1月底	戈林到达罗马，接收意大利向苏联战场增援的军队。
4月26日	德国国会通过法律，赋予希特勒绝对权力。
4月29日	希特勒与墨索里尼在萨尔茨堡会谈。意大利答应提供更多援军。
5月27日	隆美尔在北非重新展开攻势。
5月29日	波希米亚和摩拉维亚保护国代理保护长官莱因哈德·海德里希在布拉格遇刺。
6月4日	海德里希伤重身死，德国展开报复。
6月9日	德国血洗利布拉格附近的利迪策村。
6月15日	希特勒推迟进攻马耳他的“大力神计划”。马耳他作为英军基地使北非德军损失惨重。
6月23日	德军进入埃及。
6月底	隆美尔进驻阿拉曼，仅余13辆作战坦克。
7月13日	希特勒撤去指挥南线攻势的陆军元帅冯·博克的职务。

8月8日	德军占领高加索地区的迈科普油田，发现设施全部遭到破坏。
8月15日	新任英国第八军团司令蒙哥马利抵达北非战场。
8月23日	德军抵达斯大林格勒正北的伏尔加河一带。
8月31日	隆美尔在阿拉曼重新发动进攻。
9月3日	北非德军转攻为守。
9月13日	德军攻入斯大林格勒，与苏军展开巷战。
9月24日	德军陆军参谋总长哈尔德被解职。
10月15日	希特勒驳回参谋总部关于让维希法国军队增援北非的建议。
10月23日	北非英军对德军发起反攻。
11月2日	蒙哥马利的军队突破意大利守军。
11月8日	艾森豪威尔率领英美军队开始登陆北非。维希法国宣布与美国断绝外交关系。
11月10日	希特勒下令占领法国全境。
11月11日	意大利占领科西嘉岛。德军占领法属突尼斯。
11月19日	苏军对顿河地区发动进攻。
11月25日	希特勒任命曼施坦因陆军元帅为顿河集团军司令。
11月27日	德军进攻法国土伦军港，法国水兵进行抵抗，并把舰只凿沉。
12月12日	曼施坦因发动“冬风计划”，对苏军发起反攻。
12月18日	苏军在顿河上游突破意军防线。
12月21日	希特勒允许被围困的第六军团突围，但不许放弃斯大林格勒。
1943年1月10日	苏军对斯大林格勒展开最后的总攻。
1月31日	德军第六军团向苏联投降。
2月2日	斯大林格勒的德军其余部队投降。
2月3日	德军最高统帅部宣布斯大林格勒战役失败。
2月19日	慕尼黑地下抵抗运动的领导人朔尔兄妹遇害。
3月13日	反对派军官试图谋杀希特勒，但运上飞机的定时炸

	弹没有爆炸。
3月21日	第二次刺杀希特勒尝试，但因其提前离开军械库而失败。
4月19日	党卫军开始对波兰华沙犹太人隔离区进行清除。犹太人爆发起义。
5月16日	华沙起义被彻底镇压。
5月30日	英国空军大规模轰炸科隆。战火烧到德国本土。
7月5日	德国对苏联发动最后一次大攻势。
7月10日	英美军队成功登陆西西里。
7月24日	意大利法西斯党最高委员会召开，要求恢复君主立宪制。墨索里尼受到猛烈抨击。
7月25日	墨索里尼被意大利国王解除全部职务，押往警察局。
8月23日	苏联解放哈尔科夫。
9月3日	盟军在意大利本土南端登陆。
9月8日	意大利公开宣布与盟国签订的停战协定。
9月13日	希特勒派遣斯科尔兹内成功营救墨索里尼。
9月15日	墨索里尼在希特勒的怂恿下宣布成立意大利社会共和国。
9月25日	苏联解放斯摩棱斯克。
11月6日	苏联解放基辅。
12月26日	克劳斯·冯·施陶芬贝格第一次尝试刺杀希特勒，因会议临时取消而失败。
1944年1月11日	希特勒逼迫墨索里尼处死他的女婿、意大利前外相齐亚诺。
2月	隆美尔同意参加推翻希特勒的政变。
6月6日	盟军进攻诺曼底。
6月10日	党卫军帝国师屠杀法国奥拉杜尔村。苏联在东线开启夏季攻势。
7月4日	苏联军队越过1939年波兰东部边境，进攻东普

鲁士。

7月20日　施陶芬贝格在狼穴安置定时炸弹，但希特勒逃过一劫。密谋行动彻底失败。前陆军参谋总长贝克以下的大批参与行动的高级军官被杀。

7月30日　盟军突破整条西线。

8月底　苏联占领罗马尼亚。

8月25日　盟军解放巴黎。

8月26日　保加利亚退出战争，德军从该国撤退。

9月　芬兰退出战争，并向拒绝撤离的德军开火。

9月1日　蒙哥马利晋升元帅，率军进入比利时。

9月3日　盟军解放布鲁塞尔。

9月4日　盟军解放安特卫普。

10月14日　隆美尔被迫自杀。

10月24日　亚琛向盟军投降。

12月15日　德军开启阿登森林战役，希特勒投入最后的后备力量。

1945年1月16日　德军退回最初战线，阿登森林战役宣告失败。

1月17日　苏联解放华沙。

1月27日　朱可夫的军队渡过奥得河，进逼柏林。

2月8日　盟军进逼莱茵河。

3月19日　希特勒下达焦土命令，要毁掉德国所有军事、工业、交通运输设备。

3月23日　盟军强渡下莱茵河，向德国北部平原和鲁尔区推进。

3月25日　英美军队完全控制莱茵河西岸。

4月13日　维也纳失守。希特勒得知美国总统罗斯福去世。

4月15日　希特勒的情妇爱娃·布劳恩来到柏林。

4月16日　盟军进抵纽伦堡。苏军从奥得河出击。

4月21日　苏军到达柏林郊区。

4月23日　戈林在慕尼黑要求接管权力。希姆莱则单独通过瑞典与西方媾和。希特勒宣布戈林叛国，命令党卫军

	将他逮捕。
4月25日	美军与苏军在易北河会师。
4月26日	希特勒任命冯·格莱姆为空军总司令。苏军开始炮轰总理府。墨索里尼被意大利游击队捕获。
4月28日	墨索里尼被处决。
4月29日	希特勒与爱娃·布劳恩结婚并立下遗嘱，任命邓尼茨为继承人。戈培尔写下遗言。
4月30日	希特勒与妻子自杀。
5月1日	戈培尔携妻儿自杀。
5月4日	德军最高统帅部命令德军向蒙哥马利投降。
5月6日	邓尼茨解除希姆莱的职务，向盟军示好。
5月7日	德国代表在无条件投降文件上签字。
5月8日	德意志第三帝国灭亡。
5月21日	希姆莱被捕。
5月23日	盟军解散邓尼茨残余政府，全体成员被捕。希姆莱自杀。
11月20日	纽伦堡国际军事法庭开启审判程序。
1946年10月16日	里宾特洛甫、凯特尔、罗森贝格等被执行死刑。戈林自杀。

纳粹德国政府架构

内阁与国务部门

党务办公厅（马丁·鲍曼）

国务办公厅（汉斯·兰马斯）

元首办公厅（菲利普·鲍赫勒）

总统办公厅（奥托·迈斯纳）

内阁会议（康斯坦丁·冯·牛赖特）

政府办公室

四年计划办公室（赫尔曼·戈林）

青年事务办公室（巴尔杜尔·冯·席拉赫，阿图尔·阿克斯曼）

财政办公室（弗朗茨·萨克维尔·施瓦茨）

高速公路监察主任（弗里茨·托特）

帝国银行主席（亚马尔·沙赫特，瓦尔特·冯克）

资产监察委员会（阿尔伯特·施佩尔）

政府部门

外交部（康斯坦丁·冯·牛赖特，约阿希姆·冯·里宾特洛甫）

内政部（威廉·弗里克，海因里希·希姆莱）

国民教育与宣传部（约瑟夫·戈培尔）

航空部（赫尔曼·戈林）

财政部（卢茨·什未林·冯·克罗西克伯爵）

司法部（弗朗茨·居尔特纳，弗朗茨·施雷格尔贝格尔，奥托·蒂拉克）

经济部（亚马尔·沙赫特，赫尔曼·戈林，瓦尔特·冯克）

养殖与农业部（里夏德·瓦尔特·达雷，赫伯特·巴克）

劳工部（弗朗茨·塞尔特）

科学、教育与文化部（伯恩哈德·鲁斯特）

宗教事务部（汉斯·克尔）

交通部（尤利乌斯·多普米勒）

邮政部（威廉·奥尼佐格）

军备部（弗里茨·托特，阿尔伯特·施佩尔）

不管部部长（康斯坦丁·冯·牛赖特，汉斯·弗兰克，亚马尔·沙赫特，阿图尔·赛斯-英夸特，马丁·鲍曼）

占领当局

东部占领区（阿尔弗雷德·罗森贝格）

波兰总督府（汉斯·弗兰克）

波希米亚与摩拉维亚保护国总督府（康斯坦丁·冯·牛赖特，威廉·弗里克）

代理总督（莱因哈德·海德里希，库尔特·达吕格）

法国军政府办公室（奥托·冯·施蒂尔普纳格尔，卡尔-海因里希·冯·施蒂尔普纳格尔）

纳粹德国武装部队领导结构

武装部队最高统帅部（OKW）

总长：威廉·凯特尔陆军元帅（1938—1945）

作战局：局长阿尔弗雷德·约德尔大将（1938—1945）

一般事务局：局长赫尔曼·赖内克步兵上将（1939—1945）

外国军事情报局：局长威廉·卡纳里斯海军上将（1935.1—1944.2）、格奥尔格·亚历山大·汉森上校（1944.2—1944.5）（后为党卫军保安处接管）

中央局

国防经济与装备局

司法局

陆军总司令部（OKH）

历任陆军总司令：

1. 维尔纳·冯·弗里奇大将（1934.1.1—1938.2.4）
2. 瓦尔特·冯·布劳希奇元帅（1938.2.4—1941.12.19）
3. 阿道夫·希特勒（1941.12.19—1945.4.30，元首兼任）
4. 费迪南·舍尔纳元帅（1945.4.30—1945.5.8）

历任陆军参谋总长：

1. 路德维希·贝克炮兵上将（1933.10.1—1938.10.31）

2. 弗朗茨・哈尔德大将（1938.10.31—1942.9.24）
3. 库尔特・蔡茨勒大将（1942.9.24—1944.7.10）
4. 阿道夫・豪辛格中将（1944.7.21—1945.3.28，代理）
5. 海因茨・古德里安大将（1944.7.21—1945.3.28，代理）
6. 汉斯・克雷布斯步兵上将（1945.3.29—1945.5.1，代理）
7. 威廉・凯特尔元帅（1945.5.1—1945.5.13，代理）
8. 阿尔弗雷德・约德尔大将（1945.5.13—1945.5.23，代理）

海军总司令部（OKM）

历任海军总司令：

1. 埃里希・雷德尔海军元帅（1935.6.1—1943.1.30）
2. 卡尔・邓尼茨海军元帅（1943.1.30—1945.4.30）
3. 汉斯-格奥尔格・冯・弗里德堡海军大将（1945.5.1—1945.5.23）
4. 瓦尔特・瓦热哈海军大将（1945.5.23—1945.7.22）

历任海军参谋总长：

1. 君特・古泽海军上将（1937.4.1—1938.10.31）
2. 奥托・施尼温德海军大将（1938.10.31—1941.6.12）
3. 库尔特・弗里克海军上将（1941.6.13—1943.2.20）
4. 威廉・迈泽尔海军上将（1943.2.21—1944.4.30，后转为海战指挥部部长，直到无条件投降）

空军总司令部（OKL）

历任空军总司令：

1. 赫尔曼・戈林帝国元帅（1935.5—1945.4.23）
2. 罗伯特・冯・格莱姆元帅（1945.4.26—1945.5.8）
3. 汉斯-于尔根・施通普夫大将（1945.5.8）

历任空军参谋总长：

1. 瓦尔特・韦弗中将（1935.3.1—1936.6.3）
2. 阿尔贝特・凯塞林元帅（1936.6.3—1937.5.31）
3. 汉斯-于尔根・施通普夫大将（1937.6.1—1939.1.31）

4. 汉斯·耶顺内克大将（1939.2.1—1943.8.18）

5. 君特·科尔滕大将（1943.9.3—1944.7.22）

6. 维尔纳·克赖珀飞行上将（1944.8.2—1944.10.28）

7. 卡尔·科勒（1944.11.1—1945.5.8）

图书在版编目（CIP）数据

第三帝国的兴亡：纳粹德国史：全四册 /（美）威廉·夏伊勒（William L. Shirer）著；董乐山等译. — 南京：译林出版社，2020.6（2025.4重印）
书名原文：The Rise and Fall of the Third Reich
ISBN 978-7-5447-8166-4

Ⅰ.①第… Ⅱ.①威… ②董… Ⅲ.①德意志第三帝国-史料 Ⅳ.①K516.44

中国版本图书馆CIP数据核字(2020)第042092号

著作权合同登记号　图字：10-2019-573 号

第三帝国的兴亡：纳粹德国史（全四册）［美国］威廉·夏伊勒 / 著
董乐山　李天爵　郑　强　陈廷祐　沈苏儒
李奈西　周家骖　程祁昌　赵师传 / 译

责任编辑　王　蕾　王　维
装帧设计　韦　枫
校　　对　戴小娥　蒋　燕　孙玉兰　王　敏
责任印制　董　虎

原文出版　Simon & Schuster, 2011
出版发行　译林出版社
地　　址　南京市湖南路 1 号 A 楼
邮　　箱　yilin@yilin.com
网　　址　www.yilin.com
市场热线　025-86633278
排　　版　南京展望文化发展有限公司
印　　刷　苏州市越洋印刷有限公司
开　　本　652 毫米 ×960 毫米　1/16
印　　张　100.5
插　　页　8
版　　次　2020 年6月第1版
印　　次　2025 年4月第9次印刷
书　　号　ISBN 978-7-5447-8166-4
定　　价　189.00 元（全四册）